改訂

HAPPINESS GUIDE OF SEXUALITY

性の "幸せ" ガイド

若者たちのリアルストーリー

075

関口久志 著

はじめに

改訂にあたって、いま性の情勢は大きく変化しています。人権、ジェンダー平等、性の多様性に基づくセクシュアリティ教育（包括的性教育）を求める機運が盛り上がっているのです。今回の改訂にはそれを反映して、最新のデータと教材画像紹介などを盛り込み、「もっと"性"においてもっと幸せになって、性教育をできるようになってほしい」そんな願いをいっぱい詰め込んでリニューアルしました。初刊以来約11年半、新版発行以来3年半、若者たちを取り巻く社会とセクシュアリティの課題はかなり変貌しました。ということは、性において学ぶ内容や実態もそれだけ変化してきているということです。

この本の最初の学生コメントには「受講する前の私へ〜こんにちは。昔の私。あなたは"性"というものに対して、恥ずかしいとか隠すべきものというイメージを持っていましたね。〜略〜自分の当たり前を当たり前と思わないこと。柔軟な思考をもって性を大切に生きてください。〜受講後の今の私より」

という自分への激励書簡を入れました。学んで変わって性を大切に思えるようになる。これこそが、性を学ぶ意味です。

このコメントに代表されるようにこの本の中には、性の課題に取り組みそれを乗り越えて幸せになっていった若者のリアルストーリーを、多く掲載しています。それらは私がいままで関わった何千、何万という若者から得た貴重なものです（もちろんプライバシーには十分に配慮し必要な変更をして、掲載不可希望のコメントは載せていません）。その事実でつづられたストーリーの一つひとつの持つ力は大きく、初刊から11年半で変化したセクシュアリティの課題とそれへの教育の必要性を理解させてくれます。

日頃、若者たちと接していて感じるのは、性の学習を保障されていないことからくる無知です。そして、次に感じるのは正確な知識を得ても自分だけでは実生活にいかせないという問題を多くの若者たちが共有していることです。ですからこの本では単なる正確な知識の伝達だけではなく、「自分を信頼し、他者を信頼し、社会全体も信頼できる」という、人間関係ひいては社会環境を問い直し、改善することにも力を入れています。この点でも新たな若者たちのリアルストーリーの持つ力は大きく「自分だけでない」「相手と話し合おう」「社会の問題なのだ」と気づき、改善するガイド役を果たしてくれます。

その点においてこれまで、新しいコメントを寄せてくれた若者たち、そして、この改訂を手伝っていただいたエイデル研究所の熊谷耕さん、大園早紀さんをはじめスタッフのみなさんには感謝にたえません。本の構成上、巻末に「あとがき」は入れないのでこの欄で御礼を言っておきます。

では、この「はじめに」の結びとして読者のみなさんに、これらの想いを汲んで読み進めていただければ著者としては、こころから"幸せ"に思います。

もくじ

第1章
性を学ぶということ

　これから性を学んでいくのですが、どのようなことを学習するのか、不安な人も多いでしょう。そこでまずこの本の内容で性を学び終えた人のコメントをみてみましょう。

①受講する前の私へ

　こんにちは。昔の私。あなたは"性"というものに対して、恥ずかしいとか隠すべきものというイメージを持っていましたね。でもそうではないのです。

　これを書いている今の私はいろいろなことを学びました。この手紙の受け手の昔の私さんは性に関して興味の強い子どもでしたね。いろいろな本やサイトから得た情報が頭の中を占めていましたね。でもそれは褒められたことではなかったと学んでわかったのです。性は大切なのです。私が知った性は科学的で正確な知識と多様性を尊重しあうことでした。

　例えば中学生のとき、女の子が好きだと言った女友だちがいましたね。そのとき昔の私さんは、それを冗談と思い本気にしなかったですね。好きだと言われた女の子も、周りの他の友人もみな本気にしなかった。あのときはもっときちんと向き合うべきだったのです。クラスに1～3人ほどは性的指向が多数者とは異なる人がいる事実、そういう前提で接するべきなのです。自分の当たり前を当たり前と思わないこと。柔軟な思考をもって性を大切に生きてください。

受講後の今の私より

②私は性に関する知識が人一倍なく、セックスが男性の性器を女性の性器に挿入するということすら、大学生になって初めて知りました。そのような中で性に対して強い抵抗感を持つようになっていました。大学生になって今のパートナーと出会い性が身近になっていっても、抵抗感や壁は取り除くことができませんでした。知識不足が性に対する「恥ずかしい」とか「こわい」というマイナスな思いを生み出していたからだと思います。

　でも授業を受け、私の性に対する思いや関係性はがらりと変わりました。

一つは性に対するマイナスイメージやネガティブな考え方を取り除くことができた点です。「セックスは、大切なコミュニケーション」ということでオープンに話し合って、抵抗感も感じなくなりました。

　もう一つはパートナーとの関係も大きく変わりました。いっしょに授業を受けていたので、正確な知識や考え方を共有できるようになったし、話し合いも増えました。それまでは受け身であったけど「こういうことはイヤだ」とか「こうしてもらうと嬉しい」とか「これはどうなの？」と私からも意見を言ったり、質問したりできるようになりました。

　これらによって、私の性への思いも変わったし、お互いが尊重できるようになりました。

　そして、パートナーが優しくなりました。以前は自分が満足するだけじゃないかと思ってしまうこともありましたが、授業をきっかけに私の意見や思いを尊重してくれるようになりました。自分勝手な行為はなくなり、月経痛のときには思いやりをみせてくれるようになりました。

　パートナーのどんどん変わっていく姿は本当に嬉しかったです。私の中で性が明るく素敵なものになりました。

①先生のいうように私たちはもっともっと幸せになれる。僕は両性愛者だ。好きになるのは男女関係ない。今、僕には相手が男だろうが女だろうが、結婚しようがしまいが、幸せになれる自信ができた。もし同性と付き合いたいと思っても堂々と両親に話もするし、がんばれる。日本が性についてもっと多様で自由な国になればよいのにと心から思う。

②授業で学んだ性の多様性は僕を救ってくれました。からだのことやつきあいを他の人と比べなくっていいとわかり、コンプレックスから解放され本当に楽になりました。自分は自分と、性を大事にできるようになりました。

COMMENT

　これらのコメントのように性へのネガティブなイメージが変わり、ポジティブに変化し、性の多様性を知り、付き合っても関係を素敵なものに思えるって大事なことです。性を学ぶ意味がわかりますね。

　でも一般的には「性」と聞いて、どのようなイメージを持つでしょう。コメントの、学ぶ前のように「恥ずかしいもの、卑猥なもの、嫌悪するもの」あるいは「興味本位に面白

おかしいもの」というネガティブな思いに結びつくことが多いのではないでしょうか。

　じつは、それは生まれたときからの思いではなく、そう思うように、生育過程で家族や友人・メディアからすり込まれてきた結果なのです。例えば子どものときに性に関することを質問したとき「何を聞くのよ、恥ずかしい」とか「ませてる」「知らなくてよい」「そのうちわかる」などと強い口調で言われた経験があるのではないでしょうか。そのような経験から「性に関することはタブーでおとなに聞いてはいけない」と思わされて、結局は性を学ぶ権利が保障されていなかったという、生活環境がもたらしたものです。

　実例をコメントからみましょう。

> **COMMENT**
>
> ＊性に対しておとなの対応でその思いも変わってくるというのは納得できます。両親は身体が変化したときもおとなになるんだよと言ってくれました。母は性の本まで買ってきてくれて、説明をしてくれました。人間のからだは、おもしろいなー、と思ってその本を持ち歩いていたときに、おばあちゃんに、いやらしい、と言われたことがあり、その瞬間、性への純粋な興味がそがれました。

　このようにおとなの性への否定的な対応は子どもにも大きな影響を及ぼします。性を学ばなかったおとなも悲しいことですが、それが「性を学びたい」という子どもたちの純粋な願いを抑えつけて、性への否定的な思いを再生産するのです。いかに子ども期の家族の対応が大事なのかがわかる好例も紹介しておきましょう。

> **COMMENT**
>
> ＊ちょうど月経が始まったころに、母から子どもはどのようにして生まれてくるのか、月経というのは子どもができる準備ができたことで、そのような関係を持つと子どもができることを教えられました。母はきちんと知っておかなければ将来、私が困ることになると、母の経験も含めて話してくれました。他の親御さんからは「えー、全部教えてるの、そんなこと恥ずかしくてできない」と驚かれたそうです。大学生になった今、恥ずかしがらずに教育してくれたことはすごいことだし、それだけ私のことを思ってくれていたんだと、自分の性を大事にしてくることができたのでとても感謝しています。

このお母さんいいですね。ただ親も多くは性を科学的に学習した経験が乏しいので、このような例はまだ少数でしょう。ですからその負の連鎖から抜け出すためにも性を学習する必要があります。そこで、性を学ぶとは、SIECUS（アメリカ性教育協会）などが提唱してきた近代的なセクシュアリティ教育の原則によると次の三点と言われています。

「性」と「生」のポイント

　①性を肯定的に捉える。
　②性を科学的にみる。
　③性の多様性を理解する。

①性を肯定的に捉える

　前述のようなネガティブな捉え方から人生にとって大切なものとして、ポジティブに捉えていこうということです。例えば「皆が待ち望んだ赤ちゃんの妊娠・誕生」は大きな喜びをもたらします。関係性でも互いを尊重する豊かな会話やふれあいのある、温かい思いやりで包み込むような、安心で安全な性交渉は、相互満足が得られるかけがえのないコミュニケーションとして、自分や相手への信頼感を高め生きる喜びにもつながります。

　性を肯定的に捉えるとは、性をとおして生きることに幸福（ウェルビーイング）をもたらすことなのです。最近、世界の先進的な潮流は、これらを性の権利として基本的人権に位置づけて保障していこうとしています。（12ページ資料①参考）

　その反面、性は大きなトラブルに陥る危険性もあわせ持っています。例えば「予期せぬ妊娠」「性感染症」「強制・暴力によるセックス」「セクシュアル・マイノリティへの暴力」などは、大きな不安と不幸をもたらし、自分だけでなく、周囲もまき込んで時には人生を左右するほど心身ともに深く傷つくことになります。もちろんトラブルがあってもやり直すことができるのも人間のよさですが、やはりこれらのトラブルを避けるに越したことはありません。トラブルの予防を学習し実行することで性をポジティブに受け入れられ、性の肯定感をより高めます。さらに性の学習は、自他の人権を認め合うことで自己肯定（信頼）を高めるため、自己否定からくるセクシュアル・マイノリティの自殺等を防ぎ、さら

にすべての人に恋愛相手への依存や支配を防ぎ、自暴自棄的な性行動も回避できます。

　性を肯定的に学ぶことはより安全で慎重な態度を養うのです。逆に「性・セックスは罪で恥だ。トラブルはセックスをした報い、だから交際もさけるべきだ」「同性愛は異常」などという態度は、次のような結果を生みます。

COMMENT

①性をオープンに話せる先生がすごいと思います。でもやっぱり性的な言葉は苦手で、汚いものと思ってしまいます。必要だとわかっても聞きたくない耳をふさぎたい自分がいます。多分両親ともに先生で厳格な家族の影響だと思います。だから恋愛していることも親には絶対内緒で言えません。

②私が出た高校は甲子園で活躍する学校で、私は進学コースでした。この高校には「男女交際禁止」という校則がありました。スポーツにも受験にも邪魔だからだそうです。もちろん性教育はないし、性の悩みや恋愛のトラブルがあっても学校や先生には相談ができなくてつらかったです。今思うととんでもないと高校に怒りたくなります。

③私は性的なことを汚いことだと思ってしまいます。人間だから当たり前とわかっていても受け付けないのです。何とかそれをとりのぞけないでしょうか。

④僕は女性と付き合ったことがあるがセックスは恐怖がありできない。それは性への汚らしさで、私のような汚物と交わることに申し訳なさを感じるからだ。克服できるか悩んでいる。

⑤中学のときから自分を同性愛者と気づいたが、学校で何の学習もないままで、今日の授業まで「自分はおかしい」と何度も自殺を考えた。もっと早く教えてほしかった。

　性を抑圧するネガティブな脅しは、このコメントのように恐怖感や性の嫌悪を煽り、性の肯定による幸せな関係を築きにくくさせているのです。近年増えている結婚後のセックスレスの一因にもなります。たとえ予期せぬ妊娠・性感染症というトラブルが避けられたとしても、これではさらに大きな問題を持つことになってしまいます。

②性を科学的にみる

　宗教的ドグマや迷信で語られることの多かった性を事実と真実と現実で捉えようということです。例えば「女性は受身で無知、羞恥心が強い」「男性は能動的で性への興味関心が高く、抑えがたい」などの思いこみは、男性の自己中心的な性行動の免罪符とされ利用されてきました。実際にはそんなことはなく、欲求を持っても自己統制（コントロール）が可能なのです。実際には男性で消極的、女性で積極的な人ももちろんいますし、女性同士、男性同士のカップルももちろん存在します。このように性を科学でみると、こうであるべきという男らしさ・女らしさの強制やセクシュアル・マイノリティへの偏見からも解放されることにつながります。

COMMENT

　①彼は経験人数 20 人くらいです。いままで全く避妊したことがないそうです。一回も妊娠させたことがないらしく、自信ができているらしく避妊をすることを拒みます。どうやって納得させたらいいでしょう。

②避妊について中だししなかったら大丈夫なのですか。妊娠の可能性はあるのでしょうか。

③初めての時は絶対に妊娠しないと聞きました。本当ですか。

④セックスはしてませんが、彼の精液を飲んでしまい、友人から「妊娠するよ」と聞いて心配です。

⑤梅毒は「梅の毒でなる」と聞きました。梅を食べるのが恐いです。

　この「自信」やいわゆる「中だしなし」、「初めて…」は、何の科学的な根拠もありません。ただ妊娠しなかったのは運がよかっただけです。科学的知識の無知が無謀な行動を招いているのです。逆に④や⑤はいたずらに不安や恐怖を煽るデマです。ただし④は性感染症になる可能性はあります。

③性の多様性を理解する

　顔や身体、性格が違うように人は一人ひとり異なっています。性でもその当然のことを理解し合おうということです。心身の性的成熟・自立のスピードも、その後、いつ、誰と、どこで、どのようなセックスをする・しないも、すべて多様です。だからまわりに言われて、あせってセックスをする必要もないし、相手にせがんで・せがまれて無理にするものでもありません。

COMMENT

①二十歳を過ぎてまだ処女って嫌われますか。

②後輩から、先輩まだですか、と言われてあせりまくっています。

③自分は結婚するまでセックスはしたくない。でもみんなからそれはおかしいといわれる。

　このコメントのような若者、結構いるのではないでしょうか。でもセックスは成熟した二人の間の方がトラブルも少なく、幸せにもつながります。ですから一人ひとりの成長のスピードが違うようにゆっくりと、あわてなくてよいということです。また性器だけのセックスがセックスではありません。広い意味で、語らいやふれあいの豊かさでも満足が得られます。それも人間の多様な性愛の喜びの一つです。むしろ語らいやふれあいのコミュニケーションのない性器だけのセックスは相互の信頼関係をそこない貧しくしてしまうのではないでしょうか。ですから「高校生・大学生ならセックスは当然」とか「付き合ったらセックスは絶対に必要」「結婚まで童貞・処女じゃ恥ずかしい」等のプレッシャーからも解放してくれるのが、この多様性の理解なのです。

　この一人ひとりの多様性の理解は、同じように同性愛・両性愛・トランスジェンダーなどのセクシュアル・マイノリティの権利を保障することにつながっていきます。それが性においてすべての人々のそれぞれ形の違う幸福追求権を認め合うという、セクシュアル・ライツ（性的権利）保障の大事な原点なのです。

　どうですか、この３原則を踏まえるだけで少し性の見方も変わったのではないでしょうか。すこし若者のコメントをみてみましょう。

COMMENT

①僕には高校2年から付き合って3年目になる彼女がいます。まだセックスはしていません。でも周りは大学生になるとどんどんしていき、焦っていました。良い雰囲気になることはあるのですが彼女が断ってきます。不安だったのですが授業ですべて解決されました。「セックスだけが愛じゃない」という言葉は僕の心の支えになりました。ハグしたりキスしたり、それこそ二人で隣にいるだけで落ち着くし、それでいいと思えるようになりました。これからは周りをみて焦ったりするのではなく、相手に目を向けて二人のペースで前に進んで、いい関係を築いていこうと思っています。この授業のおかげです。先生に感謝します。

②私には今付き合っている彼がいます。でも付き合う前は何となく付き合うということを避けてきました。「普通にデートしたりはいいけど、絶対抱かれたりキスされたりされちゃうんだろうな」と考えると、それがイヤで断ってきました。でも授業を受けて、前々から私に好意を寄せてた人が告白してきて、それで私は勇気を出して、今の私が不安に思っていることを彼に打ち明けました。「私は別にあなたのこと嫌いじゃないし好きだよ。でも、さわったりキスしたりしないでね。ごめんね」と言いました。

　彼は私の言っていることに理解を示してくれました。「付き合う」＝「性生活がある」ってイメージが、今まで怖かったのかもしれません。でも、ゆっくりゆっくりでも大丈夫なんだと、この授業でわかったから、私は一歩踏み出せたのだと思っています。付き合っている者どうし「イヤなことはイヤと言える」、「言っても相手も自分も失望しない」という信頼感が大切なんですね。先生とこの授業に感謝です。

③私はいままで付き合ったことがありません。大学に入ってみんなが付き合った経験があるので焦っていました。人にも言えないし、恋バナもイヤでした。でも授業を受けて、そんなに焦らなくていいと思えるようになりました。性格が一人一人違うように性や恋愛における経験も一人一人違う、それが当たり前と学ぶことができました。焦らずゆっくり生活していけたらいいなと思います。ありがとうございました。

　これらはこの授業のあとのコメントです。いささか「出来すぎ」の感もありますが、それは私や授業がよかったというより、それほどまともな性の学習を受けた経験がなかった

11

ということでしょう。性を教える側としては、謝罪にも似た大きな責任を覚えます。同時にみなさんがこれから性を学ぶことの意義の大きさを感じさせてくれます。学んで目指す「性の自立」のための指標7つを上げておきます。共に学びの一歩を踏み出しましょう。

 性と生のポイント

①自分のこころとからだ・性を大切に思えて大事にできる。

②周りの人や特定の相手のこころ（意思）とからだ・性を尊重できて侵害しない。

③友人やメディアからの性情報のウソを見抜き科学的で正確な情報を得られる。

④性的な衝動に流されず、予期せぬ妊娠・性感染症や暴力・強制を予防できて自他の安全に配慮できる。

⑤性の多様性を理解し、セクシュアル・マイノリティや自他の主体性や個別性を尊重できる。

⑥性や恋愛で悩んだときや困ったときに信頼して相談できる人や関係機関がある。

⑦友人や特定の相手の悩みやトラブルの相談を受けて立ち直りや解決につなげられる。

資料①

性の権利宣言

性の権利（セクシュアル・ライツ）は、望みうる最高の性の健康（セクシュアル・ヘルス）を実現するために不可欠なものであるという認識のもと、世界性の健康学会は、以下を言明し、再確認する。

性の権利が基礎におくのは、国際社会および各国・地域において策定された人権に関する文書、憲法や法律、人権保障に関する基準や原則、人間の性や性の健康に関する科学的知見においてすでに認知された普遍的人権である。

セクシュアリティ（性）は、生涯を通じて人間であることの中心的側面をなし、セックス（生物学的性）、ジェンダー・アイデンティティ（性自認）とジェンダー・ロール（性役割）、性的指向、エロティシズム、喜び、親密さ、生殖がそこに含まれる。セクシュアリティは、思考、幻想、欲望、信念、態度、価値観、行動、実践、役割、および人間関係を通じて経験され、表現されるものである。セクシュアリティはこうした次元のすべてを含みうるが、必ずしもすべてが経験・表現されるわけではない。セクシュアリティ

は、生物学的、心理的、社会的、経済的、政治的、文化的、法的、歴史的、宗教的、およびスピリチュアルな要因の相互作用に影響される。

セクシュアリティは、喜びとウェルビーイング（良好な状態・幸福・安寧・福祉）の源であり、全体的な充足感と満足感に寄与するものである。

性の健康とは、セクシュアリティに関する、身体的、情緒的、精神的、社会的に良好な状態（ウェルビーイング）にあることであり、単に疾患、機能不全又は虚弱でないというばかりではない。性の健康には、セクシュアリティや性的関係に対する肯定的かつ敬意あるアプローチと同時に、強要・差別・暴力を被ることなく、楽しく、安全な性的経験をする可能性をもつことが求められる。

性の健康は、セクシュアリティに関する幅広い理解なくして、これを定義し、理解し、実現可能にすることはできない。

性の健康が達成され維持されるためには、すべての人々の性の権利が尊重され、保護され、満たされなければならない。

性の権利は、すべての人間が、人間としてもって生まれた自由・尊厳・平等に基づき、危害からの保護に対するコミットメントを含むものである。

平等と非差別は、すべての人権の保護と促進の基盤であり、人種、民族、肌の色、性別、言語、宗教、政治上その他の意見、国民的もしくは社会的出自、財産、出生時およびその他の状況（障がいの有無・年齢・国籍・婚姻状況・家族関係・性的指向やジェンダー・アイデンティティ・健康状態・居住地・経済的および社会的状況）に基づく、あらゆる区別、排除あるいは制限を禁じるものである。

性的指向、ジェンダー・アイデンティティ、ジェンダー表現および多様な身体のありようは人権保護を要する。

すべての暴力、ハラスメント、差別、排除、およびスティグマ化は人権侵害であり、個人・家族・コミュニティのウェルビーイングに影響を及ぼすものである。

人権の尊重・保護・充足の責務は、すべての性の権利と自由に適用される。

性の権利は、すべての人々が他者の権利を尊重しつつ、自らのセクシュアリティを充足し、表現し、性の健康を楽しむことを保護するものである。
性の権利はセクシュアリティ（性）に関する人権である：

1. 平等と差別されない権利
人は誰も、人種、民族、肌の色、性別、言語、宗教、政治上その他の意見、国民的もしくは社会的出自、居住地、財産、門地、障がいの有無、年齢、国籍、婚姻状況・家族関係、性的指向、ジェンダー・アイデンティティやジェンダー表現、経済的・社会的状況、又はこれに類するいかなる事由によっても区別されることなく、この宣言に掲げるすべての性の権利を享受することができる。

2. 生命、自由、および身体の安全を守る権利
人は誰も、生命、自由、および安全についての権利を有し、セクシュアリティに関連する事由によってほしいままに脅かされたり、制限を受けたり、取り上げられるようなことがあってはならない。これには、性的指向、合意に基づく性的な行動や実践、ジェンダー・アイデンティティやジェンダー表現、性と生殖に関する健康に関するサービスへのアクセスや提供が含まれる。

3. 自律性と身体保全に関する権利

人は誰も、セクシュアリティと身体に関する事柄について自由に自己管理し、自己決定する権利を有する。これには、他者の権利を尊重しつつ、性行動・性行為・性的パートナーや性的関係に関して選択する権利が含まれる。自由かつ情報に基づく意思決定を保障するには、性に関わるあらゆる検査・介入・セラピー・手術あるいは研究の実施に先立って、自由な環境で説明に基づく同意を得る必要がある。

4. 拷問、及び残酷な、非人道的な又は品位を傷つける取り扱い又は刑罰から自由でいる権利

人は誰も、セクシュアリティに関連した事由による拷問、及び残酷な、非人道的又は品位を傷つける取り扱い又は処罰を受けるようなことがあってはならない。性別、ジェンダー、性的指向、ジェンダー・アイデンティティやジェンダー表現、あるいは多様な身体のありように関連する事由による拷問、及び残酷な、非人道的又は品位を傷つける取り扱いの例には、有害な伝統的因習、断種（不妊）・避妊・中絶の強制・強要などが含まれる。

5. あらゆる暴力や強制・強要から自由でいる権利

人は誰も、セクシュアリティに関連した暴力や強制・強要を受けるようなことがあってはならない。その例には、強姦、性的虐待、セクシュアル・ハラスメント、いじめ、性的搾取および性奴隷、性的搾取を目的とした人身取引、処女検査、および実際の又は（それがあったと）察せられた性行為、性的指向、ジェンダー・アイデンティティやジェンダー表現、あるいは多様な身体のありようを事由とする暴力が含まれる。

6. プライバシーの権利

人は誰も、性生活、自己の身体や合意に基づく性的関係や性行為に関する選択に関連したプライバシーに対して、ほしいままに干渉されたり侵害されたりすることから自由である権利を有する。この権利には、セクシュアリティに関連した個人情報を他者に開示することについてコントロール（管理・調節）する権利が含まれる。

7. 楽しめて満足できかつ安全な性的経験をする可能性のある、性の健康を含む、望みうる最高の性の健康を享受する権利

人は誰も、楽しめて満足できかつ安全な性的経験をする可能性を含め、セクシュアリティに関して、望みうる最高の健康とウェルビーイングを享受する権利を有する。そのためには、性の健康を含む健康に影響を及ぼし、それを規定する状態に対して、質の高い保健サービスが利用できる形で存在し、入手可能であり、利用者が納得いくものになっている必要がある。

8. 科学の進歩と応用の恩恵を享受する権利

人は誰も、セクシュアリティと性の健康に関わる科学的進歩と応用の恩恵を享受する権利を有する。

9. 情報への権利

人は誰も、様々な情報源を通じて、セクシュアリティ・性の健康・性の権利に関する科学的に正しく、理解可能な情報を入手する権利がある。こうした情報がほしいままに検閲されたり、取り上げられたり、又は意図的に誤って伝えられるようなことがあってはならない。

10. 教育を受ける権利、包括的な性教育を受ける権利

人は誰も、教育を受ける権利および包括的な性教育を受ける権利を有する。包括的な性教育は、年齢に対して適切で、科学的に正しく、文化的能力に相応し、人権、ジェンダーの平等、セクシュアリティや快楽に対して肯定的なアプローチをその基礎に置くものでなければならない。

11. 平等かつ十分かつ自由な同意に基づいた婚姻関係又は他の類する形態を始め、築き、解消する権利

人は誰も、結婚するかどうかを選択し、平等かつ十分かつ自由な同意に基づいた婚姻関係又は他の類す

る形態を始め、築き、解消する権利を有する。すべての人に対して、婚姻関係又は他の類する形態を始め、継続し、あるいは解消することについて、いかなる差別や排除を受けることのない平等な権利が保障されるべきである。これには、そうした関係性の形態の如何にかかわらず、社会福祉および他の恩恵を享受する平等な権利が含まれる。

12. 子どもを持つか持たないか、子どもの人数や出産間隔を決定し、それを実現するための情報と手段を有する権利

人は誰も、子どもを持つか持たないか、子どもの人数や出産間隔を決定する権利を有する。この権利を行使するためには、健康とウェルビーイングに影響を及ぼし、それを規定する要件や状態（妊娠・避妊・妊孕性・妊娠中絶・養子縁組に関連する性と生殖に関する保健サービス）にアクセスする権利が保障されなければならない。

13. 思想、意見、表現の自由に関する権利

人は誰も、セクシュアリティに関する思想、意見、表現の自由に関する権利を有し、他者の権利を尊重しつつ、外見、コミュニケーションおよび行動などを通じて、自己のセクシュアリティを表現する権利を有する。

14. 結社と平和的な集会の自由に関する権利

人は誰も、セクシュアリティや性の健康と権利などに関して、平和的に組織化、結社、集会、行動する権利を有する。

15. 公的・政治的生活に参画する権利

人は誰も、人間の生活における市民的、経済的、社会的、文化的、政治的およびその他の側面について、地方・国・地域・国際的レベルで、活発にして自由で意味ある参画と貢献を可能にする環境に対する権利を有する。とくに、すべての人は、セクシュアリティと性の健康を含む、自己の福祉を規定する政策の策定および施行に参加する権利を有する。

16. 正義、善後策および救済を求める権利

人は誰もが、性の権利侵害に対する正義、善後策、救済を求める権利を有する。この権利を行使する手段は、有効で、適切で、アクセス可能で、適切でなければならず、適切な教育措置、法的措置、司法措置および他の措置を必要とする。善後策には、賠償、補償、リハビリテーション、満足感、および再発防止の補償などによる救済が含まれる。

〈翻訳 東優子（WASSexualRightsCommittee）他〉

性の健康世界学会（WAS）は、人間の性（セクシュアリティ）の分野に関する学会組織、NGOs（非政府組織）、専門家などによって構成された学際的かつ世界規模の集団で、性科学およびあらゆる人々の性の権利を展開し、推進し、支援することによって、生涯を通じた性の健康を世界中で推進してゆくことを目的に活動している。WAS は、領域横断的アプローチを用い、権利擁護に関するアクション、ネットワーキング、情報・アイデア・経験の共有を通じ、あるいはセクシュアリティ（性）に関する学術研究、性教育および臨床性科学を通じて、上記の目的を達成している。WAS「性の権利宣言」は、1997 年にスペインのバレンシアで開催された第13回世界性科学学会で初版が発表された後、若干の修正を加えて 1999 年香港で開催された WAS 総会で採択され、「WAS 宣言：ミレニアムにおける性の健康」（2008）において再確認された。今回改訂された宣言は、2014 年 3 月に WAS 諮問委員会により承認された。

第2章

性はなぜあるのか

性のある意味と多様性

　もともとオス・メスの性があるということは有性生殖として、オス・メスどちらの親とも違った遺伝子を持つ個体をつくり出し、新たな進化を短期間に促進できる生殖方法でした。有性生殖に比べて、無性生殖となる「増殖」では遺伝子は親と同じコピーとなり、進化は突然変異にたよるなど、より多くの時間がかかることになります。

　しかし、有性生殖する動物すべてがオス・メスに二分できるかというと、中には雌雄同体のものや、性転換をするものもありオス・メスを区分できないものもあります。

　人間でいうと、生命誕生の際に染色体の性を決定するのは図2−1のように男性の精子です。44＋ＸＹ（性染色体）という染色体を持つ男性が22＋Ｘと22＋Ｙに減数分離して、二つのタイプの精子をほぼ同数つくります（精子にもこれ以外の多様性あり）。44＋ＸＸ（性染色体）を持つ女性は減数分離しても22＋Ｘと22＋Ｘという性染色体でいうと同タイプの卵子しかつくりません（卵子もこれ以外の多様性あり）。ですから、多くの場合22＋Ｘの卵子と2タイプの精子のどちらが受精するかで、44＋ＸＸの女性が生まれるか、44＋ＸＹの男性が生まれるかが決定されるのです。

　しかし、なぜ多くの場合といったかというとこれも図2−1のように、多様な染色体の性があるからです。染色体でもそうですが、性器についても男女でまったく違うように思われていますが、受精卵は受精後7週目までは性腺原基（両性どちらにも発育できる共通器官）であったものが8週を過ぎる頃から分化したものです。もともと相同関係にあったものは、「精巣と卵巣」「ペニス尿道海綿体（陰茎尿道を含む）と小陰唇」「陰嚢と陰茎の腹側表と大陰唇」「ペニス亀頭とクリトリス」「前立腺と傍尿道腺」「カウパー腺とバルトリン腺」などです。性器も含めもともと男女は共通であり、男女のからだの分化も多様です。

図 2−1

染色体の性もさまざま

性染色体が男女の分化を促す

多様な染色体の性

表現型	染色体（核型）	発生率	特徴
ターナー女性	45,X 46,XX(異常 X) 45,X/46,XX モザイクなど	2000～5000 人に1 人	XO または X0（ゼロ）と表記することもある。思春期に身長が伸びないことで気づくことが多い。卵巣の未発達、無月経、第二次性微（乳房等）の未発達といった特徴であるが、ホルモン療法によりかなり解消できる。
クラインフェルター男性	47,XXY 48,XXXY 48,XXYY など	400～1000 人に1 人	出生時の外見・男性器は典型的な男性型だが、精巣の萎縮、無精子症等の性腺機能低下により、思春期以降に乳房の発育や高身長等がみられることもある。
XYY 男性	47,XYY	1000 人に1 人	高身長がみられる以外には、外見・外性器・精巣機能などは典型的男性と変わりない。いわゆる「超男性」。
XX 男性 XY 女性	46,XX 46,XY	まれ	Y 染色体上にある性決定遺伝子 SRY の転座・欠損によって生じるほか、原因不明の場合も多い。臨床像はさまざま。

他にも多くの型がみられるが、比較的出現率の高いもののみを挙げた。

出典：加藤秀一、石田仁、海老原暁子『図解雑学ジェンダー』ナツメ社、2005年

他の分類も見ておきましょう。

①戸籍の性【出生の際、役場・市役所などに届ける公文書、男女の記載が必要】、これも性同一性障害特例法ができて性別変更ができるようになったり、乳児の段階で性別が明確でない場合は性別留保ができたりします。天皇・皇族には戸籍も住民票もありません。

②こころの性、【性自認として、自分の性をどう認識するか】、これもからだとこころの性の不一致もあります。

③ジェンダー【男らしさ・女らしさ等文化の性別】、これも多様で地域や歴史、個人によって違います。

④性愛対象の性別【性的指向】、これも性愛の対象が同性に向く、両性どちらにも向く人・全くない人もあります。

⑤「生殖腺や生殖器」以外のからだの発達の性別【性器周辺や腋の発毛、男子は筋肉質・喉仏・声変わり（低い声）、女子は乳房の発達・ふっくらとした体型等】、これらも個人によって多様で、一概に男だから女だからということで、その特徴を典型的に分けられません。むしろ百人百通りであると言うべきでしょう。この典型に拘ると、性器の形状や性毛、体型、胸の大きさ、射精・月経の開始期、等の違いに悩むということがあります。しかし、ほとんどの場合、多様性の範囲です。悩みは友人やメディアなどの影響です。しっかりわかれば、誤解が解ける例を紹介しましょう。

COMMENT

①私は相手の性器の大きさなんて気にしません。いままでの彼氏も私の胸の大きさなんて気にしていませんでした。

②性器が小さいと悩んでいたけど、勃起して射精したらいいと聞いて安心した。

性の悩みの解消に向けて

　性において、個々の違いを認めずに「女（男）ならこうでなければ・こうありたい」というような悩みは、ほとんどが社会によって性役割などを強要されてきた悪影響といえます。

　性行動でも「本能」と言われたりしますが、じつはそれぞれの民族・地域・社会・個人に固有の文化があり、しつけ・学習によって伝習されるとともに、相互の交流によって発展してきたものです。ですから人間の性行動も本能に規定されることなく、むしろ文化とし

て多様性をおびてきたのです。「性も文化であり多様」ということです。またその性の多様
性を認めて人権として保障する民族・地域・社会・個人ほど、成熟して平等で豊かな文化
の土台があるといえるでしょう。

　例えば食事も「和・洋・中」など味の多様性や交流を楽しむ文化です。しかし、貧困に陥っ
たりすると落ちているものも争って拾って食べるように、生きる目的（生命維持）のみとなっ
て選択や交流を奪われます。性も同様です。同じように余暇時間の乏しさや強制も「ゆっ
くり味や会話を楽しめない食事、イヤな人とつきあわされる食事、嫌いなものを食べさせら
れる食事」と同じく豊かな性を奪います。ただ食と違って性はその行動をしなくても死ぬと
いうことはありませんし、またその喜びもトラブルも食事に比較できないくらい相互に強く
作用するという違いはあります。

　次はその時間の貧しさが性も貧しくすることがわかるコメントです。

＊僕たちは二人とも一人暮らしで親からの仕送りも足らず、学費や生活費のため
　のバイトに追われています。ほとんど会う時間もありません。親や先生から「学
　生生活は楽しいだろ」と言われますが、彼女と会うことさえできなくて、どこ
　が楽しいのかわかりません。

＊私は親から「部屋代は出せない」と言われ仕方なく自宅通学です。片道2時間
　半往復5時間で恋愛どころか大学生活の時間も奪われています。そのため大学
　に近いマンションに住む男友達のところへよく泊まらせてもらいます。もちろ
　ん条件はセックスです。いやでもありませんが未来も喜びもない関係です。

＊時間の貧困について自分たちは会う時間がありません。会ってもたった2〜3
　時間。ちゃんと話しするより「セックスしたい」となってしまいます。仕事も忙
　しいけどセックスだけの関係なのかと悩んで、このままつきあっても何のための
　つきあいかわからなくなります。時間がないことも貧困なんだと本当に思います。

＊いまつきあっている彼氏とはまさに貧困の関係です。彼は社会人のため会う日は週1回、一緒にいるのは15時間もない。夜から会い夕食を食べて少ない会話、家に帰りセックスをして、朝には慌ただしく出勤。会話も少なくやはり身体だけの関係のように思えます。避妊も説得してもしてくれない。私はもっと会いたいし会話もしたい。安心できるセックスをしたい。しかし少ない時間のなかでは豊かなつきあいができず、避妊のことは話しても理解してもらえず、どうにもならない状況でつらいです。以前クラミジア（性感染症）になったこともあり、互いに人生を狂わせたこともあったので、すごく後悔しています。

COMMENT

コミュニケーションとしての性

　もっとも人類に近いとされる類人猿の「ボノボ」の間では交尾（類似行動も含んで）を生殖のためだけでなく、コミュニケーションの一手段として利用していると言われます。

　群れにえさをめぐって緊張や対立関係が生じると互いに交尾に似た類似行動をして（メスどうしでも性器をこすりあわせる行動を行う。「ホカホカ」と言われる）緊張を和らげ、争いごとを避けます。その後にえさを分配しあったり、自分のえさを分け与えたりするのです。交尾行動が大切なコミュニケーションの手段となるのです。

　人間もこのようにセックスをコミュニケーションとして、しかもとっておきのものとして発展させてきたことは確かです。じつは人の性への欲求は、養育者との濃密なスキンシップやふれあい・会話で得られた安心感への回帰願望であると言われます。性にはフランスの精神分析医アンジューのいうように、「濃密なスキンシップで母胎への回帰だけでなく、子どもも養育者もからだ（皮膚）を摂り込む相互の一体化があり、それがやがて消えて、恋愛し相手を包摂しあい一体化したいと思う」という基本的なコミュニケーション要求があるのです。「乳幼児の時代にこの要求が十分満たされないと防衛的になり恋愛を拒否する」とも言われています（山口創『愛撫・人の心に触れる力』NHKブックス、2003年）。性愛がとっておきのコミュニケーションであるというゆえんです。あらためて性において自己を肯定し他者を肯定し、互いの信頼関係をつくるためには、乳幼児期からの環境が重要なことがよくわかります。

同時に性はコミュケーションの文化として多様ですから、後の章で詳しく説明しますが、同性愛や性別違和などは多様性の一形態として何ら異常ではないのです。日本ではまだまだ実感することが少ないですが、世界の先進諸国ではその多様性を権利として保障する潮流にあります。

　次のコメントは、性をとっておきのコミュニケーションとして捉える効果を示す例です。

COMMENT

＊二人のコミュニケーションが大事だと思った経験があります。彼女が働くようになってセックスの関係が減っていったときです。友人から「絶対浮気やで」と言われて彼女と大喧嘩になりました。それで仲直りにと行ったデートのときゆっくり食事をしながら「なぜしたくないん？嫌いになったん？」と聞きました。「嫌いやないでセックスもイヤやないで。でも働く前みたいには無理や、一生懸命働いて疲れているから」と彼女は言ったのです。それを聞いて自分のことをホンマにアホやと思いました。その後はできるだけ彼女と話をして授業で学んだピルの知識を伝え、彼女も使ってみると言ってくれました。またデートＤＶのことも学んだので彼女の携帯電話はもう見ないようにしました。そしたら彼女が「付き合うストレスが減った」と喜んでくれました。最近「あなた変わったね。ええわ」と言われました。先生の授業に感謝しています。

COMMENT

＊私は性に対して否定的なイメージを持っていました。性交することもいやらしい気がして、絶対にしたくないと思っていました。彼氏にからだをさわられるのも嫌で、恐怖心や不安ばかりでした。それでも彼のことは好きだから、心の中で思っていても拒むことができず、一人で悩んでいました。でも授業を受けていくうち、性交はコミュニケーション、人間関係が大切なんだということを理解して、彼に自分の本当の思いをいうことができました。すると、彼はそれをきちんと受け入れてくれて、理解してくれました。どうしたら恐怖心がなくなるのかいっしょに考えてくれて、今まで話さなかったことまで話したり聞けたりして、初めて性について彼と真剣に話ができたのです。すると、私自身も彼とちゃんと向き合えるようになり、彼氏に対する信頼感や安心感が生まれ、不安や恐怖心は自然となくなっていきました。

もしあのまま、彼と話し合わないで、一人で抱え込んでいたら、いまのような関係にはなれなかったと思います。

　私はこれから先コミュニケーションを大事によい人間関係を築いていきたいと思います。

　失敗もするかもしれないけれど、多くのことを学んでいきたい。私は性だけでなく人間関係の基本的な部分を授業でわかって感謝しています。

男性の性器の構造

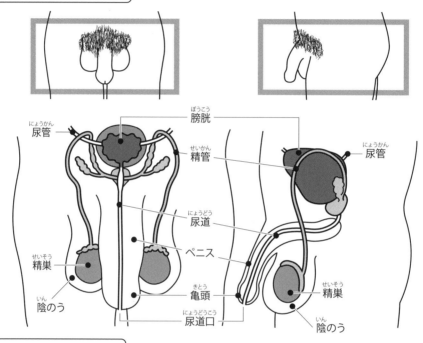

女性の性器の構造

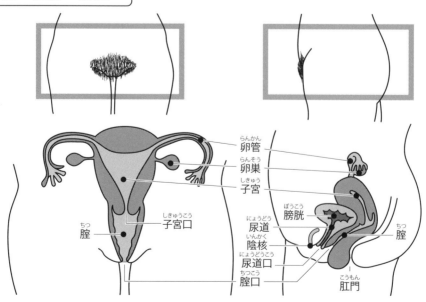

第3章

月経・射精の相互理解

　月経と射精は第2の誕生ともいえる性的発達の基本ですが、いままでどれだけしっかり学んできたでしょう。「月経については、小学校のときに女の子だけ集められて、スライドやビデオでその処置のみを中心に習った。その間、男子は外遊び（性とは別メニュー）」という人がいるのではないでしょうか。男子も月経を女子と同じ場でもなくてもいいから同じように学んだ経験はほとんどの人がないのでは…。ましてや射精となると女子はおろか男子もほとんど学んだ経験がないでしょう。

　このようにからだの基本の理解がないままでは、自分の健康や相手との関係にも誤解と偏見をもたらします。

表 3−1 初めて月経があったのは何歳でしたか。

(%)

	中学	高校	大学
8 歳	0.3	0.1	0.2
9 歳	1.3	0.5	1.1
10 歳	8.0	6.8	8.0
11 歳	26.2	19.0	18.6
12 歳	36.7	31.0	30.0
13 歳	18.6	19.3	15.4
14 歳	4.2	12.6	13.5
15 歳	0.3	3.4	6.1
16 歳	—	0.3	1.2
17 歳	—	0.1	0.5
18 歳	—	0.0	0.2
19 歳	—	0.0	0.0
DK.NA	4.5	6.9	5.1
合計	100.1	100.0	100.0
基数	1746	2026	2340

出典：『「若者の性」白書　第 8 回青少年の性行動全国調査報告』小学館、2019 年 8 月

　第 8 回「青少年の性行動全国調査」2017 年（以下、本章では「調査」）によると「排卵は、いつも月経中におこる」という質問に「間違っている」という正答率は大学生男子で22.5%、女子で 56.6% となっています。男女差が大きく 6 年前の調査より男女とも正答

率が10%ほど下がっています。これは女性の月経など生理的な基礎知識を問い、妊娠や避妊に大きく関連するものですが、こころもとない数値です。

この背景にはからだを知る教育の不足があります。小学校で女子だけ集められて、暗い教室でスライドをみるだけの授業が多く「月経処置」に照準があてられてきました。これでは男子には知る機会も削がれ、女子にも不十分で後ろめたさが残ったのではないでしょうか。

では月経を説明しておきましょう。女性の多くは、思春期のからだの変化が近づいてくると卵胞ホルモンを分泌します。それに刺激されて子宮内膜は厚みを増し、卵胞が成熟し卵子を排出します。排卵後、卵胞は黄体へと変化し黄体ホルモンを分泌し、ますます子宮内膜は受精卵が着床しやすいように厚みを増します。しかし、受精せずに卵子が体外に排出されると、子宮内膜は必要なくなりホルモンの分泌が止まります。ホルモンの補給がなくなった子宮内膜は組織を保てず崩れて月経出血となります。これが月経です。

小学校高学年から中学生の思春期ころに始まり（初めての月経を初経という）、50歳前後で終わります（閉経）。ただ年齢には個人差があります。23ページ表3－1のように中学3年で9割以上が経験しています。

この月経をポジティブに捉えているでしょうか。「ほぼ毎月に1回きて、煩わしくって、面倒、おまけに痛い（個人差あり）ことも…」となると「男子に比べて損、いっそなかったらいいのに」という気持ちもわかります。しかし、まわりのおとなが、多分母親が多いでしょうが、初経のときから肯定的な言葉やふるまいで接しられたら、性そのものへのイメージもよくなります。

COMMENT

＊私は性に関しては汚いとかいやらしいとか思いません。…多分、性に対して親が喜んでくれたからだと思います。月経が始まったときも性毛がはえはじめたときなども、母親が「おとなになるんだよ」と喜んでくれたので…。

このコメントで月経を肯定する大切さがわかるでしょう。大切といえば、月経は女性の健康のバロメーターでもあるのです。初経は性的成長の証ですし、その後の月経サイクルの繰り返しによるホルモン分泌は、女性器やからだ全体に女性としての成熟をもたらし、健康なからだをつくりだします。ですから次のように月経異常は健康の危機を知らせているともいえます。

①私は高校1年生のときにダイエットしてしまい、月経が4年間きていません。いまも低体重のためにきていません。病院では月経がこないと脳の萎縮、骨がぼろぼろになる。髪の毛が抜けてくるという症状がでると言われ、実際に髪の毛がたくさん抜けます。たくさん食べて体重を増やせばくるようになるでしょうか。

②私は11ヶ月ほど月経が来なかったことがありました。ダイエットが原因です。「太りたくない」と女性は誰もがそう思ってしまいます。この社会の痩せ女性を好む傾向が一番の問題です。モデルや女優さんの異常なまでに細い体を美しいとしてしまうからいけないんだと思います。私はもう二度と無理なダイエットはしません。自分の体を大切にしたいです。

③先日、生理不順で婦人科に行ったところ、血液検査でホルモンの異常があるとわかり、子宮や甲状腺には問題ないので、もしかしたら脳下垂体に腫れがあるかもしれない…と医者に言われました。これから脳外科にもはしごするのですが、てっきり子宮・卵巣のせいかと素人判断していた私にとってはかなり意外で、人体は中でいろいろなところがつながっているんだなと、痛感したこともあり、これからは定期的に婦人科に行こうと思った。

④私はスポーツしていて、高校は推薦で入ったので寮生活だし、練習はハードだったため高校3年間で6回しか月経がきませんでした。大学に入って一年間は自宅から通っていましたが、練習時間が長くなったため、下宿を始めたんですが、それ以来、また来なくなっています。高校のとき病院へ行き注射しましたが、それでも治らなかったです。

⑤私は陸上駅伝の強豪校出身で、ほどんどの女の子はとまっていました。月経が止まるほどのスポーツはダメと言われても、強くなるには強豪校では当たり前だと思うんです。私はミドル走で、ある程度筋肉とかもあったけど、長距離は絞らないと走れないです。

　最初の2つのコメントはダイエットによる無月経です。次は月経不順で体の異常が見つかっています。

　ラストの2つはスポーツによる無月経です。特に無月経が多い競技が体操、陸上長距離、新体操など体重軽減に関連深い種目です。NHKのアンケート調査によると無月経を経験した選手のうち、34%（3人に1人）が疲労骨折を経験していました。月経に伴って分泌される女性ホルモンは、骨の形成に欠かせません。骨は壊れたり、再生されたりを繰り返

し、強度を保っています。無月経になると、女性ホルモンが不足し骨が再生されないために、もろくなってしまうのです。この状態で激しい運動を続けると、負荷に耐えきれず疲労骨折を起こしやすくなります。しかし10代の選手に接している指導者へのアンケートでは、無月経と疲労骨折の関係について知らないと答えた人が52％、さらに、たとえ知っていても76％の指導者が、選手が疲労骨折をしたとき月経について確認していませんでした（2014年4月15日（火）放送「クローズアップ現代」）。月経と健康についての無知と不作為によって選手生命を奪うケガをしたり将来不妊症になる可能性が強まるのです。

　スポーツと月経ということで、興味あるデータもあります。北京五輪出場の欧米女子選手は83％がピルを使用していました。ところが日本の女子選手（ロンドン五輪）の使用率は7％でした。もちろんこの場合の使用目的は避妊より、月経周期のコントロールです。「自分の体調を競技日に合わせて最高に持って行く」のですが、日本ではピルの効用について知らないか、あるいは使用を躊躇するコーチや女子選手が多いということでしょう（2012年、日本臨床スポーツ医学会、能瀬らの報告）。

　どうでしょうこのような例をみると心配になったという人もいるのではないでしょうか。そこで、月経の基礎知識として正常値と月経異常を以下で確認してください。

＊16歳になっても初経が来ない
＊1回の月経が8日以上続く
＊1回の月経が2日以内で終わってしまう
＊月経周期が39日以上
＊月経周期が24日以内
＊出血量が異常に多い
＊月経かどうか分からないほど出血量が少ない
＊日常生活に支障が出るほど月経痛がひどい
＊PMS（月経前症候群）月経前のイライラ・頭痛・腹痛・乳房痛など

「月経痛はがまんするのが当たり前」のように言われることがあります。しかし月経痛も生活の質の低下をもたらす健康問題なのです。実際に日本人女性で月経のある 67.3％、3分の2が月経痛を経験して、そのうち鎮痛剤で困らない 26.8％、鎮痛剤を使用しても日常生活に支障6％、寝たきりになる2％となっています。それに起因する労働困難や治療費で、年間1兆円の損失とも言われています（2005年、OC 啓発セミナー東京大学医学部、武谷雄二教授発表）。この月経痛のつらさは次のようです。

COMMENT

①お腹は縮まっていくようなキューンという痛み。頭は殴られているようだ。腰は骨が折れるようだ。

②私は月経が重く不規則で月経痛のときは腰からモスラが割れて出てくるようでつらい。だがそれを母に話すと「私だってつらいし薬も効かないけど文句一つ言ってないでしょ。だからあなたも我慢しなさい」。いつか満員のバスで長時間立っていなければならないときに「腰痛い」と何度もつぶやいてしまったときには「月経で苦しむ様を見せるなんて見苦しい」と母に言われてつらかった。入試と重なって落ちたときは本当に悔やんだ。でも、この授業で月経はコントロールできるとわかり、ほっとした。

それにしても②のコメントのお母さん、もっとポジティブに接してあげられないものかと思いますね。このように言われると、女性であることを否定的にみる一因にもなります。女性の先輩として、できればそのつらさをともに解決していく方向に向かえたら、もっと親子の信頼感も深まるのではないでしょうか。

このつらさは男性にはなかなか理解できないでしょうが、少しでもそのつらさの理解に励んで、やわらげることに協力をしたいものです。むろんからかったりするのは許せないことです。

男性の理解と協力

　女性どうしはもちろん男性も周囲の女性と月経のことを積極的に話し合ってみてはどうでしょう。次は月経の授業後の男性からの質問です。

> **COMMENT**
>
> ＊僕の彼女は月経痛の2%に入る方で寝込んだりします。1日寝込んで本当に何もできない状態だそうです。そのとき何をしてあげればいいでしょう。

　このような男性が増えることは嬉しいですね。そこで、何をして欲しいかはその女性によります。相手からして欲しいことを聞いて、お互い話し合って無理のない範囲で何をするかを合意することがいいのではないでしょうか。そばにいて何かをして欲しいという女性もいれば、ひとりで静かにしておいて欲しいという女性もいるはずです。

　授業で女性に質問しても「いっしょに」と願う女性と「ひとりで」と願う女性は半数ずつぐらいでした。しかし、「ひとり静かに」という女性でも男性からの「何かしてあげたい」という相談から、その気持ちは十分に相手につたわるはずです。彼女との関係を改善したコメントと、母と父の関係性を改善した学生のコメントを紹介します。

> **COMMENT**
>
> ＊授業のおかげで、今まで彼女とのつきあいにいかしていることがいくつかある。その一つに彼女の月経時に行けるときは彼女のところに行って、ご飯をつくって掃除なんかをしてあげること。女性の生理を知る機会がなかったので、イライラする時期や快適な時期など月経周期が深く女性の生活に影響していることを知れてよかった。女性のからだのしくみを知るに従って、月経痛のひどい彼女をより大事に思えるようになった。
>
> 　相手を知ることで大事に思えるようになったことは素晴らしいことで、この授業のおかげといえる。実際、彼女にも「授業がはじまる前より大事に思われてる感じがする」と言われた。自分のしていることが正しい。そう確信した瞬間だった。毎月毎月来る彼女にとって憂うつなこの時間を少しでもやわらげてあげたいし、月経をポジティブに捉えられるような努力と工夫を彼女にしてあげようと思う。

＊私は月経痛がひどく毎回薬を飲んで緩和していたのですが、いまの彼はすごく優しくて私が苦しんでいると、毎回頭を撫でてくれて、「大丈夫？頭撫でたらなおった？」と聞いてくれます。そうやって心配してくれるだけですごく嬉しいし精神的にかなり楽になります。私はその安心感で毎月のつらさを乗りこえています。だから男子のみなさんには積極的に支えてほしいと思います。

＊私が冬休みに帰省したとき、母が具合悪そうにしていた。そこで私は「家事手伝うよ」と料理などをした。でもその夜は遅くまで母は疲れ切った顔をしていた。

翌朝、母は「昨日より気分がよくなった」と言った。続けて「じつは昨日は月経痛だったんだよ。1ヵ月に1回ほど本当につらい日がある。それが昨日だったんだよ。そんなときはわけもなくイライラしてくる」と打ち明けてくれた。

さらに昨日、母は疲れ果ててこたつで寝てしまって、そこへ父がきて「起きろ！そこで寝ていたら風邪引くぞ」と強い口調で言ったそうだ。母は「父さんだけにはわかっていてほしかった…」と寂しそうに言った。その一言が私の胸に残って、母の性格からしたらなかなか父には言えないだろうと思い、思い切って父に話を打ち明けた。

「もっと母を大切にしてほしい」と言ったら、父は「そうしているつもりだが、つい言葉が乱暴になってしまう。それは自分も反省している。ただ、疲れているのがわかったからこそ、こたつで寝て、風邪をひかせたくなかったのだ」と言った。そして今後は「言い方に気をつける」と言ってくれた。私は父に言うか、かなり迷ったが、父の言葉に少し安心した。

さらによかったことは、その後普段はあまり家事を手伝わない父が掃除機をかけていたこと。また母に聞いた話では「父が仕事から帰ってきた後に肩をもんでくれた」という。

私もパートナーができたときには率先して家事を行い、優しい声をかけてあげたいと、この経験から実感した。

どうでしょう。彼女との関係だけでなく両親の関係の改善にまで及んで、何か新しい変化を感じて、あたたかい気持ちになるのではないでしょうか。このような恋人・夫婦がカップルのモデルとして増えると嬉しいですね。

月経の改善

　月経痛ですが現代女性の生活と関連が大きく、仕事や生活上のストレスから症状が重くなっているという指摘もあります（対馬ルリ子『はじめての「女性外来」』PHP研究所、2004年）。このストレスをもたらしたのは、1999年労働基準法「改正」による深夜業の解禁で男性なみの長時間労働と24時間化、職場の人間関係の複雑化、パート・アルバイトの不安定雇用では有給休暇も取れないなど、女性の社会的な問題も多くあります。

　また昔の女性は、子どもを産む回数が多く、妊娠・出産・授乳中は月経がないため、合計15年から20年間無月経ということもありました。それに比べ非婚・未婚が増え、少子化も進んで、現代女性は初経以来閉経まで約40年約500回もの月経回数となりました。この月経回数の多さも深刻さに拍車をかけています。つまり現代女性は生活上のストレスから重くなった月経を何回も経験しなくてはならなくなったのです。月経日数は女性の一生の中で合計すると6年間にもなるといわれています。

　ですから健康増進として月経に関する痛みを和らげ、Quality of Life（生活の質）を上げることが当然の権利となってくるのです。ではその理解と過ごし方の工夫をみましょう。

図3−1　月経周期の変化

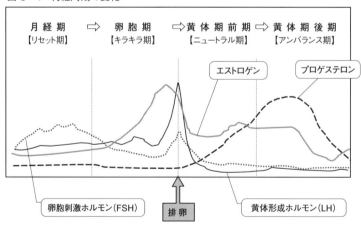

出典：松本清一・萩野博『健康な女性をめざすあなたへ 月経を明るく前向きに』日本家族計画協会、1989年

ホルモンってな～に？？

*卵胞ホルモン―エストロゲン

子宮に作用して、妊娠に備え子宮の内膜を厚くしたり、受精卵の着床を助けたりします。
それ以外に自律神経・感情の働き・骨・皮膚・脳の働きにも影響しています。

*黄体ホルモン―プロゲステロン

妊娠のホルモン。子宮内膜を受精卵が着床しやすいように整え、妊娠した後も、妊娠を継続させる。
体温を上げたり、内臓の働きを緩慢にさせる作用があります。

出典：松本清一・萩野博『健康な女性をめざすあなたへ 月経を明るく前向きに』日本家族計画協会、1989 年

女性ホルモンと月経の関係

*卵胞期（キラキラ期）

エストロゲンの分泌が盛んな時期。月経から排卵まで。卵胞刺激ホルモンが分泌される。卵胞ホルモンが多く分泌される時期。→体調が安定している

*黄体期前期（ニュートラル期）

プロゲステロンの分泌が始まる時期。卵巣から卵子が排出される。黄体化ホルモンが多く分泌される。

*黄体期後期（アンバランス期）

プロゲステロンの分泌がピーク。卵子が出た卵胞は黄体になり、黄体ホルモンを分泌する。体調は不安定。

*月経期（リセット期）

二つのホルモンの分泌が少ない時期。リセット期。妊娠しなかった場合は、卵胞ホルモン・黄体ホルモンの分泌が低下し、子宮内膜を維持できなくなるので、はがれて月経になる。

おすすめのホルモン攻略法

*アロマオイル→アロマは肌から吸収されてからからだに作用するはたらきと、香りが脳を刺激して心に作用する二つのはたらきがあります。
- ○　黄体期 → ゼラニウム・ペパーミント・ローマンカモマイル・ローズ
- ○　月経期 →ラベンダー・ローズマリー・マジュラム・ジュニパー

*ストレス解消には
- ○　運動 → ヨガ・ストレッチ
- ○　好きなことをする・笑う→あなたは何に？
音楽・映画・ゲーム・読書？？？
- ○　お風呂に入る→半身浴・腰湯・足湯・手浴

*薬→からだ全体のバランスを整える。効き目はゆっくり現れる。
- ○　鎮痛剤 → バファリン・セデス・ナロンなど
- ○　漢方→当帰芍薬散・十全大補湯・防風痛聖散・桃核承気湯など
- ○　サプリメント→ビタミンC・グルタチオン・リポ酸・コエンザイム Q10
- ○　低用量ピル→避妊の効果だけでなく、実は月経不順・月経困難症の薬としてもとても有効。低用量ピルを服用して、月経をポジティブに考えられるようになる人もいます。

出典：“人間と性” 教育研究協議会編『性と生の主体者としての学習―青年期と性』大月書店、2006 年

　月経のトラブルに有効とされるピルですが、医師の対応で困惑した事例を紹介しておきましょう。こんなときには、即刻、他の医師にかかって「セカンドオピニオン」を得ることをおすすめします。

COMMENT

＊私は、とても月経痛がひどく、子宮内膜増殖症と診断されています。ピルを処方されています。でも、お医者さんから、薬で血栓ができる月経痛は病気じゃないから耐えたら、と言われました。私は毎月眠れないような動くこともできないような痛みに耐えるしかないのでしょうか。普通の痛み止めは効きません。

射精

　女性の月経に対比される男性の射精。しかし、月経は学校や家庭で対処方などが十分とは言えませんが教育されるのに対し、射精について学校や家庭で教育されることは、ほぼありません。前出の「調査」によると「精液がたまりすぎると体に影響がある」という質問に「間違っている」の正答率は、大学生男子で40.2%、女子で11.7%、6年前より男子で20%、女子で10%近く下がり、女子でとくに低くなっています。これには「三日で精液は満杯になるから男性の性欲は抑えがたい」などの俗説や無知の影響があります。しかし精液は、尿とちがって排出されなくとも体内で分解吸収されるので何ら悪影響はありません。同じく「調査」によると、男性では初の射精（精通）現象が遅延化していて、その要因が「自慰」による精通経験の減少であり、性的関心の遅延化とも連動しているといいます。また性へのイメージもネガティブな「楽しくないもの」へと移行しているのです。

　射精の理解がすすんでいないのは女性の月経などに比べて、男性の性の学習がほとんどないためです。射精を含め男性の性は、教育から蚊帳の外状態で、享楽的な情報によって「学ぶ」というより覚えるしかないため、誤解や偏見、また嫌悪にもつながりやすいのです。

①僕も射精についてははっきり覚えていません。確か夢精はあったのですが、何歳ぐらいだったかははっきりしません。夢精する寸前にかすかに起きたことがありました。そのときは「出しちゃいけない」と思いながらも気持ちよく夢精した覚えがあります。その後パンツの処理に困った覚えがあります。動いている洗濯機にまぎれ込ませることもありましたが、捨てたときもありました。思春期の男子にとって性的なことを母親に知られるのはたえ難いものです。ましてや何も知らない子がいきなり夢精を迎えたらパニックになるかもしれません。そうならないためにも先生や父親がきちんと教える必要があると思います。

②月経については、かなり知っていましたが、男子の生理については細かいところで知らないことが多くありました。無知はトラブルのもとでもっと知りたいと思いました。彼氏がいますが、性の話は部活の先輩友人としていることが多かったらしく、「精液はたまる」とか誤った情報がありました。

　この感想のようにきちんと教えるべきですが、現実をみると一昔前にあった善し悪しは別にして異年齢集団で教え合う機会が減っています。ですから射精については女性の月経以上に思いこみや誤解が多くなります。科学的な情報でそれらの誤解や思いこみを学び落としていきましょう。

　では射精について説明しておきましょう。射精は男性器のペニスから精子が混じった精液を放出することです。一般的に始まりは女性の月経より少し遅れますが、小学校高学年から中学生の思春期ころからで（初の射精は精通という）、高齢化とともに衰えますが、個人差があります。また女性の閉経のような明確な区切りはありません。

　この射精ですが、水中の魚の多くはペニスを持たず、水中で卵に精子を吹きかけるため、その射精は「放精」といいます。陸に上がった人間などがペニスをもちその先端から射精するのは交接器としての機能で、精子は空気に触れると死んでしまうため、水中と違って女性器（ワギナ）に挿入し精液を直接とどけるための巧妙な仕組みです。

表3−2 初めて射精があったのは、何歳でしたか。
(%)

	中学	高校	大学
5歳	0.0	0.0	0.1
6歳	0.0	0.1	0.1
7歳	0.4	0.3	0.1
8歳	0.7	0.3	0.2
9歳	0.7	0.7	1.1
10歳	4.8	3.1	4.6
11歳	11.0	4.8	5.9
12歳	30.9	13.9	17.5
13歳	28.3	22.5	21.5
14歳	10.9	24.5	17.5
15歳	0.9	11.5	12.6
16歳	―	2.4	4.7
17歳	―	0.4	1.3
18歳	―	0.0	0.9
19歳	―	0.0	0.2
20歳	―	―	0.2
21歳	―	―	0.2
DK.NA	11.4	15.5	11.4
合計	100.0	100.0	100.0
基数	852	1789	1671

出典：『「若者の性」白書　第8回青少年の性行動全国調査報告』小学館、2019年8月

射精の方法

　男性が思春期を迎えると、多くは初めての射精（精通）を迎えます。射精とは精液（前立腺液、精嚢腺液、カウパー腺液、精子が混ざったもの）が尿道からでることで、正常ならそのまま尿道から体外に排出され、ほとんどの場合、強い性的快感を伴います。

　射精の方法には「夢精」「遺精」「自慰」「性交」と４つがあります。それぞれ解説していきましょう。

①夢精

　夢精とは睡眠中に、射精することです。ほとんどが性的な興奮を伴う夢をみて、快感があります。しかし、これを知らないと悲劇もあります。「おねしょがこの年になって」と病院に行ったり、電話で相談したりする男子が結構いるのです。また夢精を知っていてもいざとなると、濡れたパンツをどうするかという対処方法が問題になります。そのままにしていると、糊のように固まってゴワゴワするし、栗の花のような臭いもあって、すぐに洗濯する人（多くは母親でしょう）にばれてしまいます。

こんな場合、異性である母親に言ったり、知られたりするのはやはり避けたいのが本音でしょう。だから同性の父親の出番なのですが、しかし「そんなものはほっとけ」「おれも自然に何とかなった」と、かまってもらえないことも多くあります。でも月経と同様にまず「おとなになるんだよ、成長したんだね。よかったね」と父親から肯定的に言ってもらいたいのです。同じことを母親から言われるのは、女性の月経を父親から言及されるのと同様に「避けたい」と思うからです。

　そして、できれば「これからはお前も下着くらい自分で洗おうよ。もうおとなになるんだから」と生活の自立を促したいものです。

②遺精

　遺精とは起きているときに自慰やセックスなどの性行為をしないのに起こる射精です。意識せずに起こるもので、鉄棒に性器がこすれて射精することなどがあります。これもパンツの処理に困りますが、夢精のときと同様の処置と周囲の理解が必要です。

③自慰

　自分の性器を自分で刺激して射精することです。マスターベーション、オナニーとも言われます。しかし手淫や自涜と同様、マスターベーションには「自ら汚す」、オナニーには「キリスト教における、死んだ兄の代わりの子づくりを拒否し、膣外射精したオナンの罪」のように、語源にはマイナスイメージがあるので避けたいものです。むしろ自分で自分のからだを愛し、性的緊張と欲求を解き放つ大切な行為として「セルフメイクラブ」、「セルフプレジャー」など肯定的な呼び方を薦めます。最近では最初の射精（精通）の方法のトップは夢精から自慰に移行しています。

　しかし、この自慰ですがまだ誤解と偏見が後をたたず、男子の大きな悩みとなっています。「回数が多すぎるとバカになる」「一生の間に出る量が決まっていて、打ち止めになる」「猿といっしょでやめられなかったら死ぬ」などですが、これらは全くのデマです。1日何回でも、どんなに出しても、無害です。回数が多くても枯れることはありませんし、第一自慰で死んだ猿も見たことないでしょう。むしろ性欲・射精のコントロールという意味で、必要な行為なのです。

　ただ、性は究極のプライバシーですから、プライバシーがまもられる時間や環境をつくり、後始末のことも含め、身の回りのことは自分で掃除して、清潔にできるようにする必

要があります。自慰のためにつかった雑誌やビデオを人目につくように放置しておくと他人を不快にさせます。次の感想はプライバシーを守る環境の必要性がよくわかります。

> **COMMENT**
> ＊僕が高校生のとき、自分の部屋があっても安心できるものではありませんでした。親はいちおうノックをするのですが、返事をする前に入ってきました。もっと親には気をつかってほしかったのですが、僕の家では性について話すことは避けている感じで、こちらからも言えずに苦労しました。なので僕が親になったときには気をつかいたいと思います。

　自慰に関連して、男性が接することの多いポルノ情報は、男性本位、暴力的で性のイメージをゆがませる危険性が極めて高いものです。女性からみてイヤなことが多く、できる限り相互の安心と信頼を深めるような優しいファンタジーで自慰ができるようこころがけたいものです。実際に最近では、生身の女性とはうまくつきあえなかったり、勃起や射精に障害があったりという「アダルトビデオ・アディクション（中毒）」の症例も多いようです。

　この射精障害ですが、自慰のときの性器への圧力が強すぎたり、畳やシーツにこすりつけたりするような方法でも、性交での膣の圧力や刺激が足らず起こると言われています。ですから自慰には、こころにもからだにもやさしい刺激が望ましいのですね。

> **COMMENT**
> ①射精障害で中折れはしないが、射精にたっしたことがなく、それが原因で彼女を泣かせてしまったことがある。決して快感を感じなかったわけではないのだが、満足させられていないと感じたことが不満だったようだ。授業で「射精が性交の最終目標じゃない」と聞いて感銘した。彼女と話し合ってみようと思う。
> ②自分はまさしく射精障害です。途中で萎えてしまうのです。おそらくは自慰での手の握りが強すぎると思うのです。授業を聞いて、射精に固執しすぎず、別の気持ちよさを見つけるべきだと思います。

男性の悩みで自慰の他に多いのは、ペニスの大きさ、包茎ですが、どれも偏見が多く、ペニスの大きさは顔や身長が違うように人それぞれで気にしなくてよいことがほとんどです。ただし高校卒業しても勃起や射精の経験が全くないなら何らかの異常かもしれません。泌尿器科の受診をしてみてはどうでしょう。包茎もほとんどが手術の必要などなく、お風呂で包皮を反転・露出させて、優しく洗って清潔にしておくことを心がけるようにすればいいのです。

④性交

　異性間、あるいは同性間の性的なふれあいを言います。広義ではセックスとも言います。射精のための方法の一つですが、必ずしも射精を伴いません。また行為としても広い意味ではペニスの膣への挿入だけでなく多様な方法があります。

　セックスは相手のある行為ですから夢精や遺精、自慰と違って相手を予期せぬ妊娠、性感染症、暴力などのトラブルに巻き込んでしまいます。ですから互いの対等な合意が必要です。一方的な強要は相手のからだを借りた自己満足でしかありません。セックスで重要なことはどちらか一方の満足ではなく相互満足です。相互満足ということなら、これまで言ってきたようにセックスは性器性交のみではなく、また男性にとっても射精が唯一無二の快感・満足で、それでフィニッシュというものでもありません。むしろ性器性交による射精は、セックスにおける多様な楽しみや快感・満足の一つに過ぎません。相互満足のためには「セックスは性器性交だけでない」、「射精は必ずしもセックスにおいて必要でない」、「セックスは射精で終わるものではない」という解放的なイメージを共有することです。

COMMENT

＊セックスは性器性交だけじゃない、射精を必要としない、ということを聞き、本当に共感しました。私はセックスで彼が射精した後に何もしゃべらず、タバコを吸いに外へ出て行ってしまうのがとても悲しいです。初めてのときから毎回そうで、毎回一人部屋で泣いていました。すごく悲しかったです。今度、彼と話してみようと思います。

＊射精で「セックスの終わりではない、そのあとすぐにそっぽを向かれるほど
さびしいことはない」ということを聞いて、私も同じように感じたことがあ
ります。すぐにタバコを吸ったり、そっぽを向いたり、そーいうのって女の
子はすごくさびしいし、不安になることだと思います。「この人は性交だけが
めあてでしかないんじゃないか、私よりエッチの方がいいんじゃないか」と
考えてしまったことがあります。射精のあとのケア、例えば腕枕とか抱きし
めるとか、そーいう「大事に想っとるんやでー」というのを示してほしいと
思います。

COMMENT

COMMENT

＊自分の思っていたセックス観が、いかにエッチな情報に影響を受けているの
かがわかりました。なぜかセックスをすると射精をしないと終わらない、そ
れでなければ相手にも申し訳ないと思ってしまっていた自分がいました。な
にかまたセックスが奥深いものに感じました。

　射精にはほとんどの場合、最初から快感が伴いますし、男性はその後のポルノ的な男性
中心の文化も強く受けることが多いですから、「自己中心」的になりやすい傾向があります。
ですから自己中心にならないように常に認識して、お互いの安心や信頼を第一とした、相
互満足を大切にしたいものです。

　射精と性欲の関係でいうと「3日もすれば精子は満杯になって出さないといけない」「だ
から辛抱できない、男の性は抑えがたい」「だからセックスさせろ」と言って、強要に結
びつける男性がいます。しかし、前述のとおり精子はたまり続けるものではありません。
体内で分解吸収されてしまうのです。尿のように出さなければがまんできない、害がある
というものではないのです。

　射精したい欲求がありセックスしたいという気持ちはなかなか抑えようがありません
し、悪いことでもないのです。しかし行動面ではコントロール可能なのです。セックスで
の一方的な強要は暴力にもなります。また同じように避妊や性感染症の予防に協力しない
性交も虐待や暴力ともいえるのです。

自慰再考

　自慰についてもう少し女性の立場からも見ていきましょう。次のような
女性のコメントがあります。

> ＊一般的に男性に自慰が必要なのはわかりますが、私は彼が私以外の人（女優で
> 　も）を想像したり、エッチな本やビデオを見たりして、そんなことをするのは
> 　イヤです。

　この気持ちわかります。もちろん「私はイヤ」と言ってもいいですが、それはあくまで相手の自由で「誰に迷惑もない行為」「誰も巻き込まない」という自慰は自己完結の行為でセックスとはまったく違います。だから自慰のことを「自分がいるのに」とかいわゆる「浮気」とかと思わなくていいのです。もちろん本などを見られる所に置かないなどのマナーとポルノ情報には嘘が多いことは言っておいてください。しかし、男性全員がエッチな本やアダルトビデオを欲するものでもありません。男性も多様です。その例を紹介します。

> COMMENT
> 　＊私の彼は性欲が少ないのか、エッチな本やビデオは持っていないようです。友だち
> は「そんなのありえないよ」というけど本当にないんです。「見たくないの」といっても「別
> に」という感じです。なんだか不思議に思っていたけど、肉体的にも精神的にも男性でもい
> ろいろあるんだと授業で確認できたのでよかったです。

表 3-3 あなたは自慰（マスターベーション、オナニー）の経験がありますか？

(%)

	中学		高校		大学	
	男子	女子	男子	女子	男子	女子
ある	25.7	7.6	78.4	19.2	92.2	36.8
ない	47.1	45.6	12.4	61.2	2.8	50.1
言葉の意味がわからない	23.1	43.8	4.7	14.8	1.6	6.4
DK.NA	4.4	3.0	4.6	4.7	3.4	6.7
合計	100.0	100.0	100.0	100.0	100.0	100.0
基数	2290	2150	2127	2149	1776	2407

出典：『「若者の性」白書　第8回青少年の性行動全国調査報告』小学館、2019年8月

　さて、表３－３にあるように男性の自慰に比べて、女性の自慰は少なくてまだまだ抑圧が強いですが、その例をあげましょう。

COMMENT

　＊私は保育園や小学校の頃から、よく自慰をしていました。母から「そんなにいじっていると刺激されて、早く毛とか生理が始まっちゃうよ」と脅されていました。母の説はあっていますか。

　これはもちろん間違いです。プライベートな行為ですから人前ですることのないように注意すべきですが、男性と同様、自分で自分のからだを愛してあげる「大切な行為」として肯定的にみたいものです。「女なのに」とか「恥ずかしい」とか思う必要まったくありません。
　むしろ自分のからだをよく知り、性を肯定できる一歩になるでしょう。次の女性のコメントからもそれへの肯定感の重要さがわかります。
　最後の「自分と仲良く」っていい言葉ですよね。あたたかい思いやりを感じます。自分と仲良くできてこそ、他者とも信頼関係を結べますからね。このようにみるとセックスが相手とのとっておきのコミュニケーションと言ってきましたが、自慰は自分とのとっておきのコミュニケーションと言えるかもしれません。

COMMENT

　①中学から高校生の時期に気づいたら毎日していました。なんだかこころが落ち着くのです。
②私は女ですがたまに自慰をします。別に悪いとか恥ずかしいという意識はなかったんですが、自分を愛してあげる行為だとわかって、やっぱり少しホッとして、私は「自分を愛せるステキな女だ」と思えました。
③確かに女の子の方がしてはいけない、恥ずかしいことだと思われがちです。でも私は小学生のころからなぜかしていて、寝る前にしないと気がすみません。「どんだけ自分は性欲が強いんだ」と少しへこんでいたし、そういう話を女の子の中ではしたことがなかったので、大学でよくオナニーの話をして「するよね！！」みたいに共感したときは仲間を見つけたようでとてもうれしく思いました。セックスはコミュニケーションという感じがしてそれはそれでとても肯定できるけど、マスターベーションも自分と仲良くなる感じがしてステキだと思います。

第4章

「恋愛」と相手の想い、セックス

表4−1 あなたは、いままでに、次のような内容を学校で教わった覚えがありますか。（複数回答）

(%)

	中学		高校		大学	
	男子	女子	男子	女子	男子	女子
妊娠のしくみ	70.4	75.0	84.1	87.9	85.0	88.9
セックス（性交）	21.7	16.0	56.8	48.6	50.7	41.8
避妊の方法	17.5	13.0	81.2	79.5	78.0	74.7
人工妊娠中絶	11.2	11.4	55.1	53.2	52.1	53.0
自慰（マスターベーション、オナニー）	16.9	4.7	50.9	24.2	52.0	24.6
HIV（エイズ）	36.7	28.8	89.2	91.6	86.2	89.6
クラミジアや淋病など性感染症（性病）	21.8	16.0	78.6	74.4	65.4	64.9
男女の心の違い	63.8	66.7	62.0	58.5	56.4	49.1
恋愛	46.2	45.1	56.4	48.1	61.9	58.4
男女平等の問題	46.2	45.1	56.4	48.1	61.9	58.4
デートDV（恋人間の暴力）の問題	17.8	19.0	51.4	53.4	53.0	60.6
セクハラ、性暴力の問題	20.1	16.9	52.8	46.4	59.3	56.0
性の不安や悩みについての相談窓口	17.1	17.1	37.3	27.5	41.7	35.4
性的マイノリティ（同性愛、性同一性障害など）	14.6	15.1	36.8	26.9	50.2	51.8
男性のからだのしくみ	79.1	73.5	80.8	76.9	80.7	81.2
女性のからだのしくみ	70.2	87.7	78.3	85.6	76.7	87.8
その他	1.0	0.9	0.9	0.6	0.4	0.3
特に知りたいことない	4.7	1.8	1.6	0.3	1.8	0.5
DK.KA	3.1	2.1	2.2	2.0	1.9	2.2
基数	2290	2150	2127	2149	1776	2407

表4−2 あなたがいま、性について知りたいことは何ですか。（複数回答）

(%)

	中学		高校		大学	
	男子	女子	男子	女子	男子	女子
妊娠のしくみ	4.5	7.8	5.7	7.5	4.5	5.8
セックス（性交）	12.1	8.3	14.5	9.8	14.4	15.0
避妊の方法	6.7	8.6	7.2	6.9	6.5	12.1
人工妊娠中絶	7.1	9.0	5.7	6.5	6.0	9.2
自慰（マスターベーション、オナニー）	6.9	7.7	5.5	5.2	4.2	6.1
HIV（エイズ）	9.2	8.0	7.8	6.6	10.9	12.0
クラミジアや淋病など性感染症（性病）	10.0	9.2	8.5	6.8	12.3	16.0
男女の心の違い	8.6	10.5	11.5	13.7	17.7	20.6
恋愛	13.0	17.5	16.2	18.4	20.2	20.9
男女平等の問題	9.3	9.5	6.8	5.3	11.1	12.6
デートDV（恋人間の暴力）の問題	6.2	9.2	4.6	4.7	6.6	8.4
セクハラ、性暴力の問題	6.6	9.0	4.8	4.5	7.0	9.5
性の不安や悩みについての相談窓口	4.1	5.9	3.9	4.8	6.3	9.5
性的マイノリティ（同性愛、性同一性障害など）	6.7	11.1	5.5	9.5	11.8	18.3
男性のからだのしくみ	3.4	2.2	3.1	2.3	3.8	3.3
女性のからだのしくみ	5.0	3.2	5.4	2.8	7.2	4.4
その他	1.0	0.6	0.8	0.4	1.0	0.6
特に知りたいことない	59.3	53.2	59.9	54.4	48.5	38.0
DK.KA	6.0	3.7	3.4	3.8	3.3	4.3
基数	2290	2150	2127	2149	1776	2407

出典：『「若者の性」白書　第8回青少年の性行動全国調査報告』小学館、2019年8月

表4−1、4−2を見てもわかるように、「恋愛」や恋愛対象（多くは異性）のこころの違いを知りたいというのは、いつも性教育への要望の中でトップクラスです。しかし、からだや生理的な部分の性教育はあっても、恋愛学習や恋愛相手のこころの学習はそれらに比べて少ないままです。だからこのいちばん知りたいことの情報源は、学校でも、ましてや親でもなく、メディアとそれに影響された仲間・友人が多くなってしまいます。しかし、そこには男女によって大きく接触するメディアが違っていたり、その情報が美容や娯楽・婚活・性産業などの商業主義と固く結びついたりして、互いの誤解やすれ違いの原因となっています。

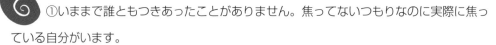

恋愛至上主義

まず恋愛に対する若者の思いをみてみましょう。

> **COMMENT**
> ①いままで誰ともつきあったことがありません。焦ってないつもりなのに実際に焦っている自分がいます。
> ②切実に彼氏が欲しいのにできません。どうしたらモテる女になれますか。
> ③この大学では秋の学園祭までに恋人ができないと、もう卒業まで無理と聞きました。これが本当ならと、少々焦っている自分がいます。どうしたらいいでしょう。

この三つのコメントにあるように、「恋愛」により高い価値を見いだし、カップルでなければ幸せになれないように思って、「恋愛」にあこがれている人は多いのではないでしょうか。

雑誌やテレビには恋の話題が持ちきりで、「どうしたらモテる」とか「二人で行く〇〇」などカップル願望をあおり立てています。さらにその先には幸せな結婚と家族が約束されているかのように感じさせます。しかし、これは逆にいうと「一人じゃダメ」「カップルで一つ」「カップルは同じ行動をする」「結婚して子どもを持たないと不幸」など、多様な個人の生き方・幸福観を一つの型に拘束することにもなります。

いうまでもなく、人間は必ずしもいつもカップルでいるわけではありません。むしろ、独身ならば恋愛してカップルであった期間より、つきあっていない期間の方が長く、カッ

プルであっても二人きりの時間より、家族や学校・職場のなかで他の人と生活したり、一人でいたりする時間の方が長いはずです。その家族も一人暮らしになったり学校・職場も変わったりと、時間の経過とともに変遷していきます。またＡ－セクシュアル（性愛対象の関心のない人）のような人がいたり、性愛に関心があってもカップルにならなかったりする人もいます。

　このように考えると人間の基本はカップルではなく「個人」で、恋愛しているから、してない人より優位であるとか、カップルになって結婚をして、子どもを持たなくては幸せになれないということは、まったくないことがわかります。

　「恋愛」は、家族とのつきあい（親と暮らしていない場合は施設などの職員や仲間）、学校の友人・クラスメイト・教職員・部活サークルとのつきあい、放課後の塾・ボランティア・アルバイトでのつきあいなど、多くある人間つきあいのバリエーションの一つにすぎません。「恋愛」に他のつきあい以上の絶対的な価値などありません。それぞれのつきあいがあなたという人間をつくり出している大事な交流です。だからカップルでなくてもまったく問題はありませんし、「恋愛」についてもあせる必要もありません。ゆっくり自分ペースの「スローラブ」でいいのです。恋愛に関心なくてもいいし、しなくてもいいし、片想いでもあなたはあなた「価値ある唯一の存在」なのです。

　むしろ、寂しくていつも誰かとつながっていたいから、いつも恋愛してカップルでないと不安という人のほうが恋愛依存（中毒）にもなりやすく危険でしょう。一人でも自立できる人は、二人でも自立しあった対等な関係を築けます。しかし、他のつきあいにめぐまれず独りぼっちで寂しく感じる人は自分への信頼が薄く、相手やまわりの他者も信頼ができず、「恋愛」に依存したり、束縛したり、という危うい関係に陥ってしまいがちです。

恋愛とセックス

　これもまず若者の思いをみてみましょう。

COMMENT

　①つきあうことにエッチって絶対必要なものなのですか。

　②相手から「セックスしないと、付き合っている意味がない」と言われます。

　このようなコメントは多くありますが、「恋愛したらセックスするのは当然」そう思いこまされている人は、結構多いのではないでしょうか。じつは後にデータで紹介しますが、近年若者の性的経験や恋愛経験は不活発化しています。それでも、付き合った場合は男性からセックスを迫り、それに応じるべきという性行動のパターン化はまだ根強く残っています。同じような縛りは同性愛カップルの積極性の違いにもあるでしょう。

　この原因のひとつに男女のセックスについての情報源の違いがあります。女子の知識を得るメディアのトップは「コミックス／雑誌」です。それにくらべ男子のそれは「ポルノ雑誌／アダルトビデオ」となっています。これらによって「男性は性欲が強い・ガマンできない」「つきあったらセックスは必然」というイメージによる性行動が当然とされ、仲間からの「まだなのか・待たしたらかわいそう」等のプレッシャーもあり相手からのセックス要求を早期に受け入れてしまう、という「恋愛」とセックスの一体的パターン化をもたらしています。

COMMENT

＊最近彼氏とホテルに行きました。私は挿入以外なら何でもしようと思っていたのですが、彼は満足していないようでした。「ホテルに行ってセックスしないとはどういうことだ（笑い）」と笑っていましたが、さみしそうで申し訳なくなりました。彼はこのことを友だちに相談しているようで、その友人は「セックスしないなら別れたら」というそうです。でも私は別れたくありません。どうしたらいいでしょう。

COMMENT

＊中学時代に大人気の有名なコミック漫画を読んだことがあります。あるシーンで主人公の婚約者（ミュージシャン）が「お前は何も考えず、オレを満足させていればいい」と言って、セックスを強要します。私はこのシーンが忘れられず、すごく、すごく（マンガ相手に）憤りを覚えたことがあります。マンガやドラマが与える影響は、はかり知れません。確かに愛する人とのセックス、肌の触れあいは幸福感に満ち、人を成長させるものではありますが、それは恋愛のプロセスの一つではなく、あくまで自発的に、お互いの同意のもとに行うべきだと思います。

＊私もコミックスをよく見ていて、登場人物の男性は強くて、束縛もして、性欲が強く描かれていました。それで強くてかっこいい男性＝性欲が強いというイメージができてしまったのです。しかし、いまのパートナーと出会ってマンガの登場人物とはまったく違うし、性欲もうまくコントロールできるということがわかったのです。

このようなコメントでわかるように「恋愛したらセックスなしでつきあえない」というイメージが、いかに個人やカップルの多様性という事実に沿っていないかわかります。最初のコメントのようにしたくないセックスをする必要もないし、相手は待たなければいけないのです。さらにセックス以外の性の喜びのバリエーションも増やすべきです。では若者の性のデータを見てみましょう。

図4－1　若者のセックス体験率の推移

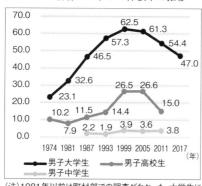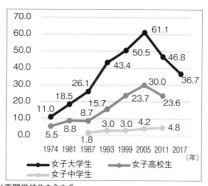

(注)1981年以前は町村部での調査がなかった。大学生には専門学校生を含まず。
(資料)財団法人日本性教育協会による調査結果(最新年は毎日新聞2018.11.25から)

図4－2　若者のデート経験率の推移

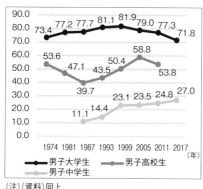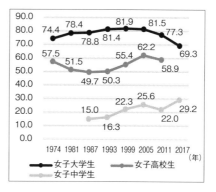

(注)(資料)同上

出典：『「若者の性」白書　第8回青少年の性行動全国調査報告』小学館、2019年8月

第8回「青少年の性行動全国調査」2019年（以下、「調査」）の図4－1をみると、実際には大学生男性の5割強、大学生女性の6割強にセックス体験さえなく、しかもその経験率が急激に下がっているのがわかります。高校生・大学生のデート経験率も下がっています。みながみなデートしてセックスをしている訳ではありません。ただこの減少傾向には社会的な課題もあります。

恋愛と性からの排除逃避

内閣府の「結婚・家族形成に関する意識調査」2015年版によると20代30代未婚で「恋人なし」は35%、その恋人不在の中でも「恋人が欲しくない」が37.6%で4割近くもいます。欲しくない理由（複数回答）は「恋愛が面倒」が46.2%で1番、「自分の趣味に力を入れたい」が45.1%で2番となっています。

今、孤立無縁社会といわれていますが、恋愛も人間関係ですから、このような社会では「恋愛離れ」が起きるのは当然です。同調査で、交際する上での不安（複数回答）は「出会いの場がない」55.5%、「自分は魅力がないのではと思う」34.2%の順となっています。

それは貧困化とも関連していて、同調査では「恋人が欲しい」という意欲が年収で男性400万円未満、女性は200万円未満でグラフのように20%近くの差が出て、貧困であると恋愛への意欲まで奪われる現実があります。

図4－3　恋人が欲しいですか（未婚者、かつ現在恋人がいない人）

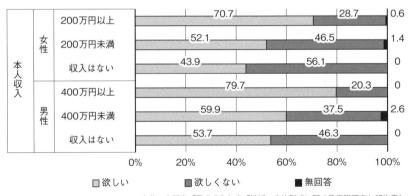

出典：内閣府『平成26年度「結婚・家族形成に関する意識調査」報告書』

男女の200万円の差は、期待される役割の違いです。男性には将来家族を養うことへの期待がより大きくあるのです。女性の場合の200万円というと、それ以下になると生活に

精一杯ということでしょう。非正規で働き不安定低収入となるとこのような障壁があります。

　しかし、運よく正規雇用になったとしても今は「ブラック企業」も多く、非人間的な長時間過密労働で出会いの機会やデートの時間さえ奪われることになります。

　ということで、非正規で貧困であれば「自分の魅力」という自信の喪失につながりやすく、正規でも働かされ過ぎは「出会いやつきあいの機会」を減少させます。

　右の図のように性的関心、経験も減少傾向です。性的関心の低下と異性接触の少なさの関係は、どちらが先に要因となっているかわかりませんが、おそらく相乗効果として関連し合って恋愛や性行動の不活発化を生んでいます。国立社会保障・人口問題研究所の2015年調査でも18～34歳の未婚者の

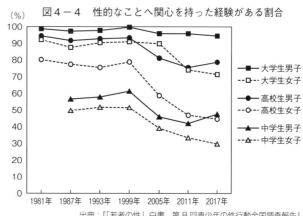

図4-4　性的なことへ関心を持った経験がある割合

凡例：
- 大学生男子
- 大学生女子
- 高校生男子
- 高校生女子
- 中学生男子
- 中学生女子

出典：「「若者の性」白書　第8回青少年の性行動全国調査報告」
小学館、2019年8月

うち、交際中の異性がいない男性が7割、女性は6割にのぼり、1987年の調査以来、過去最高になっています。同調査では、男女とも約3割は「交際を望んでいない」と回答、さらに性交渉の経験がない独身者の割合も男性42％、女性44.2％と男女とも増加して、30～34歳に限っても、男性の25.6％、女性の31.3％に性経験がありませんでした。

　これは性的存在であることからの逃避・排除ともいえて、貧困や性的にネガティブなイメージで若者の性行動が不活発化してくことを好ましいとはいえません。なぜなら同白書2012年版が指摘したように「ただ漠然と恋愛や性行動から遠ざかっていく」という結果となり、「人間関係や性を大切にして、多様な選択肢から未来に向けてより慎重に幸せな決定をしている」わけではなく、個々の幸せな性的な自立につながらないからです。

恋愛と性のこれから

　誰もが恋愛をできる環境保障は大事な権利でもあります。その上で恋愛至上主義や恋愛とセックスの一体化からもっと自由になる必要があります。むしろ、これまでも言ったようにみなさんには「恋愛」＝性器性交という固定的なパターンから解放されて欲しいのです。「恋愛」をしても性器でのセックスなしで、会話やふれあいで十分満足ができるとい

う人間の交流の温かさと豊かさを共感しながら、ゆっくりじっくり信頼を紡ぎ合う幸福を感じ取ってほしいものです。あせらず多様な交流を楽しむ、性器性交なしの「スローセックス」でじゅうぶん満足できるのも多様で豊かな人間の性のよろこびなのです。でもそのとき相手からの申し出をどのように断ったらいいか悩む人もいるでしょう。次に紹介する台詞は大学の授業で、愛のある断り方ナンバーワンに輝いた作品です。

　もちろん「イヤ」の一言でもいいですが、このようなライフスキルは互いのよい関係を築く上で重要になってきます。大学生からは「ここまで言われると断られてもとても嬉しい」と好評でした。

　これまでノーセックスの性の交流を言ってきましたが、性器によるセックスを否定するわけではありません。

　性器でのセックスをするなら、ゆっくりと、じゅうぶんに話し合って、ふれあって、それがたとえ結婚していても必要な避妊、性感染症の予防、ノーバイオレンスを徹底して、互いに安心と信頼感で包み込めるようなセックスで、よりよい関係を築きたいものです。

　「恋愛」という名の下に性器性交を強制されたり、避妊しない、性感染症の予防をしないなどの暴力的なセックスをされたりする貧しい関係こそがあってはならないことなのです。

COMMENT

　＊あなたが好きだよ。セックスするならあなたしかいないと思っているよ。でも今よりも、もっと将来の方が安心して幸せを感じられる。だから信頼も深まり、あなたをもっと好きになれる。それまで待ってくれるあなただから大切に思える。そのかわり今日は二人でおいしいものを食べに行こうよ。

　では、恋愛と性においてセックスだけが全てではないとわからせてくれて、ゆっくりとほのぼのとした想いを感じさせてくれるコメントを紹介しましょう。

①小学校の頃から僕は体が小さく、よくいじめられていました。そのときにいつも守ってくれたのが仲の良い女の子でした。ある日いじめられていて、その子が来て「あんたら、なにいじめてるんや！」とかばってくれたとき、いじめっ子たちが「やーい、オンナにまもられてやがんの、オトコやのに」とはやし立てると、その子は「オンナがまもってなにが悪いねん！！」と大声で言い返しました。ビックリしたけどカッコよかった。そんなふうに何度もまもってくれたその子は、僕にとって大好き以上の守護神でした。いまも感謝しています。

②中学のとき、好きな人の登校時間に合わせて早く学校に行くようにしていた。でも学年のボス男とも重なり、よく「何してんねん」とからまれ、訳もなくしばかれた。それでも廊下で好きな人とすれ違ったときは、その日一日嬉しい気持ちだった。しばかれた痛さも会えた嬉しさで吹き飛んだ。

③中学生のときあこがれの存在がいました。勉強もスポーツもできる子でした。その子が朝早くから自習しているのを知って、自分も早起きしてみたり、積極的に話しかけたりしていました。結局、告白することはありませんでしたが、あとから聞いた話ではその子も私の事を気になってくれていたようです。もしかしたらという気持ちと同時に、初々しい感じのままでよかったと思う気持ちもあります。

④席替えで片想いしてた人と隣になったとき、毎日鉛筆をその子の分までと思ってピンピンに削って、消しゴムも２個持っていました。もう話されなくても満足。ごちそうさまっていう感じ。学校に好きな人がいて…、だから早起きできるんだろうね。

⑤高校のとき、今までで一番好きな人ができました。陸上部の人で席が前後になったのがきっかけでした。

　　毎日、一言は絶対しゃべろうとそれが楽しみで学校に行っていました。その人はコブクロが好きで、ＣＤを貸してもらった御礼に、その人の試合前にミサンガを作って渡しました。喜んでくれてとても嬉しかったです。

　　最後は告白してふられましたが、今ではいい思い出です。

⑥自分たちは高校でつきあい始めてなかなか手をつなげなかった。周りはつきあって１週間でエッチまでしてしまう友だちもいたが、「どこまでやった」ときかれても遅い進展がちょっと恥ずかしかった。でも、できないものはできないので、むこうもなかなか思い切れなかったらしく結局手

をつなぐのに１ヵ月かかった。だけど今になるとお互いにとってよい期間だったと思う。授業でも言われたけど、そのカップルなりにあせらず自分たちを大切にすればいいということに自信がついた。よく「平均何歳でセックスするか」とか、「つきあってどれだけ早くするか」とかいうけど自分は自分でいこうと思う。

⑦１年間ずっと好きだった男の子が、この春、関西の大学に行きました。私の片想いでした。正確に言うと告白して見事ふられました。彼が関西に旅立つ日、どうしても寂しくて彼に電話しました。他愛のない話をして（冬になったら近くの山の冬そばを食べにいこうとか…）、最後に電話を切るときに彼が「またね」と言ってくれたのがすごく嬉しかった。「さよならじゃないよ」という意味だと思ったので、もうその言葉だけで生きていけると思ったほどだ。

⑧僕が彼女といっしょにいるときはいつもそばにいてくれるだけで満足して、あまりセックスしたいとは思いません。僕にとって彼女はセックスの対象だけではなく、安心感ややすらぎを求めているから。だからと言って完全にノーセックスではなく、互いが思ったときだけという感じで、セックスが中心なのではなく、彼女といっしょにいる時間の一部に過ぎないと思っています。

⑨いま付き合っている彼女とは毎日会っているが、最近手渡しで手紙を交換しています。この方がお互いの本音がわかるし、自分の気持ちも整理できるので、とてもよいです。読むとほっこりして泣きそうになったりします。

 性と生のポイント

「恋愛」とセックスをまとめると、次の３点になります。

・「恋愛」をしていなくても人の価値は変わらない。独りでも大切な存在である。
　（ただし社会は誰もが恋愛を選択できる環境を整えなければならない）

・「恋愛」しても「ノーセックス」で、語らいやふれあいで十分満足できる。

・セックスするなら、たとえ結婚していようが、相互の安心・安全・信頼が不可欠である。

　そのため対等な話し合いで、必要な避妊、性感染症予防、ノーバイオレンスの実行が最低限の思いやりとして、安全と安心と信頼を育む。

第5章
妊娠・出産・人工妊娠中絶

異性間セックスは妊娠につながる行為

　2017年日本性教育協会による調査結果によると、大学生の女性36.8％男性47.0％、高校生女性19.3％男性13.6％にセックス経験があります。異性間で性器挿入のセックスをした場合、絶対の避妊方法がない現在では、妊娠の可能性がゼロではありません。では、「いま妊娠したら」ということをセックスの前にいっしょに考えたり、話し合ったりしたことがあるでしょうか。これがほとんどないんですね。次はそれを話し合ってくるようにお願いしたときのコメントです。

COMMENT

①妊娠したときどうするか話してきました。彼は最初軽い気持ちで言ったのかも知れませんが「そんなことあったらオレ自殺するし」と言われました。ものすごく傷つきました。それでも、ちゃんと答えを出して欲しくて話し合いました。結局、私たちは学生で親に頼ってしまうだろうし、金銭面で子どもに苦労をかけてしまうだろうから、中絶するしかないということになりました。こういういざっていうときに人の本質が見えるんだなあと思いました。男性にはこのようなことは言わないでほしいと思います。

②今の彼氏も産んで育てるという方です。でも私はこの彼といっしょに育てるのは無理だと思っています。彼は学生でも社会人でもありません。バイトをしながら職を探しているところです。まだ収入も生活も安定しない中、産んでもまともに育てあげられない気もします。なにより私が彼と生活しいっしょに暮らしていくのが無理です。もし産むとしたらシングルマザーになるのかなと思います。

*彼女に聞きました。やはり迷わず中絶という言葉が返ってきました。女性には一生大きな傷が残り、男性には残らない。だからお金は全部出して、みたいなことを言われ少し悲しくなりました。男性も傷つくことはあるし、少しでも力になってあげたいと思っていたのに残念でした。

*彼女と話し合って、産んで育てようという結論になりました（自分ももう4年生だし）。二人の将来のことも真剣に話し合えていい機会だと思いました。

「いま妊娠したら」ということですが、やはり話し合っていないカップルがほとんどでした。しかし、この話し合い抜きでは、本当に安心して信頼の関係を築くことはできません。セックスしてから、あるいは妊娠がわかってから、どうするのか話し合うのでなく、当然予測される妊娠をセックスする前にしっかり話し合い、合意しておくべきです。そうでないと、いざというときパニックになって適切な処置がとれなかったり、遅れたりするのではないでしょうか。

妊娠の経緯

では実際に妊娠した場合を見てみましょう。次のような経過になります。

表 5-1 妊娠の経緯

期	妊娠月数	妊娠週数	
前期	1ヵ月	0週	*最終月経
		2週	*排卵・受精～着床
	2ヵ月	4週～7週	*つわりがはじまる時期
	3ヵ月	8週～11週	*超音波検査で胎児心拍が確認できる時期
			*妊婦初期血液検査
中期	4ヵ月	12週～15週	*母子手帳の発行
			*前期母親教室
			*心電図・内科検診　など
	5ヵ月	16週～19週	*胎動を感じる頃
	6ヵ月	20週～23週	*胎動がかなりはっきりしてくる時期
	7ヵ月	24週～25週	*ここから2週ごとに病院で検査
		26週～27週	*後期母親教室
後期	8ヶ月	28週～29週	*この時期に性別を教えてくれる病院も
		30週～31週	
	9ヵ月	32週～33週	*この時期で胎児は平均約1800g
		34週～35週	*お腹のハリや腰痛が強くなってくる時期
	10ヵ月	36週～39週	*10ヵ月にはいると毎週病院に行き、出産準備
			*36週で胎児の平均体重は約2500g
	予定日		*出産予定日。胎児は約3200g

「こへびにっき」http://www.ipc-tokai.or.jp/~k_noba/chika/maternity/Question_01.html　参考

ここで大切なことは、妊娠の開始（数えはじめ）は、セックスをしたときでも、排卵日でも
なく、月経の初日で、それを０日０週とカウントすることです（月経不順のように適応できな
い場合は、胎内エコー検査などで推測）。ですから28日型の月経周期だと、月経予定日から
一週間遅れて月経がない場合は妊娠５週目に入っていることになります。そして、４〜７週目辺
りからつわりが始まります。15週目辺りからはお腹がふくらみだし、出産予定日となる280日
目（40週）には、赤ちゃん（約３kg）＋胎盤（500ｇ）＋羊水（500ｇ）＋子宮や乳房、血液
の増加（約４kg）＝約８kg（平均）以上、という体重増となります。それに出産の前後は入
院など大きな負担で、通常の生活はまったくできません。これに心理的な負担、出産後の育
児をあわせると、カップルでもとくに女性にとって、妊娠とほぼ同時にそれまでのごく日常の
生活が大きく変わることを意味します。

　どうですか、セックスをした結果、妊娠・出産となると、この現実の変化と、その後何年
も続く子育ての責任を女性も男性も受け止めることができるのかが、問われるのです。もち
ろん、高校生でも大学生でも立派に産んで育てているカップルもいますが、やはり計画し待
ち望んだ出産より、当事者にも周囲にも大きな負担でしょう。

　ではその当事者の変化とこころの傷を紹介しておきましょう。

＊私が妊娠したときは、月経の遅れ、胸の張り、食べ物の好みの変化、精神的
　な変化、自分が自分でないような気がしました。妊娠がわかってから、中絶
　手術まで１週間ありました。私はつわりがかなり重く、トイレに立つのも大
　変でした。授業にも行けず、生活するためのバイトにも行けず、とても不安
　な日々でした。予期せぬ妊娠は本当につらい。しかもそのときの相手はつき
　あっているわけではなかったのです。今でもこころの傷はいえません。次こ
　そは大好きな相手の赤ちゃんをお腹で育てて産んであげたいです。

　　でも日本が条件付きとはいえ、人工妊娠中絶ができる国でよかったと思い
　ます。

COMMENT

若者の出産環境

　若者の妊娠から出産を考えるとき、当事者責任のみで終わらせないために、日本の環境を考えておきましょう。高校で女子生徒が在学のまま出産することは、まだほとんどないのではないでしょうか。大学生でさえ出産はまだ多くありませんし、学内託児所もわずかです。私が調査した外国の例で、オーストラリアとフィンランドの高校では、どちらも性教育が充実していて妊娠例はほとんどなく、あれば中絶も出産も全力でサポートすると言っていました。

　日本での若者の妊娠の可能性は、セックスがカジュアル化して中高年世代にくらべ飛躍的に高まっています。それを現実に示すのが10代の人工妊娠中絶の件数で、全体中絶の１割強になり、一日あたり53件となっています。10代中絶はピルの認知やセックス経験率の低下などから2000年代当初のピーク時よりは減少していますが、いわゆる「結婚後の期間が妊娠期間より短い赤ちゃんの誕生」である「授かり婚（できちゃった婚）」は高止まりです。いまそれは全婚姻の26.3％を占め、1980年の12.6％の２倍以上に達しています。10代の８割、20代の６割を占め、若い世代ほど多いことが分かります。しかも離婚率は、20〜24歳までの離婚率が42.5％、19歳以下の離婚率は58.4％と高くなって結婚後も問題を抱えています。

　妊娠100に占める中絶の割合をみると、20歳未満では61.8％となっています。従って日本の10代の全妊娠に占める出産は約38％となります（2012年度人口動態統計により）。アメリカ64％、オランダ、フランス約50％と諸外国に比べ極めて低い率です。この日本の状況は、若者の出産に関して厳しい環境で、「理解と支援」が乏しいことも示しています。

　予期せぬ妊娠を防ぐことに効果的な性教育も、出産を選択した場合に子育てしながら学び・働くことをサポートする体制も、まったく不備なのが今の日本でしょう。若者の妊娠・出産を考えるときこのような環境の改善も当然の課題となります。

　この点で海外の様子を学生のコメントから紹介しておきましょう。

COMMENT

＊アメリカへ留学して12年生（日本では高校３年生）のときに、クラスに転入生がきて、何とその子のお腹はすごく大きく、彼女は妊娠していた。高校生で、私と同い年の子が妊娠していたことも驚いたが、私が何よりも驚いたのは、クラスメイトがそのことに何も驚きもせずに、何もなかったように彼女を普通に受け入れていたことだ。出産が近くなって彼女は、「母親になる／なった生徒用の学校」に移っていった。アメリカでは州によって多少の差はあるかもしれないが、

基本的に高校までは義務教育的であり、全ての生徒が卒業しなくてはいけない。なので妊娠して子どもを産んだ生徒に対して学校の中に保育所のような施設を用意してある特別な学校もあるのだ。全ての生徒に学校を卒業する権利を保障し、いのちについて保証の大きさもある。日本もこういうことを考えてもよいのではないだろうか。

＊僕は高1のときオーストラリアにホームステイに行ったのですが、地元の高校へ行ったときに、赤ちゃんを抱えて学校に来ている女の子を何人か見ました。僕と同い年か少し年上の子が出産して、育児をしながら学校へ通っているということに当時はとてもショックを受けました。いま考えると退学しなくてよいし、託児所がある環境だったと思い、日本との違いを感じます。

2016年に訪問したオランダの中等学校（職業訓練進学校12歳〜16歳）では、「15〜16歳の女子で2〜3名は妊娠する子もいて、親に言えない子もいるので、親と相談できるように間を取り持って、希望があれば、産前4〜5週間まで授業を受けることが可能でした。オランダの法律では、14歳までは保護者と共に妊娠・出産を考えますが、14歳以降は、自分の意思で決めることになっています。産後も教育を受ける保障があって学校横に託児所があり、市が運営しているので、「住民の利用も可能」ということでした。

※写真参考　オランダ中等学校（職業訓練進学校）に隣接する託児所

日本の若者の出産環境が整っていないのはわかってもらえたと思います。それでも高校生や大学生で出産を選択する場合もあります。周囲の理解と協力によって支援されて可能になります。

その事例を紹介します。

COMMENT

＊私たちは学生同士で妊娠して出産を選びました。避妊の確実な知識など、授業で学んだことをもっと早く知っていればとも思います。でも今は後悔だけでなく幸せもいっぱい感じます。それはまず私の彼が真剣に向き合ってくれたこと、一緒に育てようと決意してくれたことで、この人でよかった良い人だったと感謝しています。次に私の両親もどちらもとても喜んでくれて協力してくれたからです。私は相手と環境に本当に恵まれたと思っています。

　このような恵まれた環境ではなく厳しい状況でも、意外ですが「妊娠したら絶対に産みたい」という若い女性もいるのです。しかも高校を卒業していないとか、正規の職業に就いていない女性ほど強い願望を持つことがあります。もちろん「中絶は罪悪」といわれたからということも考えられますが、そのような場面に多く出会ったベテラン産婦人科医が次のように言っています。

　「将来に青写真を描けない女の子が、容易にできる唯一の自己実現として、出産と結婚を望んでいる。…保守的な結婚観や家庭観を持っていて、夫と子どもと温かい家庭という図式を大切に考えています。…数ヵ月後には母親になれる、妊娠で（男性に）迫れば結婚もできる、自分と赤ちゃんを中心とした家庭という安定した場を得ることができるという近未来像は、素晴らしく魅力的に映るようです」（家坂清子『娘たちの性＠思春期外来』ＮＨＫ出版、2007年）。

　なるほど、こうなると出産環境というより、どのような女の子にも将来展望ができる生活環境こそが大切と言えますね。

中絶について

　妊娠したときに早期に決断しなくてはならないのが「産む」か「産まないか」ということです。なぜ早期かというと、初期人工妊娠中絶では妊娠12週未満、中期人工妊娠中絶では妊娠22週未満となっていて、それ以後は人工妊娠中絶ができないからです。もちろん人工妊娠中絶をすすめたりするわけではありませんが、誰にも言えず決断が遅れて、産まざるをえな

い状況になって、「嬰児遺棄」や「育児放棄・虐待」につながるという最悪のケースは避けなければならないからです。多くの場合、予期せぬ妊娠は「避妊の無知」「男性中心の避妊に協力のない性行動」が原因です。いわば性教育の不備、ジェンダーバイアスの被害者ともいえる女性が、追いつめられ逆に加害者になるということは、あってはならないことなのです。人工妊娠中絶については是非をめぐる様々な議論がありますが、絶対の避妊法がなく、しかも性教育が不備な現在、安全な人工妊娠中絶を選択できることは、カップルの、とくに女性の最終的な権利と捉えるべきでしょう。

　2014年第7回「男女の生活と意識に関する調査」から、人工妊娠中絶の手術を受けたことがある女性は全体の13.2％で7〜8人に一人の割合です。その内で繰り返す反復中絶は25.9％です。

　「最初の中絶を受けることを決めた選択した理由」をみてみましょう。第1位は「経済的余裕がない」で23.8％（男性22.2％、女性24.7％）、「相手と結婚していないので産めない」23.0％（男性24.4％、女性22.2％）、「相手が出産に同意しなかった」10.3％（男性11.1％、女性9.9％）と続き、「経済的な余裕がない」が2年前から9ポイント増加しています。

　この統計からもわかるように、最初から中絶をしたかった人などいません。誰もが経験するかもしれないのですから、必要以上に自己責任による罪悪感を煽って、立ち直れないようなダメージを与えるのは避けるべきです。

　もちろんできればしたくないのがこの人工妊娠中絶ですから、中絶をしたことに悩む人もいます。実際に前出「男女の生活と意識に関する調査」での「最初の中絶を受けることを決定したときの女性の気持ち」では「胎児に対して申し訳ない」が45.7％とトップで2位が「自分を責める気持ち」14.8％となって、悩みの深さを示しています。

　しかし、そこから立ち直れることができるのも人間のよさではないでしょうか。「経験にマイナスなし」、挫折のない人生なんかありません。むしろ「産めなかった子どもの分まで幸せにならなければ」と考えてはどうでしょう。このような場合、周囲は立ち直りの援助とその環境を整えることに気を配りたいものです。

安全な人工妊娠中絶

　現代では、安全で、合法的に中絶を受けることができるかどうかは、女性の権利といいましたが、実際に中絶が禁じられている国や地域では、女性がヤミ中絶で法外なお金を要求され、

危険な手術で死亡したり、後遺症を残したりしています。

　また自分で針金ハンガーを腟に挿入したり、冷水につかったり、高いところから飛びおりたり、非常に危険な方法をとる女性もいます。あるいはどうしようもなくなり、自殺に追い込まれたりするケースもあります。現在、中絶が合法の国や地域でも違法だった時代には、同様の状況がみられました。

　WHOでは「安全でない妊娠中絶」を「必要な技術がない人により、かつ、または、最低限の医療水準にさえ満たない環境で、望まない妊娠を終わらせること」と定義しています。今なおこれまで言ったような「安全でない中絶」によって、次のような状況が生じています。

公益社団法人 日本WHO協会　「危険な中絶の防止」2020年09月25日より抜粋

・2015年から2019年の間に、世界で毎年平均7330万件の人工流産（安全な中絶と危険な中絶の両方）が行われました。
・15〜44歳の女性1000人当たり39件の人工中絶でした。
・全ての妊娠の10件のうち3件の割合（29%）が、また意図しない妊娠のうち10件に6件の割合（61%）が人工中絶で終わっています。
・このうち、3件のうち1件は安全とはほど遠い、危険な条件下で実施されました。
・危険な中絶の半分以上はアジア、特に南アジアと中央アジアが占めています。
・アフリカおよびラテンアメリカでの中絶の4件のうち3件は危険なものでした。
・危険な中絶による死亡リスクはアフリカが一番高くなっています。
・毎年、妊産婦死亡の4.7%〜13.2%は危険な中絶によると見られます。
・危険な中絶により、開発途上国では毎年約700万人の女性が入院しています。
・WHOが推奨する、妊娠期間全般に適切な方法を用い、必要なスキルを持つ人による中絶は安全なものです。
・ほとんど全ての中絶による死亡やそれに伴う障害は、性教育や効果的な避妊法の使用、安全で合法的な中絶及び合併症へのタイムリーな治療によって防ぐことができます。

　この安全な人工妊娠中絶をめぐって、1994年カイロでの国際人口・開発会議で、安全でない妊娠中絶は公衆衛生の重要な課題であると認められました。安全な人工妊娠中絶を人権として受け止めることは世界の大きな潮流となりつつあります。

　江戸時代における堕胎や間引きは、食いぶちとなる食料が限られているため、多くの場合、共同体の人口調整として行われていました。ですから当事者の女性のみが、その罪を責められるということも、ほぼありませんでした。

　1869年に明治政府が堕胎禁止令を出してから、1880年に旧刑法、1907年に現刑法に「堕胎罪」が規定されました。近代国家として堕胎を禁止する欧米列強をまねて、体裁をととのえたのですが、その狙いは「富国強兵」と「殖産興業」の推進のための兵力と労働力の人員確保でした。明治になって女性は、家父長である夫のため、家制度存続のため、そして国のために、できるだけ多くの子どもを産むことを強制されていったのです。現在も残るその「堕胎罪」ですが、次のような法律です。

表5−2　「堕胎罪」

（堕胎）
第212条
妊娠中の女子が薬物を用い、又はその他の方法により、堕胎したときは、一年以下の懲役に処する。

（同意堕胎及び同致死傷）
第213条
女子の嘱託を受け、又はその承諾を得て堕胎させた者は、二年以下の懲役に処する。よって女子を死傷させた者は、三月以上五年以下の懲役に処する。

（業務上堕胎及び同致死傷）
第214条
医師、助産婦、薬剤師又は医薬品販売業者が女子の嘱託を受け、又はその承諾を得て堕胎させたときは、三月以上五年以下の懲役に処する。よって女子を死傷させたときは、六月以上七年以下の懲役に処する。

（不同意堕胎）
第215条
女子の嘱託を受けないで、又はその承諾を得ないで堕胎させた者は、六月以上七年以下の懲役に処する。
前項の罪の未遂は、罰する。

（不同意堕胎致死傷）
第216条
前条の罪を犯し、よって女子を死傷させた者は、傷害の罪と比較して、重い刑により処断する。

　この「堕胎罪」、一読しておかしいと思いませんか。女性や医者・助産婦・薬剤師、堕胎をした者は、処罰されますが、妊娠の直接的な責任者である相手男性は、まったく処罰されないのです。安全な妊娠中絶を権利として捉えたとき、このような処罰があること自体がおかしいことですから、「男性も処罰せよ」ということではありません。
　しかし、中絶において心身ともに男性よりダメージの大きい女性の方にのみ、さらにまた罪が科せられるということが、まったく不平等で、そのような法律自体が現存して有効であることがおかしいということです。

戦後の人工妊娠中絶

　戦後すぐの1948年、「優生保護法」が制定され、国際社会では比較的早期に人工妊娠中絶が条件つきながら認められます。この優生保護法は次のような法律です。

表5-3　「優生保護法」

第一章　総則

（この法律の目的）
第一条
この法律は、優生上の見地から不良な子孫の出生を防止するとともに、母性の生命健康を保護することを目的とする。

（定義）
第二条
この法律で優生手術とは、生殖腺を除去することなしに、生殖を不能にする手術で命令をもつて定めるものをいう。
　2　この法律で人工妊娠中絶とは、胎児が、母体外において、生命を保続することのできない時期に、人工的に、胎児及びその附属物を母体外に排出することをいう。
第三章　母性保護

（医師の認定による人工妊娠中絶）

第十四条

都道府県の区域を単位として設立された社団法人たる医師会の指定する医師（以下指定医師という。）は、左の各号の一に該当する者に対して、本人及び配偶者の同意を得て、人工妊娠中絶を行うことができる。

一　本人又は配偶者が精神病、精神薄弱、精神病質、遺伝性身体疾患又は遺伝性奇形を有しているもの

二　本人又は配偶者の四親等以内の血族関係にある者が遺伝性精神病、遺伝性精神薄弱、遺伝性精神病質、遺伝性身体疾患又は遺伝性奇形を有しているもの

三　本人又は配偶者が癩疾患に罹つているもの

四　妊娠の継続又は分娩が身体的又は経済的理由により母体の健康を著しく害するおそれのあるもの

五　暴行若しくは脅迫によつて又は抵抗若しくは拒絶することができない間に姦淫されて妊娠したもの

（抜粋）

　この法律によって「堕胎罪」の下で、この条件を整えたケースのみ、人工妊娠中絶を認めることになったのです。条件付きで「認める」ということですから安全な人工妊娠中絶を女性の権利として捉えるという考えとはほど遠いものでした。というより、その目的はベビーブームによる人口の爆発からくる食糧難などをくい止めるためだったのです。

　さらに、戦前にあった「国民優生法」をもとにして、障害者や病者を差別し「産めない」「産ませない」規定が強化されたのも問題です。優生手術の対象を「遺伝性疾患」だけでなく、「らい病」（ハンセン病）や「遺伝性以外の精神病、精神薄弱」に拡大し、本人の同意なしに優生手術を実施できるようになったのです。

　この「優生保護法」ですが「差別的な優生思想に基づく」と国際的な批判をあび、1996 年に「母体保護法」として改正され、許可条件が以下の 2 点になりました。

表 5−4　「母体保護法」

　一　妊娠の継続又は分娩が身体的又は経済的理由により母体の健康を著しく害するおそれのあるもの

　二　暴行若しくは脅迫によって又は抵抗若しくは拒絶することができない間に姦淫されて妊娠したもの

　人工妊娠中絶をめぐっては「優生保護法」の時代から、中絶条件のなかにある「経済的理由」を削除しようという動きがありました。とくに1972年、1982年には大きな動きがあって、いまもまだ消えてはいません。その理由は「この経済的理由が拡大解釈されて、半ば人工妊娠中絶が自由化されてしまっている」というものでした。

　しかし、「母体保護法」から経済的理由が削除されたり、中絶自体が全面禁止されたりしたら、どうなるでしょう。おそらく海外で中絶手術を受けにいく、それができない貧困層や若年層では、危険な闇中絶が横行し、安全な人工妊娠中絶という権利保障からは、まったく逆行する事態となり、「堕胎罪」という罪を負わなくてはいけない女性が増えることが予想されます。中絶の「自由化」を憂う人には、前出の2014年「男女の生活と意識に関する調査」の中絶を受けたときの気持ちとともに、次の授業後の中絶経験者のコメントを見てほしいものです。

COMMENT

　＊先生の「安全な中絶は最終的に女性の権利だ。トラウマになる女性もあると思うが、それなら中絶した胎児の分まで幸せになろうと思って、乗りこえてほしい」という話で泣いてしまいました。救われる思いがしました。今でも後悔してるけど、もう後悔しないで、次は子どもができたら産みたいです。

　性のこと全般の相談場所や病院さがしに非常に有効な情報を紹介します。
- 一般社団法人 日本家族計画協会　http://www.jfpa.or.jp/
「思春期・FPホットライン」）http://www.jfpa.or.jp/puberty/telephone/　03-3235-2638
月〜金曜日 10〜16時（祝祭日を除く）　心身の悩み、性のこと、緊急避妊、避妊全般などに対応
- 一般社団法人 性と健康を考える女性専門家の会　http://square.umin.ac.jp/pwcsh/
- オーキッドクラブ　http://www.orchid-club.gr.jp/
女性の身体についての情報提供、女性医師のいる病院、緊急避妊を扱う病院の検索など
- 一般社団法人全国妊娠SOSネットワーク　http://zenninnet-sos.org/
- ピルコンにんしんカモ相談　https://pilcon.org/help-line/contact/ninshin-kamo
産みたい・中絶できない、けれど赤ちゃんを育てられないとき
- 特別養子縁組制度案内（厚生労働省）
http://www.mhlw.go.jp/stf/seisakunitsuite/bunya/0000169158.html

【「中絶」理解に役立つ動画紹介】
- 性教育YouTuber シオリーヌ「『中絶』」について学ぼう。助産師としての思いもお話しします」
https://www.youtube.com/watch?v=rupGNaQaEb4

　安全な中絶は権利といっても、実際に何が行われるのか知らないという人も多いはずです。必要以上に中絶の危険を煽ったり、またはまったく教えたりしない方がセックスを抑制できると考える人もいますが、中絶を知ることとセックスをするかどうかはまったく別問題です。むしろ正確に知ることが安全につながり、より慎重な行動を促し、万が一妊娠した場合も的確な判断と行動を素早く選択できるはずです。そのためにも中絶についての簡単な知識を紹介します。

　また、65 ～ 73 ページにコメントを載せています。これらのエピソードは、しっかり性教育が行われ、知識と行動力があれば、防げたケースがほとんどです。子どもたちに正確な性教育を保障できていないおとなの責任もありますから、おとなは謝罪しなければならないでしょう。

　なおＳＥＸ後 72 時間以内であれば「緊急避妊薬」で妊娠を成立させにくくする方法があります（詳しくは第 6 章の「避妊の必要性」を参考にしてください）。

　他にも飲むことで中絶できる「経口中絶薬」があります。2019 年現在、65 カ国以上で承認され、妊娠 49 ～ 63 日までの妊娠初期の中絶に使用されていますが、まだ日本では使用できません。世界保健機関（ＷＨＯ）は手術では掻爬法より吸引法を、また経口中絶薬も使用を推奨しており、日本ではまだ実現できていないことに「ピル認可の経緯」と同じような対応の遅れを感じさせます。

人工妊娠中絶

1 病院に行ったら何をする？
　～妊娠についての検査～
　　初診時には初診料・検査料などで約 1 万円となる。
　　・最終月経をメモしていく。基礎体温データがあればよりよい。
　　・尿検査（尿の中の妊娠ホルモンをチェック）
　　・内診（膣から指を入れて触診、子宮の大きさや卵巣などをチェック）
　　・超音波（エコー）検査（経膣と経腹がある）
　～妊娠が確認されて、中絶と選択すると、手術・処置日を決定する～

2 手術前に
　・手術についての不安な点、トラブル、病院への同伴者の有無・許可など、納得するまで聞いておく。
　・「同意書」：自分とパートナー両方の署名捺印が必要、本人が未成年の場合保護者の同意を求められることが多い。パートナーが不明や強姦による場合は無くても可。
　・「費用」：病院により異なるので、聞いておくこと。だいたいの場合、初期中絶で 10 万円前後、中期中絶で 30 万円前後。

・「持参品」：病院に聞いておく。予想されるものは着替え、交換用の下着、ナプキンなど。
・絶食するなど病院・医師の注意点を守る。

❸ 手術・処置について
　初期の場合（12週未満）
　　・子宮頸管拡張処置（ラミナリア、タイラバンなどの挿入）。
　　・麻酔。
　　・処置（処置そのものは5分から10分くらい）。
　　・麻酔が覚めるまで休息（1、2時間）。
　　日帰りもあれば、一泊入院もある、一泊入院処置する病院の方がおすすめ。
　中期の場合（12週〜22週未満）
　　・出産と同様の形をとる。
　　・子宮頸管拡張処置を2、3回繰り返す。
　　・膣座薬による陣痛促進。
　　・全過程で1〜3日かかる。
　　・入院が必要（3〜5日入院）。
　　・手術後「死産届け」を役所へ提出する。

＊大切なこと：初期中絶の方が母体に与える負担や影響も少なく、金額的にも差がある。
　それに22週以降は中絶できない（再度確認・数えはじめは月経初日を0日0週）。

❹ どういう医院・医者を選ぶか
　・中絶手術は「母体保護法指定医」（旧優生保護法指定医）しかできない。電話帳や病院のホーム
　　ページで確認する。
　・初期中絶でも入院をすすめるところ（入院施設がある）。
　・処置の前後の相談など、メンタルなケアや後の避妊法の相談・指導までしてくれるところ。
　・手術料金が異常に安いとか、手術同意書は必要ない、などという病院は避けたほうが無難。
　・手術後は麻酔の影響でふらつくので、交通の便の良いところ、あるいは迎えを呼べるところを
　　選ぶ（自分で帰りの車は運転できない）。
　・手術後に痛みや出血などのトラブルが生じた際に再受診しやすいところを選ぶ。
　・血液型がRh（−）なのに特に処置をしない病院は、絶対避ける。

注意　基本的に大学病院など大きな病院は行わないところが多い（診てもらう前に確認）。

❺ 処置後を大切にいたわる
　・処方されたとおり処置後も必ず薬を飲む。
　・きちんと休養をとる。
　・1週間後の検診に必ず行く。
　・体調がよくなければすぐに受診する。
　・すぐに次の妊娠の可能性がある。パートナーと今後の関係をどうするかを決め、
　　以後もつきあうなら避妊についてしっかり話し合い、再度繰り返すことのないようにする。
　・トラウマが強ければ自助グループやカウンセラーに相談する。
　・中絶手術をすると妊娠できないということはない。

参考資料：
・助産師・鈴木みゆき作成資料
・中絶.com　http://chuuzetsu.com/

では、人工妊娠中絶経験者のコメントを紹介しておきましょう。少し女性は感情移入するとつらい部分もあると思いますが、この現実を受け止めてください。男性は自分のこととして、もし自分が逆の立場で妊娠する側だったらと思って読みすすめましょう。

①私は高校生のときに妊娠し中絶をした経験があります。相手は初めて付き合った彼氏でした。とても大好きで私は幸せでした。でもあまり性行為には積極的になれませんでしたが、彼は付き合ったら当然みたいにセックスを求めてきました。私は性格的にイヤとは言えないタイプで、何回か強く迫られて気乗りはしないけど受け入れてしまいました。それからは二人きりになるといつもセックスを求められ応じていました。避妊のことも彼に任せっぱなしで、よく確かめもしませんでした。何ヶ月かして月経が遅れ、からだもだるくなって、心配になって産婦人科に行くと妊娠していました。ショックで焦ったけど結局お互いの親に相談して中絶をするように言われてお金も出してもらいました。彼はそのときもあまり頼りにならず、私の母だけが付き添って、一人で手術を受けました。

　彼とは別れようかと思ったけど、これからは気をつけるから付き合い続けてほしいと言われて別れられませんでした。でもその後も会えば必ずセックスを求めてきてそれまでと何も変わりませんでした。私は不安で不安でそんなことはしたくなくて、終わった後はいつも泣いていました。でも性格的に弱く黙るだけでイヤと言えませんでした。

　ある日コンドームがなくて、「外出しでいいだろ」と言って迫ってきました。そのときに私は「この人は何も変わっていない」と別れる決心をして、「お願いやめて、もう別れてほしい」と頼みました。何度も何度も泣きながらお願いしてわかってくれたと思ったら、彼に言われたのが「わかった。別れてやるから最後にやらせろ」だったのです。

　私はこの言葉が信じられませんでした。私はセックスだけ目あての女だったのかと過去のこともむなしくなり、自分がみじめになりました。

　必死で抵抗をしたけど無理やりセックスされてしまいました。無力感で言葉も出ない私に彼は「別れてもたまに会ってやらしてくれ、いいだろ」と言ったのです。

　急いで服を着て走って逃げました。涙が止まらずあふれてきて、どうやって家に帰ったのかも覚えていません。

その後トラウマになって男性が恐かったけど、大学になって今の彼と付き合うことになりました。本当に優しくて私の思いを大事にしてくれて、イヤなことは絶対しません。それで少しずつ癒されていきました。今はこんないい男性もいるんだと心から感謝しています。

②私は、高校一年生の春、部活動に入り、そこの先輩とつきあいはじめました。高校入学してすぐで、「先輩」という響きのせいで、もう我を忘れるくらい好きな気がして、楽しい高校生活が始まる気がしました。でも、その人はかなり自分勝手な人で、よく「セックスできないのは好きじゃないからだろ」とか言われ続けました。そこで別れればよかったのにって今は思います。こういうのもジェンダーというか、弱い者いじめだなと思えて、そんな人とつきあっていた自分がとても嫌です。そんな感じでも、私はその人が好きだったから、ずっとつきあい続けました。でも、どうしてもセックスする気にはなれなかったから、断り続けました。だけど、「別れる、別れる」と言われ続けて、「好きじゃないんだろ」と言われ続けて…、それならと思ってセックスすることに決めました。

　きちんと日まで決めたのに、その人はコンドームとかを用意してくれなかったのです。「なかなか子どもはできないから」みたいな流れになって、私は、どうしていいんだかわからなくて、というより知識が全くなかった。そのまま相手にまかせていたら、その日が終わって、でも私は、まさか子どもができるなんて思わないし、ただ相手に対する不信感を募らせていました。その日以来やはりもうセックスする気にはなれず、一度もしませんでした。けれどそれ以来４ヵ月近く月経が来ず、体調も悪く、たまにものを吐いたりしていました。でも、今年の風邪は吐くんだと思って、まさか妊娠しているなんて考えもしませんでした。だけどだんだん不安になり、妊娠検査薬を買いました。ひっかからないはずもなく、もちろん陽性でした。そんな予感はしていたけど、どうすればいいのかわかりませんでした。

　とりあえずその人に電話すると、すぐに相手のお母さんに代わられ、私の親にいうように

言われました。そのお母さんはその後、自分の息子に傷がついたと思ったらしく、私に責任があるように、『女のお前から私の可愛い息子に近づいてきたんだろう。お前なんかサカリのついたメス犬だ』などとさんざんなことを言ってきました。でもそばで聞いていたその人はそれを否定してくれませんでした。その後で『自分もつらい状況だったんだ』と言い訳してたけど、あんなに言ってたくせにと思うと、そのときは絶望感で一杯でした。けれど今となっては心から憎んでいます。

　それから後に、私は中絶という方法をとりました。もちろん簡単な中絶ではなく、陣痛を起こして出産するようにして中絶しました。私は、おろさなければならない状況だったけど、気持ちは半分くらい母親でした。中絶についてもかなり考えました。産もうかなと何度も思ったけど、風邪薬を大量に飲んでいたことと、その人と生活していく自信がなかったことやいまの生活を失いたくないという思いから中絶を決めました。でも、やはりこのぐらい大きくなるとお腹をけったりするんですね。守りたい思いと、ごめんねという申し訳ない思い、自分のしてしまったことに対して毎日泣いていました。今もその気持ちは忘れてはいません。

　私のような時期の中絶では、子どもはすでに骨とかを形成しているために、きちんと火葬して役所に死産届けを出さなければならなかったのです。その後、骨をきちんと御骨入れに入れて、家に持ち帰りました。自分の机の一部を仏壇のようにして1ヵ月くらい、お水を毎日交換して供えました。

　私の両親は、その間にお墓を探してくれました。両親には今でも本当に感謝しています。1ヵ月ぐらい後に両親と私だけでしたがきちんとお葬式も行いました。それから毎年、命日にはお墓に行っています。自分の当然の義務であり、これからも一生続けていくつもりです。その後、私は誰ともセックスをしていません。もうしないと決めたからです。その人とも連絡はとっていません。アドレスも消してしまったし、とりたくありません。これから先もこのことは誰にも言わないと思います。私の心の傷はまだ消えていません。この前検査で産婦人科に行ったときもお医者さんの前で涙があふれてきました。

③私は高校3年になってある同学年の男の子を好きになりました。彼は成績も優秀、スポーツもでき、将来は医者になると毎日10時間の学習を真剣に取り組む人でした。私は何でも完璧にこなす彼に惹かれたし、勉強漬けの彼の支えになりたいと思うようになったのです。何度か手紙を交換したりするうちに、「彼が受験で忙しくなる前に気持ちを伝えたい」と思うようになり、思い切って告白しました。絶対にふられると思っていたのですが、彼も同じ

気持ちで、嬉しくて嬉しくて、信じられませんでした。

　それから私は彼とつきあい始めました。10時間の学習、土日は予備校、遊ぶ暇のないだけでなく、携帯電話さえ持たない彼とつきあうのは大変でした。でも交換ノートをして、彼の悩みを聞いたりしました。「教育ママの母親がうざい」「勉強なんてしたくない」「本当は医者になんかなりたくない」彼が書いてくる内容は、私の知っている彼のものとは思えないものでした。でも私たちはノートを通して、本音を話せる相手になっていったのです。

　1ヵ月半以上過ぎた頃には、彼は予備校を休んで私と会ってくれるようになりました。そして何回かラブホテルにも行きました。彼は母親に内緒で携帯電話も持ち始め、私たちはお互いにものすごく依存していたと思います。ある日ラブホテルに行った私たちは、ホテルにあったゴムを使いました。終わってシャワーをあびようとした彼がものすごくあせった声で私を呼びました。「さきにシャワーをあびろ！ゴムがやぶれとる！早く洗え！」

　今でもそのときのことを思うと怖くなります。急いで彼のところへいくと、破れて空のゴムを持った彼がいました。胸がドキドキして、頭の中が真っ白になりました。私の中からどろどろと精液が落ちてきた感覚は忘れられません。

　「大丈夫、大丈夫」と言い聞かせながらも、不安で不安でどうしようもなくなり、その日の夜に母に全てを話しました。母は頭を抱えて、今にも泣きそうでした。でも私を責めることもなく、明日病院へ行っておいでと保険証とお金を置いて、ちょっと一人でドライブしてくるね。と言って出かけていきました。

　父と離婚して、母が一人で私と兄を育ててくれていました。母を傷つけてしまったことが今でも本当につらいです。

　次の日、彼といっしょに病院へ行きました。緊急避妊ピルをもらい、すぐに飲みました。でも1週間経っても月経は来ませんでした。2度目の病院は母と行きました。妊娠検査薬で陽性の反応があったためです。「妊娠しています」と言われたとき、私は頭が真っ白になり、そのまま倒れました。看護師さんがベッドに運んでくれて、しばらく休みました。「相手はこのこと知っているの」と看護師さんは聞きました。「いいえ、彼は検査薬の結果も、今日病院へ来ていることも知りません」と答えました。

　「彼氏には絶対に言うな」というのが母からの言葉でした。でも彼は気づいていました。インターネットで株で稼いでお金をつくって私に渡しました。手術の日彼は病院に来ました。昼休みに学校を抜けて来たのです。手術が終わって目が覚めると彼がいて20分もしないうちに「帰る」と言い出しました。「授業があるから」というのが理由でした。行かないでと言っても

無駄でした。結局彼は去って行きました。そのとき私は自分がいかに一人なのかわかりました。手術のために印鑑が必要だったときも、彼は家から内緒でハンコを持ち出してきて「なるべく早く返して親がよく使うハンコだから」と言いました。「親に言わないの」というと、「兄ちゃんも彼女を妊娠させて、母さんそのときすごく落ち込んでいたから、もうあんな思いさせたくない」と言ったのです。

「彼氏には絶対に言うな」と言った母の想いが本当によくわかりました。相手に迷惑をかけるからではありません。相手を傷つけたくないからじゃありません。私が傷つくことをわかっていたのです。母も離婚をしたときに誰からも守ってもらえず、結局は自分の責任。自分の行動は全て自分に返ってくるということ、そして、信用していた人がいかに簡単に離れていくかを知っていたのです。母の思っていたとおり、私は妊娠や中絶をした以上に傷を負いました。

それから私は過去を封印しました。受験に打ち込み、大学入学後は彼とも縁を切り、部活や勉強に集中しました。でもそんなことはながく続きませんでした。大学のトイレで動けなくなりました。不安神経症になったのです。精神安定剤も飲みました。しばらく大学にも行けず、もう行けなくなるのかと思いました。

そんなとき毎日泣きじゃくる私を慰めてくれたのも母でした。夜遅くなっても、真剣に私の話を聞いてくれました。母は言ってくれました。「変わってしまったのは相手じゃない。自分なんだ。自分が変わって相手から離れたんだ。恨んじゃだめだ。恨んだら、自分で自分を苦しめることになる。今の世の中、中絶をしても何も感じない人もいる。何度も繰り返す人だっている。でもあなたは違う。苦しんでつぶされそうになっている。そんな人こそ次は絶対に幸せになれるんだから」

私はだんだん変わっていきました。全てを打ち明けられる親友や新しい彼もできました。

親友は涙を流していっしょに苦しんでくれました。新しい彼はつきあって1年経っても性行為ができない私を「あせらなくっていいよ。こわいことはしなくていい」と言ってくれてます。そして私の将来を楽しみにしている母もいます。

もう絶対に同じような失敗はしない。

　そんな環境をつくっていこうと思っています。こうやって自分の過去と向き合うことができるようになりました。

　私は将来教師になろうと思っています。私と同じような経験を誰にもしてほしくないです。私の体験談をみんなに伝えてください。一つの失敗がこんなにも傷つけてしまう、弱くさせてしまうことがあることを多くの人たちに知ってほしいと思います。

④私はピルを飲むようになってもう1年が経ちます。私が1年前に人工妊娠中絶を受けたのがきっかけでした。そのときのことをレポートします。

　私たちは似たものどうし問題は即話し合いで解決、すぐ直後にはスッキリ隠し事もなしという間柄でした。セックスもお互いが求め合ってしました。毎回コンドームはつけていましたが、途中からで、それがいけなかったんだと思います。5月に月経が来て、6月になって体調が悪くなり、吐き気や頭痛、食欲不振になって、学校も行けませんでした。きっと暑さや疲れのせいだと思い内科に行くと「風邪」と診断されました。6月の月経は予定より5、6日早いけどありました。7月になっても体調は回復せず、相変わらず吐き気が続きました。それでも学校に行きましたが、買い物に出かけるのも一苦労で自転車で坂道ものぼれないほどでした。これも体調不良から来る栄養不足のせいだと思っていました。

　念のために彼氏といっしょに妊娠検査薬で検査すると「陽性」でした。そのときの衝撃は今も忘れられません。手もからだも震え涙が出ました。いつも冷静な彼も驚きのあまり「ごめんね」と泣いていました。私は気が動転して泣くことしかできませんでした。しかし彼は「大丈夫。明日二人で病院へ行って二人で考えよう。安心して」と抱きしめてくれました。病院はうす暗い感じで、初めての内診に不安で泣きそうでした。しかし不安に追い打ちをかけるように、医者は「妊娠3ヵ月、ひどいねーキミ、性病もかかっているから」と冷たく言い放ち「中絶するよね。じゃあこの紙に二人の同意印と10万円持って、明日来て」といわれ、顔面真っ青な私を見て、看護師さんは鼻で笑っていました。妊娠は5月からという診断でした。

　次の日はその病院には行きませんでした。大学の保健室で他の医院を紹介してもらいました。6月に月経があったのに5月からの妊娠が納得できなかったからです。

　今度の病院も彼といっしょに行きました。雰囲気も看護師さんも明るい感じでした。やさしいお医者さんで、やはり妊娠は5月からということでしたが、ちゃんと6月の月経を説明してくれました。それは月経ではなく、切迫流産の出血で、そう考えるとつじつまが合うというこ

とでした。さらに丁寧に検査もし、納得した上で安全に手術が行われることを知り、安心しました。その日の内に子宮口を拡げる処置をし、次の日に手術をしました。4日後、子宮の様子をチェックするために、再び内診を受けました。正常でした。そこでお医者さんがピルを勧めてくれたのがピル服用のきっかけでした。

この経験を通して私は一つ大きくなったように思います。でも彼といっしょでなければ乗り越えられなかったと思います。妊娠がわかったときは泣き崩れていましたが、次の日からは「自分より、きみの方がよっぽどつらいのだからしっかりしなくてはいけない。何があっても守ってやる」と、泣いてばかりの私をずっとそばで支えてくれました。彼も不安で一杯だったはずなのに、そんな素振りも見せず私をはげましてくれました。「二人のことだ」と真剣に向き合ってくれました。

いまも彼は何も変わっていません。この経験からもっとしっかりすると言ってくれています。中絶はショックだったけど、彼に支えられ二人で納得の形で受けられたことで、「哀しい過去の出来事」にはなっていません。病院選びも妊娠の知識も勉強になりました。しかし絶対に繰り返さない。次こそ彼と幸せな形で…と思っています。ピルの服用は、この約束を実現するために二人で考え選択した方法です。

⑤過去に中絶したこと。これは消したくても消せないし、一生私はこのことを忘れないと思う。

1回目のときは、相手は産んでほしかったらしくケンカにもなった。

検査薬を買って陽性だったとき、あまり実感がなくて、ただ彼に報告。まず親に言おうということになって、怒られると思ってびくびくしたが、親は泣いていた。どうしたらいいいかわからないときは親は味方なんだ、話してよかったと思って、自分も泣いた。

友だちにも話をして、中絶する前日ミサンガと手紙をもらった。それは今でも私のお守り。でも彼は私は病院に通っている間、一度もいっしょに付き添ってくれなかったし、どこの病院でいつ中絶するのかも聞いてこなかった。その後すぐに別れたけど、そのときは親と友だちにすごく救われた。いまでも感謝してる。

その後つきあったのが今の彼。家が遠いけど、やさしくとても頼りになる。つきあって半年、毎回ゴムをつけてたけど妊娠した。時期が夏休みだったこともあって、今の彼は毎回病院へいくときも付き添ってくれた。中絶した当日も朝8時に病院に行かなければならないので、私が「手術が終わってからでいいよ」と言ってたのに、自宅から2時間かけて朝7時に家まできてくれた。そのとき、前に中絶したことは言わないつもりだったけど、泣きながら打ち明けた。全てを受け止めてくれた彼は朝から手術が終わるまでの6時間、一人で病院で待っていてくれた。そんな彼に感謝している。今も私はまわりの人たちに支えられているんだな、と思う。いろんなことを乗りこえてきた今の彼と、次に妊娠したときには今度こそ産みたい。泣かしてしまった親にも喜んで祝福されたい。

⑥私が初めてセックスしたのが高校生のころでした。初めての彼は最初のころはコンドームをつけてくれていたが、そのうち外だしで大丈夫とか言ってコンドームなしでやるようになった。中出しもされて「できたら産んでね」なんてむちゃも言われた。不安で仕方なかったけど、確かな知識もなく断れなかった。次の彼とはコンドームが破れて「緊急避妊ピル」をもらった経験がある。ゴメンと言われて病院にも来てくれないし、費用も出すと言って結局払わず、逃げるようにして別れていった。今の彼とは最初からコンドーム無しで、これまでのことからもそんなに妊娠しないと思っていた。それが本当にダメなことと気づかされたのは妊娠してしまったからだ。

　月経が遅れても、前にもあったし大丈夫と思っていた。でもなかなか来ず、彼氏といっしょに検査薬で調べると陽性反応。手が震えて頭が真っ白になって涙が出てきた。彼は抱きしめてゴメンねといって泣いていた。自分を思ってくれていると少し嬉しくなった。その後彼と子どものことについて話した。今妊娠したらどうするか最初に話しておくのは大事だと思えた。友だちは産むという子が多かったけど、本当に妊娠したらそう言えるだろうか。お金もない学生なのに。私たちは真剣に考え中絶をすることになった。残酷だと思う人もいるけど、子どもを育てられる環境が整備されていないのに、育てることは私にはできないと思った。彼は手術の

前日から翌日までずっといっしょにいてくれた。初めての病院もいっしょに来てくれた。この人でよかったと心から思えた。

　それからは子どものことや将来のことについてもっと深い話ができるようになった。避妊もちゃんとしている。

　私はこの経験を忘れない。忘れてはいけないと誓っている。でも乗りこえて彼との関係もよくなったし自分の考えもよりよくなった。

⑦私は過去に２回中絶したことがある。一度目の彼は費用も署名もしてくれたけど、病院には一度も来なかった。最後に彼に会ってお金を渡されたとき「なあ、ほんとに俺の子なんやな」と言われひどく傷ついた。２度目のときは産もうと思ったし彼も喜んでくれると思っていたが、彼には妻子があった。それまでのすべてが嘘だとわかり悲しかった。彼は費用も払わず署名もせず病院にも来てくれなかった。「男なんて…」と思い「二人も中絶してごめんなさい」と自分を責めた。でもこのような男性の責任放棄も暴力と授業で知り、自分を責めることを止められた。男性に言いたい「ともかく一人にしないでそばに一緒にいる」ことが大事だと。私は見捨てられた感じが本当に辛かった。

　この授業でやっと自分の性を大切にしようと思うことができた。安心できる男性とも出会い、迷っていたピルも自分のために使用したいと思い、授業で学生がいいよと言っていた病院でピルをもらって使っている。

　これらのレポートを読んでどう思ったでしょう？　しっかり性教育が行われ、知識と行動力があれば、防げたケースが多いですね。その点では、子どもたちに正確な性教育を保障できていないおとなの責任もありますから、おとなは謝罪しなければならないでしょう。それにしてもコメントから中絶する女性を不安と孤独に落とし入れるのも人間なら、その不安と孤独を癒してあげられるのも人間だということがわかります。同じ人間でもどちらの男性になるのか、どちらの親になるのか、どちらの医療関係者になるのかで大きなちがいがあります。そして何度もいいますが妊娠しない男性こそセックスを無理強いするのも暴力、避妊に協力しないのも暴力、妊娠後の責任放棄・放置も暴力だということを肝に銘じておきましょう。

不妊について

　　妊娠・出産・人工妊娠中絶ということでこれまで、妊娠を扱ってきましたが、妊娠・出産を希望しない個人やカップルもいます。それに妊娠・出産を希望しても妊娠できない「不妊症」のカップルもいます。この不妊症ですが、日本では、健常に性行為があって1年間妊娠しない場合と定義しています（2015年日本産科婦人科学会において2年間から短縮）。最近は晩婚化や社会環境の悪化に加え不妊症の原因になりやすい病気（性感染症など）も増加しており、不妊を心配したことのあるカップルは増加しています。国立社会保障・人口問題研究所が2015年に行った「第15回出生動向基本調査」では、不妊を心配したことのある夫婦は3組に1組を超え、35.0％と前回5年前（31.1％）よりも増加しています。子どものいない夫婦ではこの割合は55.2％（前回52.2％）にのぼります。実際に不妊の検査や治療を受けたことがある（または現在受けている）夫婦は全体で18.2％（前回16.4％）、子どものいない夫婦では28.2％（前回28.6％）です。就労環境との関係でみると、無職や短時間労働をしている既婚女性に比べ、労働時間が長い場合に問題や障害が多い傾向にあると指摘されています。前にみた月経困難症と同様に、日本の労働条件の厳しさが妊娠や出産にも影響を与えていることも考え、不妊についてみていきましょう。

　　みなさんも妊娠・出産を「いま望まなくても将来は希望する」という人は、この不妊症のことをいまから自分のからだの健康ということで考えておくことをすすめます。

　　まず不妊症原因ですが、従来思われていたように女性側のみにあるのでなく、40％が女性側、40％が男性側、そして20％が双方によるものといわれており、ほぼ男女半々に原因があります。その主なものは①排卵障害（卵子が育たない、育っても排卵できない）②精子が子宮内に入る過程での障害（頸管粘液の異常など）③着床障害（子宮内膜症、子宮筋腫、子宮内膜ポリープ、子宮内膜炎などで受精卵が着床できない）④受精卵の卵管から子宮への移動の過程での障害（卵管が狭い、あるいはつまっているための通過障害など）⑤精子が子宮内に入る過程での障害、受精の障害など（正常な精子の生産障害、神経系の異常などによる射精不能など）⑥勤務過労などの社会的要因により、排卵時に一致して性交をもつことができないなどです。

　　この原因でわかるように、前述した社会的環境の悪化と個人的な性の健康権とは深く結びついています。まず社会的なストレスですが、排卵は視床下部がつかさどっていますが、ストレスの影響を受けやすく、排卵に悪影響になる場合があります。

実際に戦争中には、多くの女性が無月経だったという事実がありました。現代では過激な運動により精神的ストレスや体重の減少が加わることで、長距離ランナーや体操選手や、無理なダイエットをする女性にも無月経がみられます。これらは勝利至上主義や「ヤセ願望」を煽るメディアの影響でしょう。また女性の社会進出の増加にも関わらず、人間関係の不調和や、長時間過重労働や24時間の不規則な仕事などのプレッシャーが改善されていないため、排卵のメカニズムを狂わせる原因につながっています。

　人間のからだは、飢餓などストレス状態になるとまず生命維持を最優先させるため、排卵を停止していきます。からだが妊娠に必要なメカニズムからストップして、不妊症の状態にするわけです。放置しておくと元に戻らないケースもありますから必ず専門医にかかりましょう（第3章「月経・射精の相互理解」参照）。

　男性側の不妊原因でも勃起障害・膣内射精障害・早漏・遅漏などの性交障害は、からだの異常や自慰の仕方が原因の場合もありますが、かなり多くはストレスなどの精神的な原因です。自律神経の影響が大きく、性交から射精には交感神経と副交感神経の2種類が関連しています。交感神経は緊張や活動を、副交感神経はリラックスした状態や消化活動などをつかさどっています。勃起は副交感神経がつかさどっているので、緊張した交感神経優位の状態では、萎縮した状態になり勃起障害となりやすいのです。ですからストレスで緊張した状態が持続してしまうと、うまく副交感神経がはたらかないのです。次に勃起しても射精には交感神経のはたらきが必要です。過度のストレスやプレッシャーはそのスムーズな神経系の移行をさまたげるのです。性交・射精があっても、精子異常が起こることが現代では非常に増えています。これらも過労死になるような過密・過重労働、リストラや不安定雇用によるストレス、生活環境の悪化、食生活の偏りなどが大きな原因として考えられます。

　男女共に複雑な現代社会においては、心身の疲れによって不妊症になる場合も少なくないようです。結婚後、半数近くにもなるセックスレスカップルの増加という間接的な原因も併せて、社会環境を改善し、人間らしく心安らぐ時間や環境の改善、不妊治療への理解と援助は社会責任の下で行われるべきです。

第6章

避妊の必要性

　前章で「いま妊娠したら」という話し合いが少ないと言いました。同じように、セックスする前に「いま妊娠したら困るから、避妊はどうする」という話はしたことがあるでしょうか。代表的なコメントを聞きましょう。

COMMENT

　＊避妊ですが、私たちはほとんど、話し合ったことはありません。いつもどうするかは彼任せでそのとき次第。というより最初からセックス自体、彼がリードすることがほとんどで、私は受け身でセックスのことを言うのは何かできにくいのです。

　このようなコメントが圧倒的に多いのです。それは日本性教育協会の「第8回青少年の性行動全国調査報告」でも表れています。

表6−1 あなたは、セックス（性交）をするとき、避妊を実行していますか。

(%)

	高校		大学	
	男子	女子	男子	女子
いつもしている	72.7	58.2	74.1	74.7
場合による	25.2	37.2	23.7	23.5
いつもしていない	2.2	4.2	2.0	1.0
DK.KA	0.0	0.4	0.2	0.8
合計	100.0	100.0	100.0	100.0
基数	139	261	448	613

表 6-2 その避妊の方法は何ですか。あてはまるものすべてに○をつけてください。
(%)

	高校		大学	
	男子	女子	男子	女子
コンドーム	96.3	97.2	97.7	97.2
ピル（経口避妊薬）	2.9	5.2	3.4	7.6
月経からの日数を数える（オギノ式）	11.0	9.2	5.0	9.6
基礎体温をはかる	1.5	0.8	0.7	1.2
膣外射精法（精液を外に出す）	31.6	30.1	15.3	20.4
その他	0.0	0.4	0.0	0.2
わからない	0.7	0.0	0.0	0.0
DK.KA	0.0	0.0	0.2	0.0
基数	136	249	438	602

表 6-3 あなたはセックス（性交）するとき、コンドームをかならず使用しますか。
(%)

	高校		大学	
	男子	女子	男子	女子
かならず使用する	65.4	50.2	70.5	67.3
使用したりしなかったりする	31.6	45.8	28.1	29.7
使用しない	2.9	3.2	1.1	2.7
DK.KA	0.0	0.8	0.2	0.3
合計	100.0	100.0	100.0	100.0
基数	136	249	438	602

表6-4 表6-1で「場合による」、「いつもしていない」と回答した人にうかがいます。
避妊を実行しないのは、なぜですか。
あてはまるものすべてに○をつけてください。（複数回答）
(%)

	高校		大学	
	男子	女子	男子	女子
めんどうくさいから	31.6	13.9	30.4	19.3
準備していないことが多いから	36.8	42.6	36.5	29.3
たぶん妊娠していないと思うから	23.7	23.1	32.2	38.7
避妊をいいだせないから	2.6	11.1	0.0	9.3
相手に断られるから	5.3	8.3	9.6	9.3
避妊方法を知らないから	0.0	0.9	0.0	0.0
妊娠したら、産むつもり・産んでもらうつもりだから	2.6	6.5	5.2	5.3
妊娠したら、中絶すればよいとおもうから	2.6	0.9	1.7	4.7
その他	10.5	11.1	17.4	12.0
DK.KA	21.1	11.1	5.2	10.7
基数	38	108	115	150

出典：『「若者の性」白書　第 8 回青少年の性行動全国調査報告』小学館、2019 年 8 月

　性行動自体、男性がイニシアティブをとることがほとんどです。といっても妊娠するのも、その後の心身への負担がより大きいのも女性です。妊娠しない男性がセックスにおいて、ほぼ一方的に主導権を持つこと自体がジェンダーバイアスと言えます。しかも、表を見ればわかるように避妊方法で圧倒的に多いのが男性用コンドーム。次が避妊方法とはいえない膣外射精というように、これもまた男性が行うものがほとんどになっています。このような男性主導主義が、男性の女性への言動に表れることが多くあります。それを避妊においてもそれを象徴するようなコメントを紹介しましょう。

COMMENT

　＊私は、この授業のことを彼といつも話すようにしています。彼に知ってもらいたいからです。

　でも彼はとても気に入らないみたいです。「また、余計なこと覚えてきたのかよ」というときもあります。「必要なことだから、覚えてるんだよ」と言い返しますが、「本当にこいつが相手で平気なのか？」と疑ってしまいます。この前、ピルの話をしたときも「お前はそんなの飲まんでいい」と言われました。「もし、将来子どもができにくくなったらどーするん？」というのが彼の考えだそうです。まだまだ避妊やピルの理解度が低いんだなあと思います。

　ほんとに「こいつが相手で」と思ってしまいますね。「相手の知識がつくことへの嫌悪」、「ピルが不妊症を引き起こすという誤解」、このような男性にこそ、性を学び、相手への尊重の意識と避妊の知識をつけてほしいものです。

　予期せぬ妊娠は、大きなトラブルを二人に（とくに女性に大きく）もたらします。それに精神的・経済的に自立していないときの妊娠は、家族など周囲をも巻き込んでしまいます。

　男女ともに正確な避妊の知識があり、それを互いに話し合って決められる（もちろん性器性交をしないという選択も含め）というのは、性に近づく上で必須条件です。いまだけでなく将来にわたって必要なことですから避妊をしっかり学んでいきましょう。

　俗にいわれる避妊方法にはまことしやかな嘘も含まれます。いくつかを挙げますから正確な情報を知ってください。

①たった１回ぐらいでは、妊娠しないから避妊しなくても大丈夫。

　一説には、不妊症などの問題も持たない男女がセックスをした場合、受精の可能性は8％と言われています（日本では30％という説もある）。中絶体験の女性の感想でも、たった１回の初セックスで妊娠した例があったように、これには何の根拠もありません。

②「外出し」（膣外射精）で大丈夫だ。コンドームは射精直前につけたらよい。

　膣外射精はコンドームがないときや、コンドームが面倒だという理由で用いられることが多いようです。しかし、いわゆる「がまん汁」といわれるカウパー腺液（射精前に出る透明な粘液）にも精子が含まれます。これでは避妊法とは言えませんね。同様の理由で挿入後に途中からコンドームをつけることも避妊法とは言えません。

③月経の周期でいう「安全日」は妊娠しない。あるいは月経中は妊娠しない。

　女性ならわかると思いますが、月経周期が機械のように一定ということはありません。ということは、いつ排卵があってもおかしくないということです。ときには月経中に次の排卵があることも。そのようなことでは「安全」とは言えません。妊娠しやすい日はあっても「安全日はなし」ということを覚えておきましょう。

　この他にも
　　・体位でいう「女性上位」は妊娠しない。
　　・射精後でもコーラやシャワーで膣を洗浄すればよい。
　　・セックスした後になわとびのように跳躍すれば、精液はこぼれ出て避妊できる。
　　・同じ日のセックスなら、3、4回目は精子が少なくなるから妊娠しない。

　これらはまったくのでたらめです。今までこのような方法を行ったのなら、妊娠しなかったのは「ラッキー」としかいえません。これからはより正確な避妊方法に変えていきましょう。

避妊方法の紹介

　避妊といえば日本では、コンドームが圧倒的に多いのですが、他にも方法があります。紹介をしておきます。

■コンドーム

　男性性器に袋状のゴムをかぶせ、射精した精子が膣内に侵入するのを防ぎます。避妊だけでなく性感染症も防ぎ、コンビニや薬局、スーパーでも購入できる。全く副作用もないので安心です。使用が簡単で低価格で入手できて日本ではもっともポピュラーな避妊法です。

　ただ男性主導の避妊法なので男性の協力が必要で、感覚が鈍るという理由からつけたがらない男性が多く、性交の最初から使用すると避妊効果が高くなりますが、避妊法としては、ピルや子宮内リングにくらべ避妊確率が劣ります。

　価格は1ダース1000円から4000円と格差がありますが、値段によって避妊効果が変わることはありません。

　一般的には広まっていませんが、女性用のコンドームもあります。

■低用量ピル

　黄体ホルモンと卵胞ホルモンの2種類の合成ホルモンが配合された内服用ホルモン剤です。排卵が抑制されるとともに、受精卵の着床が妨げられます。（毎月繰り返し服用）

　正しく飲めばほぼ100%に近い効果がある女性主体の避妊です。避妊に効果がある最小限のホルモン量に抑えられており、従来の中・高用量ピルに比べて副作用が少ないのがこの低用量ピルです。（中・高用量ピルは本来避妊目的ではありません。）避妊目的以外にも月経によるトラブル軽減にも有効です。

　ただ、乳癌や肝障害、高血圧、35歳以上で1日15本以上タバコを吸う人は使用できません。また飲み忘れへの注意が必要です。性感染症には効果がありませんから感染予防には、コンドームの併用が必要です。医師の処方が必要ですが、病気の治療ではないため保険は適用されません。

　価格は医院によって異なりますが、約一月の薬代（1シート）は約3000円前後。別途初診料。初診料は約5000円程度です。医院にあらかじめ確認しておきましょう。

※なお現在、男性用避妊ピルも開発中です。

＊緊急避妊薬（エマージェンシーピル、Emergency Contraception）

　避妊に失敗したときやレイプなどの場合、婦人科／産婦人科で入手することができる飲む緊急避妊薬です。中用量ピルを一定量服用することで、強制的に月経を誘導するものです。72時間以内であれば一定の効果がありますが、早いほど効果が高くなります。

　以前は効果が低く副作用の強い中用量ピルが使用されていましたが、いまはほとんど副作用が少なく効果が高く9割以上というデータもあるノルレボ錠が使用されるようになっています。ノルレボ錠の日本での認可は世界で残り6国のみになった時点で、ピルと同様に対応が遅れていました。

　セックス後、できるだけ早く服用する必要があります。医院により処方しない病院もあります。電話で事前に確認して、医院を訪問しましょう。

　なお「日本家族協会」ホームページから入って緊急避妊相談ができる、次の病院検索サイトがあります。
http://www.hinin.jp/hospital-search/

　価格は1万5千円ほどでジェネリックでも6千円ほどですが、世界では安価・無料で医師の処方箋な

しで薬局にて買える国が多くあります。日本でも、最近ではスマホなどでオンライン診療して処方箋をもらえるようになりました。「オンライン診療を行っている産婦人科」を検索してアクセスしてください。以下の厚生労働省の施策紹介サイトでも２４時間対応などの病院が紹介されています。

URL：https://www.mhlw.go.jp/stf/seisakunitsuite/bunya/0000186912_00002.html

　これもあらかじめ電話などで確認しておきましょう。「もしコンドームが破れたらどうするか」ということで、この緊急避妊ピルを使えたカップルを紹介しておきましょう。とくに男性がいいですよね（82ページのコメントを参照）。

■IUD

　子宮内に小さな器具を挿入し、受精卵の着床を防ぎます。一度装着してしまえば、２〜３年はそのままで大丈夫で避妊確率も高いです（特殊な挿入器などが必要なため、病院又は医師の指導のもとで行わなければなりません）。月経出血量の増加、月経期間の延長、下腹痛などがみられるため、定期的な検診が必要です。性感染症の予防効果はありませんから感染予防にはコンドームと併用する必要があります。出産の経験がない場合は、ほぼ使用できないということもあります。

　価格は、医院によって異なりますが、処置料として 15000 円〜 30000 円必要です。

■避妊手術

●男性－パイプカット

　医師による手術で、精子の通り道（精管）を塞ぐ方法です。手術後の射精でも精液は出ますが、精子は含まれません。

●女性－卵管結紮術

　手術により、卵子の通り道で、精子の侵入道にもなる卵管を塞ぎます。術後も月経はあり、卵巣機能やホルモンへの影響はありません。しかし、手術後は 10 日前後の入院が必要で、退院後もしばらく安静が必要です。ただ、どちらも永久的な避妊で、復元手術の成功率が低いため、将来妊娠・出産を望むカップルには不向きで、慎重な決断が必要です。

■殺精子剤（医薬品）「日本では製造中止になっていて、入手はネット購入のみが多い」

●フィルム状

　膣内で溶ける柔らかいフィルムです。性行為前に膣へ入れると５〜７分で溶け、侵入した精子の活動を停止・死滅する効果があります。男女ともに、違和感がありません。

●避妊錠剤

　膣の中に挿入すると、発泡しながら約５分で溶け、殺精子効果があらわれます。溶ける際、若干の熱を感じる場合があります。

●ゼリー

　注入器で、殺精子効果のあるゼリーを膣内に挿入します。液体なので溶けるまでの時間が不要ですが、ただ激しく動いたり立ち上がったりすると、流れ出る可能性があります。

　ただ、この３点の避妊法とも、薬剤を入れるタイミングが射精に合わすのが難しく、避妊効果はピルや子宮内リングに比べ劣ります。

　価格は 600 円〜 2000 円前後で購入できます。　　ジェクス株式会社 web　http//:www.jex-inc.co.jp 参考

＊日本で、未承認の多様な避妊法を、若者も入手可能な価格で提供して下さい、というプロジェクトがあります。要求事項は以下です。

- 注射・インプラント　・膣リング・パッチ（シール）　・ウリプリスタル（緊急避妊薬エラワン／有効期間が５日と既存薬より長い）　・現在承認のあるミレーナより小型の IUS、ｓｋｙｌａ、の早期承認
- 「International Technical Guidance on Sexuality Education(UNESCO)」に則った包括的性教育の充実
  #なんでないの プロジェクト https://www.nandenaino.com/より

＊私の今の彼は本当に何でも話せて将来の話もよくします。避妊もしっかりします。過去に一度コンドームが破れてしまい、それが金曜日か土曜日の夜だったために、なかなか緊急避妊ピルを処方してくれる病院が見つからず、何十軒と電話しました。消防センターに電話しても、たらい回しのように病院を紹介され続け、焦りました。その夜は遅くなって翌朝からまた電話しまくりました。やっと見つかった病院は遠くて、私が「明日にしようか」と言ったけど、彼は「今日行こう」と言ってくれて連れて行ってくれました。病院にもいやがらずに中までついてきてくれました。電話も全部してくれて「緊急避妊ピルありますか」と聞いてくれたのです。私は真剣に向き合ってくれる彼が大好きだし、安心できるし大切にしたいと思います。

避妊のための性器接触・挿入なしのセックス（ノーセックス）

性器の接触・挿入のない性的ふれあいです。これは100％妊娠しません。もっとも確実で安価（無償）で安心です。もちろん性感染症の予防もできます。「ノーセックス」と言っても、「禁欲」という抑圧的イメージでなく、語らい・ふれあいもセクシュアル・コンタクトとして、広く豊かな意味あいで「性器接触・挿入なしのセックス」と捉えてはどうでしょう。

ただ、そのためには「セックスには性器の挿入がつきもの」、「セックスは射精の快感で終わる」という、固定的なセックス観を乗り越えることが必要です。ですから、性器接触・挿入、射精なしでも互いが満足できるという意識に変えていく学習がいります。学習後でも、カップル間の事前の話し合いによる合意と納得、とくに男性の性意識への変化がつねに求められます。その例は第1章「性を学ぶということ」の感想や第4章「『恋愛』と相手の想い、セックス」を参考にしてください。

案内

この避妊や性の相談について、一般社団法人日本家族計画協会が行っている「思春期・ＦＰホットライン」を紹介しておきます。ここでは思春期のからだ、心の悩み性のこと、緊急避妊、避妊全般の相談を受けてもらえます。

受付時間
　　月〜金曜日 10：00 〜 16：00（祝祭日は休みです）
電話番号
　　03-3235-2638

避妊情報、女性の健康、不妊相談、病院さがしにもこの一般社団法人「日本家族計画協会」のホームページ
（http://www.jfpa.or.jp/）は有効です。

避妊の確実性

　予期せぬ妊娠を防ぐための避妊方法ですから、その効果が高い方がいいのですが、残念ながら「性器接触・挿入なしのセックス（ノーセックス）」以外は完璧な避妊法はありません。しかし、より確実な方法の選択とその使用を理想的にすることで100%に近づけることはできます。
　では各種避妊方法の確実性を見ていきましょう。

【各種避妊法の失敗率と１回妊娠の平均年数】
　ここでいう失敗率とは、その避妊法で一年以内に何%の女性が妊娠するかということです。同じく掲載している年数は、ほぼ（不妊症などを除いて）その期間に一回は妊娠するということを示します。

①避妊なし（もしくは避妊に失敗）
　　一般的な使用　85%　0.59 年
　　理想的な使用　　まったく同じ
②殺精子剤
　　一般的な使用　26%　1.9 年
　　理想的な使用　6%　8.3 年
③カレンダー法
　　一般的な使用とは、単に「安全日」にするという程度。
　　　　　　　　　　25%　2.0 年
　　理想的な使用とは、学説や、からだからのサインを用いて計算した方法。
　　オギノ式　　　9%　5.6 年
　　基礎体温法　　3%　16.7 年
④膣外射精
　　一般的な使用　19%　2.6 年
　　理想的な使用　4%　12.5 年
⑤コンドーム
　・男性用
　　一般的な使用　14%　3.6 年
　　理想的な使用　3%　16.7 年

　・女性用
　　一般的な使用　21%　2.4 年
　　理想的な使用　5%　10 年
⑥ピル
　　一般的な使用　5%　10 年
　　（全ピル対象）
　　理想的な使用　0.1%　500 年
　　（混合ピル・低用量ピルなど対象）
⑦IUD（子宮内避妊具）
　・銅付加 IUD
　　一般的な使用　0.8%　62.5 年
　　理想的な使用　0.6%　83.3 年
⑧不妊手術
　・男性
　　一般的な使用　0.15%　333.3 年
　　理想的な使用　0.1%　500 年
　・女性
　　一般的な使用　0.5%　100 年
　　理想的な使用　0.5%　100 年

「ピルとのつきあい方」http://www.finedays.org/pill 参考

どうですか。膣外射精が避妊法とはいえないことが、このデータからもわかりますね。セックスのある継続的なつきあいをしている場合「一般的な使用」では、高校3年間・大学4年間のうちに1回は妊娠することになります。これでは避妊になりません。それに意外と失敗率が高いのがコンドームです。「一般的な使用」では14%と膣外射精と大差ありません。コンドームを挿入後、射精前に装着した場合は、膣外射精とほぼ同じことをしていることがわかります。コンドームの場合、勃起したらすぐに装着する必要があります。しかし、理想的に使用しても3%というのがコンドームの限界です。

ピルの理解

コンドームなどに対して、避妊効果の高いピルとIUDが「近代的避妊法」と言われています。ただIUDについては出産経験者でないと使用が困難なため、その経験のない女性の近代避妊法はピルということになります。避妊方法の選択肢として考えるためにも少し詳しく学習しましょう。ピルでなぜ避妊できるかという点ですが、次の3点です。

①排卵がおきない

ピルの主成分・黄体ホルモン（プロゲストロン）の働きで、妊娠中は排卵しない作用を利用したものです（ただし、低用量ピルのホルモン量は妊娠成立時分泌の20分の1程度に抑えられています）。

②受精があっても着床しない

もし万が一、排卵があり受精したとしても、黄体ホルモンが作用し続けているため、子宮内膜を厚くする卵胞ホルモン（エストロゲン）の作用が抑えられ、着床に適する状態にならないためです。

③精子の子宮内への通過を防ぐ

膣から子宮へ精子が入ることを防ぐ子宮頸管粘液が、黄体ホルモンの作用で粘着性をまして、精子の通過を防ぐためです。

次にピルとコンドームの優位性を各項目で比較しましょう。

- 確実性では圧倒的にピルです。ピルでは説明したとおり、3点の理由で避妊できるのに対し、コンドームはいわば③の「精子の子宮内への通過を防ぐ」だけということになります。

- 費用ではコンドームでしょう。ただし回数が多い人や、妊娠した場合の必要な費用を考えるとまったく別です。
- 簡単に手に入るのはコンドーム。ただし、2006年2月より、ピルの使用のガイドラインが改訂され、必要な検査は、問診、血圧、体重測定（自己申告可）のみとなり、検査費用も手間も軽減されました。
- 感覚がより自然という点ではピルです。
- 副作用がないのはコンドーム。ただし、低用量ピルでは大幅に軽減しています。
- 女性自身で避妊できて、主体性を持つという点はピルになります。

このうち選択基準として何を重視するかですが、日本では「費用・入手のわずらわしさ、副作用への誤解・偏見、女性主体への反感」などは先進諸外国と比べ、ピルのハードルが高いままです。その違いがわかるコメントを紹介しましょう。

COMMENT

＊アメリカにいたとき、月経痛がひどく「ピルを3ヵ月無料でもらえるので、試してみてはどうか」と言われ、服用していました。日本では、こんなに気軽に試せないなあと感じました。日本でも低用量ピルがもっと普及すればいいのにと思います。

他国をみると、10代については無料であったり、日本に比べかなり安価で入手できたりします。価格の点では、日本では健康保険がきかず、検査も薬代も全額自費負担ということが、若年層ではより入手しづらくしています。

なお日本でも現在はLEP製剤（ホルモン療法、経口避妊薬、低用量ピル）が、主に続発性月経困難症の治療薬として保険適用されています。毎日服用することで排卵を抑制し、子宮内膜量および月経時の月経血量を減少させ、月経困難症の症状の改善が期待できます。薬品名は"ルナベル"、"ヤーズ"とよばれる2種類が主流となっています。

価格の他にもピルに関しては、日本では歴史的にも意識でも高いハードルがあります。2014年「第7回度男女の生活と意識」では理由は次ページの表6-5のようになっています。

表6－5 低用量ピルを「使えない」「使いたくない」最も大きな理由

	2004年	2006年	2008年	2010年	2012年	2014年
該当者	759	653	643	713	564	489
副作用が心配	59.3	52.5	53.0	49.5	45.0	50.5
毎日飲まなければならないのは面倒	6.1	6.4	7.6	7.3	9.6	9.0
すでに使っている避妊法で十分	6.9	8.7	8.2	9.1	8.3	7.6
医師の検査・診察を受けるのが面倒	3.6	3.8	4.0	3.4	5.3	4.7
情報が入手できない	5.3	8.0	6.1	6.0	6.0	4.1
女性だけに負担がかかる	2.9	3.4	4.7	3.6	2.7	3.3
性感染症やエイズを予防できない	1.4	2.1	1.7	2.9	2.0	2.7
費用がかかりすぎる	2.1	2.3	2.5	3.2	2.5	1.6
病気があるため使えない	1.3	1.1	0.5	0.8	0.7	1.4
相談する場所がない	0.4	0.6	0.3	0.3	0.9	0.8
年齢が高いので使えない	0.7	0.5	0.5	1.3	0.9	0.4
配偶者やパートナーが反対している	0.4	0.2	0.2	0.3	0.2	－
親が反対している	－	－	－	－	－	－
この中にはない	8.4	9.8	10.3	11.6	15.1	13.7
無回答	1.2	0.6	0.4	0.7	0.8	0.2

出典：財団法人日本児童教育振興財団内　日本性教育協会「男女の生活と意識に関する調査」2004、2006、2008、2010、2012、2014 年

ピルのハードル　①承認まで

　まず、ピルの避妊薬としての承認ですが、日本ではアメリカより 40 年遅れて、避妊薬として厚生省（当時）に申請後、39 年もたって 1999 年 9 月に認可されています。この間に新たなピルの開発が進み、1980 年代に世界では、より副作用の小さい低用量ピルが開発され普及していたにも関わらず、日本では、副作用の強い「治療用の中・高用量ピル」を避妊用に転用しなければならないという矛盾に満ちたことが行われていました。

　避妊のためにピルが承認されていなかったのは、1999 年承認当時の国連加盟国 185 ヵ国のうち日本だけでした。避妊法としてピルが承認されていなかったため、選択肢を狭められていたのです。

　この 39 年間に何度か、認可されそうになったときも「女性の性が乱れる」とか「エイズが蔓延する」などの話がまことしやかに流され、延期になっていたのです。しかし、このような事実は、すでにピルを使っている国々ではまったくなかったのです。

　1998 年には、男性の勃起不全の治療薬「バイアグラ」が、申請後わずか 6 ヵ月という超短期間で認可されるという出来事がありました。バイアグラは、もともと心臓疾患薬であったため、他の心臓病の薬と併用すると強い副作用があり、アメリカで 123 人が、日本国内でも代理輸入業者から入手した男性一人が、副作用で死に至るという中でのスピード認可でした。ピルとは違い「性が乱れる」「エイズが蔓延」などの話はありませんでした。

女性が用いるピルと男性が用いるバイアグラ、このジェンダー問題ともいえる差別的な扱いは、それまでの「ピル解禁」の流れとあいまって批判が相次ぎ、結果的に当時の厚生省も「ピル解禁」の重い腰を上げざるをえなくなった一因と言われています。

ピルのハードル　②「遊んでいる」

承認の経過をみてもわかりますが、ピルほど他にも誤解と偏見が多い薬はありません。まず女性の「性が乱れる」ですが、このように言う人ほど「ピルをつかっている女性は性的に活発」、いわゆる「遊んでいる女性」というレッテルを貼ります。結果的に女性がピルに二の足を踏んだり、ピルを使っていることを誰にも言えなかったりする原因になります。

この決めつけ自体、女性蔑視で許せませんが、実際はむしろ次々に相手を替える女性は自分を大切に思えず、相手にも信頼がなく、「自分なんか」と思っていて「ノー」と言えず、避妊や性感染症にも無防備な場合が多いのです（第1章、第4章のコメントを参考）。逆にピルを服用している（しようとしている）人は、自分も相手も大切にして信頼もできる人が多いのです。避妊に慎重ということは、性感染症にも同様です。だからこそ世界を見ても、ピルの普及は性感染症・エイズの蔓延につながらないのです。このような誤解は親世代にも多いのですが、親とも話し合い、ピルを理解しあった例を紹介しましょう。

COMMENT

＊この授業で彼とよく話し合うことが増えました。それに冬休み実家に帰ったときに母とも「性」についていろいろ話しました。最初は「授業でそんなこと勉強しているの？」と驚いていた母ですが、先進国の中で日本だけが HIV・エイズが増え続けていることや、他の性感染症の増加を踏まえると、早い段階での正しく深い性教育は必要だと、話し合っていくうちにわかってくれました。母はピルユーザーなので「若い子がピルを飲むのはどうかと思っていたけど、そういうことが固定観念だったのかも知れないね。お母さんたちのときとは時代が違うものね」と言って、「使ってみてはどうか。地元の病院ならいくら」とか「あなたは忘れっぽいから飲むとしたら、毎日飲まなきゃダメだよ」などいろいろ教えてくれました。

この授業を受けるまで、親と「性」の話はタブーのような気がしていたので、母とこういう話ができただけでもお互いに大きな変化でした。

ピルのハードル ③副作用

　どんな薬でも副作用があるようにピルにも副作用があります。しかし、ピルの副作用の
うわさには高用量ピル時代の強い副作用が、そのまま低用量ピルになっても信じられてい
たり、なかには「将来妊娠しない」「月経がなくなる」「ぶくぶく太る」などのでたらめも
あります。もちろん不妊症にはなりません、そのようなことがあれば世界で使われていま
せんよね。月経は「消退出血」という「軽い月経」があると考えていいです。また「太る」
可能性はありますが、むくむように「ぶくぶく」などということはなく、むしろ安心感や
月経トラブルの軽減から、食欲が増すことが原因と言われています。

　実際の副作用ですが、正確にはピルを飲み始めると、軽度の吐き気、乳房の張りなどや
月経と月経の間に出血（不正性器出血）がみられることがあります。ただ、軽度のもので
あれば、2～3ヵ月（2～3シート）飲み続けることによってほとんどがおさまります。

　しかし、この症状がひどい場合、なかなかおさまらない場合などの時は、ピルの種類を
変えることによっておさまることがあります。また、それ以外の原因がある場合もありま
すから、おかしいなと思う場合は、ピルを処方した医師に相談するとよいでしょう。

　この他に、高用量ピルに比べ非常に希なのですが、脳梗塞、乳ガン、子宮頸ガン、血栓
症の増加など、大きな副作用の起こることがあります。ピルを服用する場合に、異常を感
じることがあれば、すぐに医師に相談しましょう。

　副作用のこともあり、次の項目に当てはまる人は、ピルを服用することができません。
しかし、医師と相談して、服用できる条件にしていくことは可能です。

- 35歳以上で1日15本以上タバコを服用する。
- 高血圧、血栓症、心筋梗塞にかかったことがある。またはその疑いがある。
- 乳癌、子宮体癌、子宮頸癌、子宮筋腫にかかったことがある。またはその疑いがある。
- 脳血管、心血管系の異常がある。
- 肝機能障害がある。
- 糖尿病、高脂血症がある。
- 妊娠（または、その可能性）、授乳中の女性。

　最後に、ピルが有効とわかっても「病院へ行くのがイヤ」「毎日決まった時間に飲むのがイヤ」などの「面倒くさい」というハードルがありますね。

　病院に行くときのイヤなことは、「産婦人科で妊婦さんに囲まれ、ジロジロ見られる」ということがあります。最近は「婦人科」として産科を併設しない医院や「思春期外来」を設ける医院など、妊婦ではない若い女性が行きやすい配慮をした医院もあります。中には「内科」の医院で処方してくれることもあります。でも、若い女性の「ピル使用」にまだ消極的な医者もいますから、費用の点も含め、電話であらかじめ確認するといいでしょう。そもそも医者にかかるということが面倒だという気持ちはわかりますが、定期的に自分の健康をチェックするよい機会と捉えてはどうでしょう。実際に医者にかかって性感染症などの他の病気が見つかったという人もいます。

　「毎日飲むのは面倒」ということですが、これは習慣の問題です。毎日、洗顔や歯磨きが面倒だから忘れるということはないでしょう。習慣づけるために、毎朝使う洗面所にピルを置いておく、長期外出時も旅行用洗顔歯磨きセットといっしょに持ち歩くなどして、「飲み忘れ」を防いでいる人もいます。

　なお「飲み忘れ」に関しては、ピル避妊の失敗でいちばん多いのですが、WHOの対応基準では成分の入った実薬1〜2錠飲み忘れた場合はできるだけ速やかに1錠を飲んで、その後も服用を続ければ、他の避妊法は不要とされています。実薬3錠以上の飲み忘れの場合は、他の避妊法を用いるかノーセックスで避妊する必要があるとされています。成分のない偽薬の飲み忘れなら偽薬服用期間内なら何ら影響ありません。

表6−6　OCの飲み忘れへの対応（WHO）

「OC飲み忘れ」の状況	OC使用に対する指導	ECの適応
実薬1-2錠飲み忘れた場合、あるいは1-2日飲みはじめるのが遅れた場合	できる限り速やかに1錠の実薬*を服用し、その後1日に1錠OCを服用し続ける。他の避妊法を用いる必要はない。	ECは不要
実薬3錠以上飲み忘れた場合、あるいは飲み始めるのが3日以上遅れた場合	できる限り速やかに1錠の実薬を服用し、その後1日に1錠OCを服用し続ける。続く7日間実薬を7錠服用するまでの間、コンドームを併用するか、性交を控える。	ECは不要
	1週目に飲み忘れ、コンドームなどの避妊が行われずに性交が行われた場合。	ECの適応
	3週目に飲み忘れた場合には実薬は最後まで飲み終える。休薬（偽薬の服用）をしないで、次のシートを開始する。	ECは不要
偽薬を飲み忘れた場合	飲み忘れた偽薬を捨てて、1日1錠飲みつづける。	ECは不要

EC（緊急避妊）、WHO（世界保健機関）
＊実薬を1錠以上飲み忘れた場合には、飲み忘れた最初のOCを服用し、飲み忘れたOCの残りを使用し続けるか、月経予定日を変更しないために、それらを捨ててもよい。

出典：北村邦夫 監修「低用量経口避妊薬（OC）の使用に関するガイドライン2006年版」
　　　持田製薬株式会社パンフレットより

副効用「ピルには避妊以外にもよいことが」

ピルは、避妊目的だけでなく副効用（避妊以外のよい効果）目的にも服用されています。欧米では、この目的のためにピルを使う女性も多くいます。副効用の例は次のようなものがあるといわれています。

＊月経に伴うトラブルの改善

月経痛や月経量の軽減、月経不順や貧血の改善、子宮内膜症の改善。これで女性のQOL（生活の質）が改善されます。月経痛も減少し、月経の周期がきっちり28日間になるので、行動の制限が少なく予定を立てやすい。飲み始める曜日を調整すれば、「週末はいつも月経から解放」という状態も可能です。

＊ホルモンバランスの変化による効果

にきびの改善、多毛症の改善

＊排卵を抑制することによる効果

卵巣のう腫・卵巣ガンの予防や子宮外妊娠の減少

＊長期服用による効果

良性の乳房疾患の減少、子宮体がんのリスク低下

ピル服用者の声

誤解や偏見が多いピルですが、学習することで選択肢の一つになったでしょうか。「第8回男女の生活と意識に関する調査」から「使っている」「ぜひ使いたい」理由をみましょう。

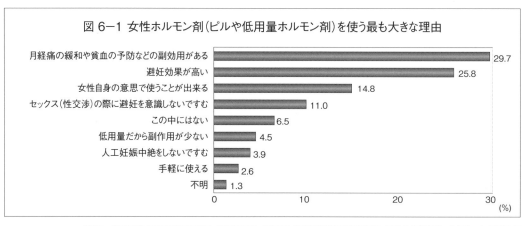

図6-1 女性ホルモン剤（ピルや低用量ホルモン剤）を使う最も大きな理由

理由	%
月経痛の緩和や貧血の予防などの副効用がある	29.7
避妊効果が高い	25.8
女性自身の意思で使うことが出来る	14.8
セックス（性交渉）の際に避妊を意識しないですむ	11.0
この中にはない	6.5
低用量だから副作用が少ない	4.5
人工妊娠中絶をしないですむ	3.9
手軽に使える	2.6
不明	1.3

出典：一般社団法人日本家族計画協会「第8回男女の生活と意識に関する調査報告書～日本人の性意識・性行動～」2017年

この他にも 2007 年に発表された貴重なデータがあります。イギリスでの 1968 年から 36 年間にわたっての長大な追跡調査ですが、あらかじめピルを飲んでいる 74 万 4000 人、飲まない 33 万 9000 人を比較して、乳ガン、子宮体ガン、卵巣ガンなどを罹った率は軒並みにピル服用者の方が少なかったのです。子宮体ガンや卵巣ガンは約半分の確率でした（河野美代子『続・いま〈生きる底力〉を子どもたちに！』十月舎、2008 年）。

　それでも「まだまわりにそんな女性がいない」という人のために、大学生のピルユーザーのコメントを紹介しておきます。

COMMENT

①私は数ヵ月前から避妊目的でピルを使用しはじめたのですが、月経痛や月経前の不調がまったくといってよいほどなくなったし、経血の量も少なくなってすごくよかったです。肌の調子もよくなった気がします。それまでは、ピルに積極的になれなくて怖いと思っていたのですが、思い切って飲み始めて本当によかったです。だから月経について悩みがある人はピルを飲むことを私はお勧めします。

②二人でずっと幸せにつきあっていくために、私が学生でいる間はピルを飲もうと決めました。二人で考えて、彼も真剣にこの気持ちをうけとめてくれて、「ありがとう」といつもいってくれます。飲み始めてもう 1 年たちます。病院にも必ず二人で行きます。ピルいいですよ。自分のためにも、二人のためにも。

③この授業を受けてから自分のからだを大切にするようになりました。ピルも飲むようになってしばらく経ちましたが、やはり便利ですね。女性のストレスを軽減してくれると思います。そのため私が払っている 2000 円（1 シート、約一ヵ月分）は惜しくないと思えるほどです。私のいっている○○産婦人科は、みんなに紹介してください。ピルの初診料が 5000 円、1 回の処方で 1000 円、1 シート 2000 円でした。親切だし、きれいです。割と安めだとも思います。

【ピル理解に役立つ動画紹介】
• mama 女医ちえこ「【生理痛・避妊に！】低用量ピルについて解説してみました【産婦人科】」
　https://www.youtube.com/watch?v=epgH_GOOJK4

＊私はピルを飲み始めて2ヵ月になりますが、初めのひと月は本当につわりのようでした。しかし、そのひと月をがんばってつらいのを我慢すれば、来月から月経痛が楽になると思い乗りこえました。「ピルは本当に避妊できるのかなー」という疑いと不安がありましたが「妊娠しないんだな」と飲み始めて実感しました。

　私は月経痛がつらくて苦しんでいる人にはピルをおすすめします。寝込むほどひどかった月経痛が病院の薬も何も飲まなくて大丈夫になりました。初日は少し腹痛、腰痛などの軽い痛みはありますが、前とはくらべものにならないほど楽です。今後、職業を持つとき月経痛が重いというのはとても厳しいことです。私は飲み始めてよかったと思っています。

COMMENT

二人で話し合いを

　いくら避妊法を学んで知識やスキルがあっても、行動に移せなければ意味がありません。そのためには二人で事前にしっかり話し合えることが大切です。

　とくにピルに関しては女性が飲むのですから、女性が最終的な決定をすることになります。男性が「コンドームがイヤだからピルを」と強制できるものではありません。学び合い、対等に話し合う過程で信頼と安心は育まれます。この章の最後にその例などを紹介しましょう。

①この間、彼氏とピルについて話しました。私はコンドームよりもピルの方が妊娠する率が低いということを言って「ピル飲んでみようかなと思っている」と伝えました。彼は「少し考えたい」と言ってきました。やはり副作用があることが気になっているようでした。数日後、会ったときに彼の方からピルについて話してきました。彼はピルについていろいろ自分で調べてくれたようで、「飲んだ方が、不安がなくなるなら飲んだ方がよい」と言ってくれました。でも性行為で負担が多いのは、いつも私の方だから「そこにピルの副作用まで加わるのは悪い」と言って、もしピルを飲むことになったら彼は車を持っ

ているので、「病院まで連れて行くし、診察もついていって、ピルの説明をいっしょに聞くし、お金も半分は負担する」と言ってくれました。私はピルについて彼が調べてくれただけでも嬉しかったのですが、それ以上に言ってくれたので本当に嬉しかったです。話してよかったと思ったと同時に、この人でよかったと思いました。彼も「一人で考えないで、話してくれてありがとう」と言ってくれました。性行為のことやコンドームやピルの話をすることはとても恥ずかしいです。でも、少しずつお互いにそのような話ができるようになってきたように思います。またそれでお互いを大事にする気持ちも大きくなると思いました。

　今度、ピルを試しに飲んでみよういうことになりました。彼は私より先に病院について調べてくれていました。彼が私のことを本気で考えてくれているんだなあと感じることができました。私も彼のことを大事にしようと思いました。

②彼とはまだセックスしていませんが、今度旅行に行ってセックスしようと約束しました。
　彼氏に「もし妊娠したらどうするん？」ときくと「産んでほしい」と言われました。私は「まだ親に頼って生きているのに、自分が親になれると思えないから産めない」という考えです。彼は大学３年生で避妊はしっかりすると言ってくれます。でも授業で言われたようにやはりもっと話し合って、もしセックスするなら最初から確実なピルを使おうと思いました。

③前に友だちから「妊娠しないためにピルを飲んでる」と言われ、遊んでるんだと引いてしまったことがありました。知識不足による偏見でした。授業で学んで私も処方してもらいました。友だちとの旅行でかぶって楽しめなかったり、ベットのシーツを気にしたりしていましたが、ピルとの素敵な出会いのおかげで月経をコントロールして、それが解消されました。授業で知ってよかったです。

第7章

性感染症

　性感染症って聞いたことありますよね。まだ「性病」と言う人もいます。「予期せぬ妊娠」とともに性に近づくときにからだの健康面で起きる大きなトラブルの一つです。しかし、妊娠ほど注意されていないのが現実です。その代表的なコメントを紹介しましょう。

> **COMMENT**
>
> ＊今日の授業で性感染症のことが心配になりました。今まで妊娠はかなり気をつかってきたのですが、性感染症は、売春や風俗に関わる人の問題と思い、関係ないと他人事のように思っていました。でも「誰でも性に近づく以上、感染の可能性がある」と聞き、他人事ではないと痛感させられました。

　どうですか、同じような人も多いのではないでしょうか。この性感染症とは「性的接触によって感染する病気」のことで、ＳＴＤ（Sexually Transmitted Diseases）とかＳＴＩ（Sexually transmitted infection）とも言います。性的接触とは性器性交だけでなく、オーラルセックスなどを含みます。

　以前使われた「性病」とは、梅毒、淋病、軟性下疳、そけいリンパ肉芽腫の４つの病気の総称でした。しかし、病気の種類も増え、無症状の性感染症も増加し、その危険性が問題となり、1999年に性感染症に分類の仕方が変わりました。

　性感染症の主なものを表７－１にまとめました。

表 7-1

疾病名	梅　毒
病原体	梅毒トレポネーマ
感染経路	性的接触を介する皮膚や粘膜の病変との直接接触
潜伏期	約３週間
症状	感染した部位（性器・口など）に赤色の堅いしこりやただれができ、近くのリンパ節が腫れる（第Ⅰ期）。その後３～12週間くらいの間に、発熱、全身倦怠など全身症状とともに、皮膚に様々なタイプの発疹が現れ（第Ⅱ期）、さらに10～30年の間に心臓や血管、脳が冒される（第Ⅲ、Ⅳ期）
診断	病変部から病原体を確認（顕微鏡確認）、あるいは血液による抗体検査
治療	抗菌薬（主としてペニシリン系）
放置すると	第Ⅰ期からⅡ期、Ⅲ・Ⅳ期へと徐々に進展する。精神神経異常、死に至ることもある。母体の感染により出生児が先天梅毒になることがある。

疾病名	淋菌感染症
病原体	淋菌
感染経路	性的接触を介する粘膜との直接接触
潜伏期	2〜7日
症状	男性では排尿時痛と膿尿、女性ではおりものや不正出血あるいは症状が軽く気づかないことも多い。咽頭や直腸の感染もあるが自覚症状がなく気づきにくい。
診断	性器、尿道からの分泌物や口腔などから病原体分離培養あるいは核酸検査（ＰＣＲ）
治療	各種の抗菌薬に対して耐性率が高くなっているが、有効な抗菌薬もある
放置すると	不妊の原因になることがある。感染した母体より出産した新生児が淋菌性結膜炎になることがある。

疾病名	性器クラミジア感染症
病原体	クラミジアトラコマティス
感染経路	性的接触を介する粘膜との直接接触
潜伏期	1〜3週間
症状	男性では排尿時痛や尿道掻痒感、女性では症状が軽く無症状のことも多い
診断	性器、尿道からの分泌物や尿、口腔内から抗原検出や核酸検査（ＰＣＲ）
治療	抗菌薬（マクロライド系、ニューキノロン系が中心）
放置すると	不妊、流産・死産の原因になることがある。

疾病名	性器ヘルペス
病原体	ヘルペスウイルス
感染経路	性的接触を介する皮膚・粘膜の病変との直接接触
潜伏期	2〜10日
症状	性器の掻痒、不快感ののち、水疱、びらん
診断	病変部からウイルス分離、抗原検出や核酸検査（ＰＣＲ）
治療	抗ヘルペスウイルス薬（アシクロビル、バラシクロビル）など
放置すると	痛くて放置できるものではないが、放置しても2〜4週間で自然に治る。ただし再発を繰り返すことが多い。

疾病名	尖圭コンジローマ
病原体	ヒトパピローマウイルス（6型、11型が多い）※子宮頸がんは16型、18型感染が多い
感染経路	性的接触を介する皮膚や粘膜の病変との直接接触
潜伏期	3週間〜8ヶ月
症状	性器、肛門周囲などに鶏冠様の腫瘤
診断	病変部の形態の観察、病原体の核酸検査（ＰＣＲ）
治療	メトロニダゾール
放置すると	20〜30%は3ヶ月以内に自然治癒、悪性転下あり

疾病名	腟トリコモナス症
病原体	腟トリコモナス原虫
感染経路	尿道や性器からの分泌物との接触（性的接触のほかに、下着・タオルなどを介しての感染）
潜伏期	不定
症状	男性では自覚症状のないことが多い、女性も自覚症状に乏しいがおりものの増加、外陰、腟の刺激感やかゆみ
診断	性器、尿道からの病原体検出、病変部の顕微鏡観察
治療	剃毛、フェノトリンパウダーあるいはシャンプー
放置すると	再発、再燃する。放置しても治ることはない

疾病名	ケジラミ症
病原体	ケジラミ
感染経路	性的接触を介する陰股部、陰毛との直接接触。衣類・寝具などを介する間接的接触もある
潜伏期	不定（1～2ヶ月が多い）
症状	寄生部位（主に陰股部）の掻痒
診断	皮膚・陰部・毛髪などの虫体や卵の確認
治療	抗真菌剤の膣錠や軟膏・クリーム、経口薬
放置すると	症状の継続、再発、再燃。放置しても治ることはない

疾病名	性器カンジダ症
病原体	カンジダ属の真菌
感染経路	性的接触を介して伝播しうるが、必ずしも発症しない
潜伏期	不定
症状	男性では症状を呈することが少ない。女性では外陰部の掻痒とおりものの増加。 カンジダを保有しているのみの場合もある。
診断	顕微鏡観察等による病変部からの胞子や仮性菌糸の検出。病原体の培養
治療	予防にはワクチンが有効。抗ウイルス薬・インターフェロンなどが用いられる場合もある
放置すると	キャリア化して、慢性肝炎、肝硬変、さらに肝癌へと進展することがある

疾病名	B型肝炎
病原体	B型肝炎ウイルス
感染経路	血液や体液との直接接触
潜伏期	約3ヶ月
症状	発熱や全身倦怠のあと、黄疸（1～2%で劇症肝炎）。無症候の場合もある。
診断	血液中の抗原、抗体の検出、病原体の核酸検査（PCR）
治療	抗ウイルス薬とインターフェロン
放置すると	多くがキャリア化して、慢性肝炎、肝硬変、さらに肝癌へと進展することがある

疾病名	C型肝炎
病原体	C型肝炎ウイルス
感染経路	血液や体液との直接接触
潜伏期	2週間～6ヶ月
症状	全身倦怠感、食欲不振、黄疸などが見られるが、症状は軽い。
診断	血液中の抗原、抗体、病原体の核酸検査（PCR）
治療	抗HIV薬
放置すると	慢性的に進行し、死に至るが、近年治療による改善・延命が進んできている

疾病名	後天性免疫不全症候群（エイズ）
病原体	エイズウイルス
感染経路	血液や体液との直接接触
潜伏期	平均10年程度
症状	感染成立の2～3週間後に発熱、頭痛などのかぜ様症状が数日から10週間程度続き、その後数年～ 10年間ほどの無症候期に入る。放置すると、免疫不全が進行し種々の日和見感染症や悪性リンパ腫 などを発症する
診断	血液中の抗体、抗原、遺伝子の検出、病原体の核酸検査（PCR）

　この性感染症ですが、他人事と思っていたら大間違い、若い人たちに急増しているのです。

　その原因をいくつかあげましょう。

• 性行動のカジュアル化

　以下の図をみてもわかるように、性行動経験が低年齢化（特に女性）し、かつ経験者の相手は複数化（特に男性）しています。ということは同時に何人もとつきあっていなくても、そのとき性行動をした二人は元カレ・元カノの病原体も持っている可能性があり、感染率も高まります。正確な予防行動をとらないとねずみ算式に増えることは想像できます。お互いが初めての性行動でない限り「愛しているからこの人は大丈夫、自分は初めてだから大丈夫」ということはないのです。

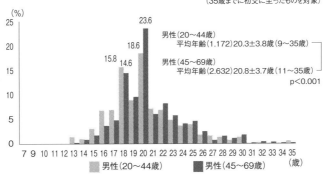

図 7-1 男性の世代別にみた初交年齢の分布
（35歳までに初交に至ったものを対象）

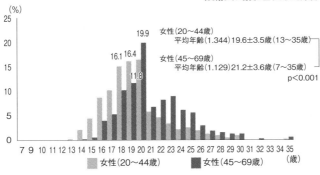

図 7-2 女性の世代別にみた初交年齢の分布
（35歳までに初交に至ったものを対象）

出典：JEX JAPAN SEX SURVEY 2012

図7−3　過去1年間の性的相手の数

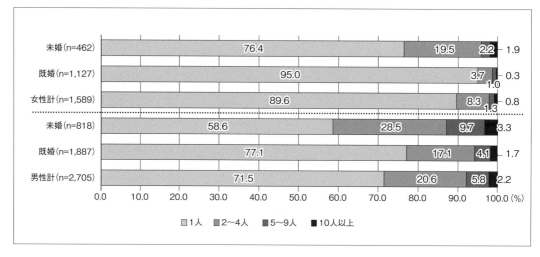

図7−4　性的パートナー複数者の構成（既婚者）

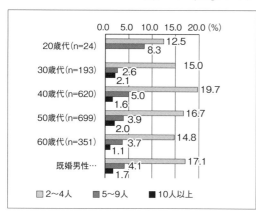

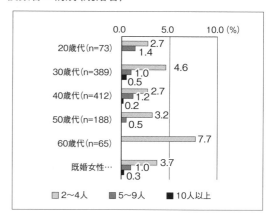

図7−5　性的パートナー複数者の構成（未婚者）

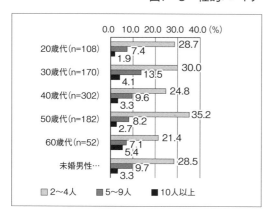

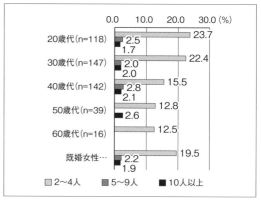

出典：JEX JAPAN SEX SURVEY 2012

・自覚症状がほとんどない

　性感染症には自覚症状がほとんどないものがあります。そのため知らない間に感染して、治療しないまま、またそれを知らずに感染させるということが起こりやすいのです。とくに現在、日本で感染者数が最多のクラミジアですが、20代前半女性の16人に1人、10代後半女性の21人に1人がクラミジアに感染しているとの報告があります。クラミジアに感染しても自覚症状が出にくいために、知らない間に感染していたり、知らない間に感染させてしまうことが多くなります。一般に女性の80%・男性の50%に症状が出ないといわれています。放置しておくと卵管炎や骨盤内感染症を起こして不妊症や子宮外妊娠につながる可能性があります。また、感染したまま妊娠すると、流産の原因にもなり、分娩時に新生児に感染して結膜炎や肺炎を起こす危険があります。

・性感染症の知識不足

　性感染症というと、性経験豊富ないわゆる「遊んでいる人」の病気、あるいは売春や風俗に関係する人の病気という間違ったイメージがあります。だから「特定の相手なら安心」と予防しなかったり、検査・治療に行くのを「遊んでいると思われ恥ずかしい」「遊んだ（セックスした）罰」という思いから躊躇したり、感染がわかっても相手に言えなかったりするのです。その例を紹介しておきましょう。

COMMENT

　①もし、今、性病だったら、相手にも言えないし、友だちにも相談できないと思う。というより、恐いから検査に行かないだろう。相手からもらったのか、自分自身が持っていたのかわからなくて、どんな目で見られるだろうと思ってしまう。「ごめん、性病だった」と言えない自分がいる。

②私は今、性感染症に罹っています。ヘルペスです。初めはかぶれだと思い市販の薬を使用していましたが、症状が悪化し、先週婦人科に行きました。お医者さんに聞いたときは「まさか自分が」と思いました。今後のことについて一人で悩むばかりです。彼からうつったことは確かで、病院に行くように言っていますが、行ってくれません。まだ治っていないので、セックスはしていませんが、今とても悩んでいます。

　このような気持ちになるのはわかりますが、もし自分が感染していて言えなければ、あるいは言っても相手が検査・治療しなかったら、性感染症は免疫がないため、たとえ自分が完治しても、何度も感染しあうことになります。これを「ピンポン感染」といいます。いまの相手にも過去の元カレ・元カノにも「恥ずかしい」などと思わずに言ってあげること、伝えられること、言われたら検査・治療をすることが性感染症の広がりを防ぐのです。

　性感染症罹患者で女子学生の６割は過去１年間性的パートナーが一人であったというデータもでています。

　「一人でも感染する」ことがあるという例をコメントで紹介します。

COMMENT

①私は一回性感染症に罹っているので、みんなにも検査をして欲しいと思います。
　私は友だちに勧められて、病院へ行きました。男の人とつきあったのは一人しかいないし、性交痛が少しあったくらいで、症状もあまりなかったので「平気かな」と思っていましたが、クラミジアに罹っていました。症状もあまり出なかったし、つきあった人数が少ないからうつらないということではないのだなと思いました。自分は大丈夫と思っていても十分にあり得る危険性なので、みんなも是非検査に行って欲しいです。

　元彼にも今の彼にも性病のことを伝えて病院に行ってもらっています。

②性病は遊んでいる人の病気だという偏見を、私ももっていました。でもよく考えてみたら、昔、私は一人の人としかセックスしていないのにクラミジアになりました。彼の浮気相手がクラミジアを持っていたのです。私は純粋にその人を好きだったのに性病になった。遊んでいるわけではない。よく、あの子性病らしいよと聞くと「遊んでいるんだー」と言ってしまうのですが、やはりこのような偏見をすぐにしてしまうのはやめようと、再確認しました。私もとくに症状がなく、自分が性病だなんて思っていませんでした。みんなも１回検査に行った方がいいと思います。

　この感想からもわかるように、性をおとしめるようなマイナスイメージの増幅は、性感染症の予防にも感染拡大防止にもマイナスです。

　また、「ＨＩＶ／エイズは感染すると死に直結する病気で治療法はない」ということを

信じ、自暴自棄になったり、逆に「性感染症はたいしたしたことはない」と無防備であったりで、検査も行かずに放置する問題行動にもつながります。感染を必要以上に恐れるコメントを紹介しましょう。

＊感染していないかどうか心配です。私はものすごい浮気者だったり、好きで元彼が多いわけではありません。しかし、経験人数が多いので、もうあきらめています。もしエイズのように二度となおらない病気に罹っていたら、一気に死んでしまいたいです。エイズへの偏見をなくすことは無理だと思います。

これは社会での差別の問題も含んでいます。しかし、知識不足ということでは、ＨＩＶ／エイズは現在まだ根本的な治療法は見つかっていませんが、薬（多剤併用）を飲み続けることによって、ウイルスを減らして、エイズを発症しないで、普段の生活が続けられるレベルまできています。だからこそ早期検査・治療がより有効なのです。

性感染症をたいしたことはないと、放置しておくと、ＨＩＶ／エイズ感染は死に至りますし、クラミジアは女性の卵管の閉鎖、男性の精巣上体炎から無精子症になって、どちらも不妊症の原因になります。同時に卵管の閉鎖は子宮外妊娠の原因ともなり、妊娠時に流産や早産の原因になるだけではなく出産時に胎児に感染することもあります。他にも尖圭コンジローマの病原体ヒトパピローマウイルスは、子宮頸ガンの原因にもなります。

なお、子宮頸ガン予防ワクチンによる副作用の問題ですが、副作用とされる症状はワクチン不接種の女性にも出ており、むしろ世界的には因果関係はないといわれています。接種率他先進国で 60％ 以上ですが、日本でわずか 0.6％ です。若年で死を迎えたり、子宮の摘出で不妊になったりする女性もあり、女性の健康のためにも、2013 年から中止されている接種勧奨の再開を望む声も強くあります。

性感染症のリスクですが、女性の方が高くなっています。じつは女性器の方が粘膜部分は広く、精液（感染源）が留まる構造になっているために感染しやすく、しかも大部分がお腹の中にあり、膣から子宮、子宮から卵管、卵管から腹腔内へとつながっているために、重い症状になることが多いのです。予期せぬ妊娠と合わせて、よりリスクが高い女性こそが最終的に性行動の決定権を持つべきでしょう、しかし実際は逆が多くなっています。

性感染症を恐れず、しかしあなどらず、症状があるときはもちろん、症状がなくても一

年に１回か２回は定期的に検査に行く。パートナーが替わるたびに二人で検査に行く。などで、早期発見・同時治療することが、自分だけでなく相手も含んだ安全と健康の保証という安心につながります。

・ **性行動の多様化**

オーラルセックスなど性行動の多様化により、性器ばかりでなく咽頭、直腸なども性感染症になってしまうことが増えています。泌尿器科で診察する男性のクラミジア性尿道炎の多くに、オーラルセックス（フェラチオ）による感染がみられます。のど（咽頭）に感染しても症状が出ることが少ないため、知らずに相手に感染させてしまっているのです。予防方法はオーラルセックスをしないか、コンドームをオーラルセックス時から使うことです。女性用（クンニリングス）にはラテックスシート（ラムファー）を使います。この「口から感染」ということを知らない人がいるのですが、その例を紹介しましょう。

COMMENT

①口からも感染すると聞いて正直あせっています。私は妊娠が恐いのと、いまの彼氏がそうしてくれというので、いつも最後は、口でしていました。もちろんそのときコンドームは使っていませんでした。

②セックスしなかったら大丈夫だと思っていました。本番なしの風俗店でもオーラルでうつされていることがあるとわかって、ヤバイです。もっと早く知っておけばよかった。先輩や友人にも言ってあげます。

性感染症の拡大防止のために

性感染症を予防するためには、①「粘膜接触・性器接触・挿入なしの性行為」（ノーセックス）か、②「コンドーム使用の徹底」です。もちろんお互いが初めての性行為の場合や互いに検査で陰性であった場合、どちらも治療して完治した場合でも、１対１のステディ（特定）な関係を続けていれば、セックスしても感染しません。ただ相手が初めてか、検査で陰性だったか、治療したかなどはセックスする前にじっくり話し合い、その後もステディな関係を保っているか確認する必要があります。しかし、確認しても、悲しいことですがウソの可能性もあります。だからこそ、より現実的で確実な予防としては、①と②

になります。

　とくに性器セックスをするならコンドームの徹底ということになります。このコンドームがどれほど有効かを示すデータが表7－2です。

　「コンドームを使わない」で10人以上の性交経験がある場合、75%（4人中3人）が性感染症になっているにも関わらず、「最初から必ずコンドーム使う」では、同じ10人以上の性交経験でも0%、調査者全体でもその場合は1%だったのです。一般的に「不特定多数」とのセックスは、感染率が高くなりますが、コンドームをセックスの最初から必ず使えば高くならないのです。ということは、性器セックスをする関係ならば、不特定多数という問題より、どのようなときでもコンドームを最初から必ず使えるかどうかが感染予防の決め手と言えます。

表 7−2 性行動の特徴と感染率(%)

1年間の性交人数	コンドームの使用				
	最初から必ず*	必　ず	だいたい	たまに	使わない
0人	0.0	0.0	33.3	0.0	0.0
1人	1.1	5.6	12.7	19.9	20.0
2人	3.2	9.7	24.7	26.9	45.2
3人	0.0	33.3	26.5	38.0	42.0
4人	40.0	60.0	58.8	50.0	41.5
5〜9人	0.0	33.3	29.2	51.3	52.9
10人以上	0.0	0.0	66.7	72.7	75.0

1998〜2000年調査。＊は2000〜2001年調査

出典：家坂清子「娘たちの性＠思春期外来」日本放送出版協会、2007年

　コンドームによる性感染症予防を行うためには、正確な知識とスキル（技術）、さらにコミュニケーションによる実行力（強制のない対等な話し合い）が必要です。

　ではコミュニケーションということで、学生の協力で得た、実際の「コンドームが使えた例」と「使えなかった例」をみてみましょう。どのように違うでしょうか。考えてみてください。

＊コンドームを使えた例

＊コンドームをつけてもらう側（多くは女性）からの告白

ア 相手
> 一回（なしで）やってみたい

> 絶対やだ

 自分

今までコンドームなしのセックスはしたことはありません。
というか絶対させません。なしのセックスを迫る人とはつきあえないと思います。

イ 相手
> …（無言）

> ちょっとストップ、ストップ！！
> なんか忘れてない？

 自分

ウ 相手
> コンドームないから
> つけずにやっていい？

> イヤだよ！危ないじゃん

 自分

エ 相手
> コンドームなしでしたい。
> いい？

> 今、妊娠したら困るから絶対
> つけなきゃイヤだ。したくない。

 自分

オ   相手
> 中でイキたい

> 子どもできたら
> 責任とってくれるの？

 自分

カ   相手
> オレ、ゴムつけたら
> イカないんだ

> 私つけなきゃ
> 絶対やんないから

 自分

結果はセックスせず。

キ 相手
> 生理中だからいいだろう？

> 生理中でも妊娠するし、ばい菌が
> 入りやすくなっているからイヤだ

 自分

ク 自分
> 彼は前の彼女が妊娠しているかもという不安があり、病院へ行ったことが
> あるので、彼から「おれはゴムしないとしたくない」と言われた。
> そのとき初めてゴムは最初からつけないと危険だということを知った。
> 自分の無知が恐ろしかった。安心して性行為ができた。

＊コンドームをつける側（多くは男性）からの告白

ケ　自分　今日安全日だよね　　でもつけて　相手

コ　自分　今までコンドームなしのセックスを迫ったことはない。

＊コンドームを使えなかった例

＊つけてもらう側（多くは女性）からの告白

サ　相手　初めてのとき（処女）は妊娠しないよ　　…（無言）　自分

シ　相手　うまくつけられないからいいよね？　　…（無言）　自分

ス　相手　ゴムないけど、中に出さないからダメ？　　…（無言）　自分

セ　相手　ゴムなくなっちゃったんだけど、やりたい　　…わかった　自分

ソ　相手　今日は生理だからつけなくても平気だよ　　…（無言）　自分

ナ　相手　…（無言）　どちらも無言、というか何も言われずそのまま　　…（無言）　自分

二　自分

お互い初めてで、それまで何回かそういう雰囲気になったが、相手が緊張していたらしくなかなか勃起しなくて、ちゃんと勃起したときに相手に「してもいい？」と言われて、コンドームのことが頭によぎったが、まただめになったらどうしようと思い、そのまま入れてしまった。

 ヌ　自分

自分も初めてで、いつゴムつけるのかわからなくって、結局そのことはふれないまま、ゴムなしで入れた。

＊つける側（多くは男性）からの告白

 ネ　自分

大丈夫、保証する

今想うと、そのとき病気とか怖いからコンドームと言いたかったのだろう。

 相手

…うん…

 ノ　相手

今日安全日だから！！

…うん…

 自分

 ハ　相手

わたし最近ピルを飲み始めたんだ

だったらコンドームいらないな

 自分

 ヒ　自分

ピル飲んでるんでしょ？なら大丈夫だよ

え…でもなんだか不安…

 相手

 フ　相手

子どもがほしい

わかった

 自分

＊最後の難問

 ヘ　自分

彼はコンドームをつけてほしいと言わない限り、つけません。
というか、私自身がつけていると気持ち悪かったり、痛かったりするので嫌です。

①まず、これらの例全体をみてわかるのは、コンドームを使いたくない理由の「つける側（男女間では男性）」の自己中心性です。改めてコンドームは男性主導だとわかります。

　会話にあるように、コンドームをつけると「イカ（射精し）ない」のなら、生殖のためのセックスじゃないのなら射精しなくてもいいのです。「うまくつけられない」とか「ないけどセックスしたい」なら、**カ**の例のようにセックスしなくていいし、性器接触・挿入なしの「語らいやふれあいのセックス」をする、あるいは、すぐに購入しにいって、何回も練習すればいいのです。このような自分勝手な理由で不安なセックスを強いられる女性（同性愛ではその相手）はたまったものではありません。

　これらもやはり性器セックスから射精という、画一的なセックスのイメージにしばられているマイナス面でしょう。でも、**ク**の例や**コ**の例をみるとコンドームを自らすすんで必ず使う男性もいます。相手だけでなく自分の安全を考えた場合、当然とはいえ、性を学んでこのような男性がもっともっと増えることが望まれます。

②次に言えるのは「つけてもらう側（男女間では女性）」の自己主張の違いです。「使えた例」では、きっぱりと「ノー」という言葉と態度で表現をしています。対して「使えなかった例」は、「無言」か、迷いつつの「イエス」です。強調しておきますが相手の「無言」はイエスではありませんし、逆に自分が「無言」では何も相手に伝わりません。また「イエス」でも、無知や強要があった場合、こころから望んだイエスでないことが多くありますから、これは本当の同意とは言えません。ここでも性に関して「無知」「恥ずかしい」「受け身」という女性（同性愛では受け身の側）のジェンダーの壁があります。しかし、妊娠は女性のからだにしかおきません。そして性感染症は、女性が感染しやすく重篤になりやすい。ということでは繰り返しますが、女性が自分のからだを主体的に守り、その主張をすることは当然です。それが相手も守ることになるのです。そのために性のことを「言語化」できる力が必要です。それは「コンドーム」と口に出して言ったことがない人が、いざセックスのときになって「コンドーム」の話は難しい、というとわかるでしょう。だから性の学習は不可避なのです。

　同性の間では、妊娠することはないので、避妊目的でなく、性感染症予防を目的として、どちらも主体的により安全なセックスを主張すること、その主張を聞けることが重

要になってきます。妊娠しない同性愛者間では、コンドームが避妊目的のみに思われている壁がより大きくあります。

③つぎに科学的知識の違いです。「使えなかった例」では、**サ**「初めてのとき（処女）は妊娠しない」とか、**ソ**「今日は生理だから…平気だよ」、**ス**「中に出さないから」、**ネ**「保証する」、**ノ**「安全日だから」など、「避妊」の章で否定した事実に基づかない非科学的な、いわば「迷信」が語られています。対して「使えた例」では、**キ**「生理中でも妊娠するし、ばい菌が入りやすくなっているからイヤだ」というように正確な知識が反映されています。

④すべての例に共通する特徴は、コンドームが性感染症予防でなく、避妊目的のみに使われていることです。「避妊」の章でわかるようにコンドームの避妊確率は、近代的避妊法（ピルや避妊リング）に比べかなり悪くなっています。にも関わらずコンドームが避妊目的に使われるのは、他の避妊方法の学習不足からくる偏見と性行動すべての男性主導が原因でしょう。この避妊目的のためということで「使えなかった例」は「安全日」を理由にするなど多いですが、**ハ**と**ヒ**のように「ピル服用」が原因になることもあります。ピルは性感染症の予防にはなりません。ここで「コンドームは避妊より、むしろ性感染症予防のためになる」というように意識を変えておきましょう。

　「避妊は近代的避妊法」、「性感染症予防はコンドーム」というのは性の先進諸国のなかでは常識です。そのためにどちらも併用することを「ダブルプロテクト」と言います。日本でもお互いの健康を保証するために、実行する人たちが増えて欲しいものです。もちろん「粘膜接触・性器接触・挿入なしのセックス（ノーセックス）」がどちらにも有効であることは言うまでもありません。

⑤「使えなかった例」で気にかかるのは**フ**の「子どもがほしい」と女性が言った例です。将来への確かな展望があるならいいのですが、何度も言いますが「将来への青写真が描けなくて」妊娠・出産・家族形成を望むならこころの寂しさに原因があり、さらに不幸になるとも限りません。相手の男性は学生なのですから、安易な希望のようで心配です。

⑥さて、難問🔼の例は、どのように解決すればいいでしょう。

　まず性器接触・挿入なしのセックスを考えてはどうでしょう。次にコンドームの種類を替える。ゴム臭のないコンドーム、ゴムアレルギーならラテックスゴムでなくポリウレタン製、より挿入がスムーズなゼリー付き、女性用コンドームなど、最近は多種多様なコンドームが発売されています。最終的にどうしてもコンドームを使いたくないなら、性感染症の予防のためには、互いに検査を受け、陽性の場合は治療して、その後はピルを使って避妊してステディな関係を続ける方法があります。どれを選択してもいいですが、無防備なセックスは避けるべきです。

　では、コンドームを使えるように、知識とスキルをつけるために、正確なつけ方と扱い方を紹介しておきます。

男性用コンドームの正確な装着方法

出典：日本学校保健会『性感染症予防に関する指導マニュアル』

① 袋は、コンドームを端に寄せてから開ける

② 袋を開けた部分は完全に切り離す（中途半端にすると出すときにコンドームを傷める）

③ コンドームの端を触っただけで裏表がわかるようにしておく

④ 爪を立てずに精液だめの空気を抜く

⑤ 勃起したペニスの皮を根元まで手繰り寄せる

⑥ 毛を巻き込まないようにして、コンドームを途中まで巻きおろす

⑦ かぶせた部分を亀頭方向に寄せ、根元で余っていた皮膚が張るようにして根元までおろす

⑧ 射精したら、コンドームを押さえながら、膣などからペニスを抜く

⑨ 続けてセックスするときは、必ず洗って病原体や精子を洗い流す

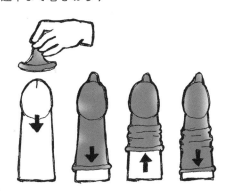

コンドームの取り扱い～こんなことに注意しよう～

出典：『健康教室　エイズ／ＨＩＶの感染のひろがりと予防教育』東山書房、2004年12月号

直射日光が当たらず、湿気の少ない冷暗所に保管する。防虫剤の近くに置くとゴムが劣化するので注意。

携帯するときはサイフやポケットではなく、ハードケースに入れる。

コンドームを傷つけないよう、ツメは短くしておく。

1個につき使用は1回限り。射精後は、必ずその都度新しいものを使う。

2枚重ねは、摩擦によって破れやすくなる。

裏と表を間違えず、精液だまりはひねって空気を抜く

　最後に、検査機関と検査内容・費用ですが、男性は泌尿器科で尿検査、尿道粘膜検査、血液検査などをします。女性は産婦人科で、膣分泌液、血液検査をします。検査治療の金額はおおよそ保険証を使って1回2000～4000円位です。病院によって異なりますから、あらかじめ電話などで確認しておきましょう。なお、症状を訴えず、検査のみ希望の場合は保険証が適用されませんので実費（約3倍の費用）が必要となります。

　ＨＩＶ検査は全国の保健所（保健福祉事務所）で、匿名無料で行えますし、保健所によっては他の性感染症も無料で検査してくれるところがあります。また他の機関でも相談・検査ができるところがあります。それらの検索に便利な情報を紹介しておきます。

便利なサイトの紹介

＊公益財団法人 性の健康医学財団 web　http://www.jfshm.org/　よりメール相談ができます。

＊ HIV 検査相談マップ　全国ＨＩＶ／エイズ・性感染症　検査・相談窓口サイト
　 http://www.hivkensa.com/soudan/
　 全国の検査・相談先が検索できます。

＊特定非営利活動法人 HIV と人権・情報センター　http://www.npo-jhc.com/
　 東京支部　03-3292-9090　月〜木 9 〜 21 時，金 9 〜 18 時，祝 14 〜 17 時
※ 同一番号で金曜日 18:00 〜 21:00 と土・日曜日 14 〜 17:00 はぷれいす東京が相談対応。
　 中国支部　052-831-2228　水のみ 19 〜 21 時
　 関西支部　06-6635-3332　金のみ 18 〜 20 時

＊財団法人エイズ予防財団 API-Net　http://api-net.jfap.or.jp/phone_consult/
　 0120-177-812　月〜金曜日 10 〜 13 時、14 〜 17 時（携帯電話からは、03-5259-1815）

＊特定非営利活動法人 ぷれいす東京　http://ptokyo.org/
0120-02-8341　月〜土曜日 13 時〜 19 時（HIV 陽性者とパートナー・家族のための電話相談。厚
　 生労働省委託事業）木曜日　15:00 〜 18:00 は HIV 陽性の相談員対応

＊ Futures Japan HIV 陽性者のための総合情報サイト　http://futures-japan.jp

第8章

性と暴力

次の文章は学生からのコメントですが、これを見てあなたは、この行為をどう思いますか。

＊そのころ私と彼とは学生どうしで、高卒後は遠距離恋愛でした。彼氏の誕生日に備えて、彼を驚かそうと、その日に彼の部屋へ行くことをないしょで計画しました。プレゼントのためにバイトもして彼に喜んでもらおうと懸命でした。

いよいよ、その日が来て、おめかしをして電車に乗って、彼の部屋の前でプレゼントを抱えて待っていました。すると彼が帰ってきて「どうしたの？」と驚いたように聞きました。私が「誕生日おめでとう」と言ってプレゼントを差し出すと、とたんに笑顔で「そうか、わざわざきてくれたんだ、ありがとう」と言ってくれました。

部屋に入ってプレゼントをみて感激してくれて、それから久しぶりに会ったのでお互いの話を楽しくしていました。途中で話がとぎれてすこしして、彼が「ここまで来てくれたんだから、当然 OK だよね」と言って、いきなり私に抱きついて、服を脱がそうとしました。私たちはそれまでキスまではしてたけど、セックスはまだしていませんでした。

「ちょっと待って、私そんなつもりじゃ…」と私が言うと、彼は「何言ってるの、こんなときになって」と言って、行為を続けました。

私は彼氏の喜ぶ顔がみたかっただけで、セックスする気はなかったんです。ほんとうはセックスしたくなくって戸惑う私が「待って、赤ちゃんができたら困るから…」と言うと、彼は「大丈夫まかせて」と言いました。

何も考えられなくなった私は、抵抗もほとんどなしに、彼がするままにまかせてしまいました。セッ

クスが終わった後、服を着て「私、こんなはずじゃなかった」と言うと、彼は「いまさらそれはないよ、男ならだれでもＯＫだと思ってしまうよ」と返事しました。

彼の部屋を出たあと、涙があふれてきて、帰りの電車のなかでは泣いてばかりでした。数日後に友人に思い切って、このことを話すと「バッカじゃないの、そこまでやって彼の部屋まで行ったら、やられるの当たり前でしょ」と言われて、自分があまかったのかと、また落ち込んでしまいました。

「こんなこと、よくある話じゃない」「自分のまわりにも同じようなことを聞いたことがある」「自分も似たような経験をしたことがある」という人があるのではないでしょうか。ですからこれはレイプじゃないと思う人も多いでしょう。でも、これは「デートレイプ」と呼ばれるりっぱな性暴力なのです。「デートレイプ」とは、恋人、あるいはそれに近い親しい関係にあるカップル間での性的暴力を言います。

「デートレイプ」は、殴る蹴る、あるいは言葉で「殺すぞ」などと脅しで性行為を迫るような明らかな暴力だけではありません。むしろ、愛の証明としてのセックス強要、無視や無言の圧力、逃げられない状況、お酒や寝ている間の無抵抗なときの性行為、など暴力とわかりづらい状況が「見知らぬ相手」や「単なる知人」より多くなる傾向にあります。人は何らかの圧力があると、自分の意志を自由に示せません。ですから次のようにデートレイプを捉えるべきです。

 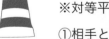

※対等平等に合意納得した

①相手と

②ときに

③場所で

④方法で（この方法のなかには、「ノーセックス・性器接触・挿入なしの
　セックス」、避妊、性感染症予防などあらゆる方法の選択が入る）

※この条件を一つでも満たさない性行動は暴力である。

　この条件で学生の例をみてみると、もっとも重要な「対等平等の合意納得」がありません。それに避妊に関しても「大丈夫任せて」だけ、一方的で不十分です。だから暴力となるのです。しかもその後、友だちに相談して逆に非難されてもう一度傷ついています。これを「セカンドレイプ」と言います（友人としてすべき対処法は後述）。

　「むりやりセックスされた」という経験は内閣府の「男女間における暴力に関する調査」（2017年度調査）によれば、女性の7.8％、男性の1.5％が、「むりやりに性交などをされた経験がある」と答えています。女性の13人に1人、男性の67人に1人に被害経験がある計算になります。加害者との関係で多いのは、「配偶者・元配偶者」（女性26.2％、男性8.7％）、「交際相手・元交際相手」（女性24.8％、男性17.4％）となっています。配偶者だけでなく、元も含め交際相手からの「デートDV」もまれではなく、日常的に起こることとして捉えておくべきでしょう。しかも図8－3では女性被害者の約6割、男性被害者の約4割は、どこにも誰にも相談できず、表面化しにくいことがわかります。この表をみると、学校関係者への相談は女性0.7％男性ゼロで、学校や先生が相談先としてほとんど機能していないことがわかります。日本でも2021年4月から「生命（いのち）の安全教育」と題した授業が導入されています。その中ではプライベートゾーンや、デートDVの危険性、SNSのリスクなどを教えることになっています。授業導入と共に、性被害を相談しやすい学校体制や教員養成も急務といえるでしょう。

　加害者は交際相手・元交際相手が最も多く「デートレイプ」はまれではなく、日常的に起こることとして捉えるべきでしょう。しかも図8－1では被害者の3人に2人はどこにも誰にも相談できず表面化するのはごくわずかです。この表をみると学校関係者への相談はゼロで、学校や先生が相談先として全く機能していないことがわかります。被害相談できる学校体制や頼れる教員養成が急務となっています。

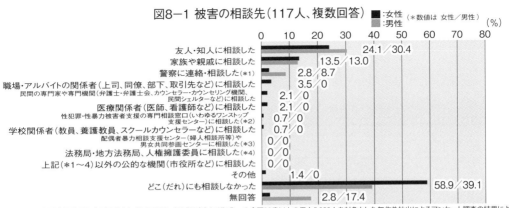

図8-1 被害の相談先（117人、複数回答）　■:女性（＊数値は 女性／男性）　□:男性（%）

	数値
友人・知人に相談した	24.1／30.4
家族や親戚に相談した	13.5／13.0
警察に連絡・相談した（＊1）	2.8／8.7
職場・アルバイトの関係者（上司、同僚、部下、取引先など）に相談した	3.5／0
民間の専門家や専門機関（弁護士・弁護士会、カウンセラー・カウンセリング機関、民間シェルターなど）に相談した	2.1／0
医療関係者（医師、看護師など）に相談した	2.1／0
性犯罪・性暴力被害者支援の専門相談窓口（いわゆるワンストップ支援センター）に相談した（＊2）	0.7／0
学校関係者（教員、養護教員、スクールカウンセラーなど）に相談した	0.7／0
配偶者暴力相談支援センター（婦人相談所等）や男女共同参画センターに相談した（＊3）	0／0
法務局・地方法務局、人権擁護委員に相談した（＊4）	0／0
上記（＊1〜4）以外の公的な機関（市役所など）に相談した	0／0
その他	1.4／0
どこ（だれ）にも相談しなかった	58.9／39.1
無回答	2.8／17.4

（備考）　1.内閣府「男女間における暴力に関する調査」（平成29年）より作成。　2.全国20歳以上の男女5,000人を対象とした無作為抽出によるアンケート調査の結果による。本設問は、無理やり性交されたことがある者が回答。集計対象者は女性141人、男性23人。

出典：男女共同参画白書より　https://www.gender.go.jp/about_danjo/whitepaper/r01/zentai/html/zuhyo/zuhyo01-06-11.html

性暴力と性的自己決定権

　性暴力とは「性的自己決定権の侵害」であり、性的自己決定権ではノーと拒否できる権利が最優先されます。ですから前に提示した条件にてらすと、どちらか一方がイヤと思う相手、イヤなとき、イヤな場所、イヤな方法、にも関わらず性行為を強要した場合は暴力にあたります。付き合った場合、初めてのセックスをきっかけに支配・被支配の関係となり、その後は一方的なセックスの強要が続くことが多くあります。その例を紹介しましょう。

COMMENT

①私は初めてのセックスは、中学2年のときでした。彼は高校3年生、会うたびに「いつしてくれるの」などと言われ続けて。でも、ずっと拒んでいたけど、会うたびにケンカになってしまうようになりました。会う前は、とってもやさしいのに、セックスを拒んでいやがると「帰る」と機嫌が悪くなって…。ある時、部屋で遊んでいるときに、嫌がって拒む私を倒してセックスされました。彼のことが大好きだったから、セックスが何なのかわからなかったけど、付き合うって、こうなんだ。セックスするのが決まりなんだと、そこで実感しました。彼に言われた一言が忘れられません。「エッチしてくんないなら、付き合ってる意味ないじゃん」って。好きだから付き合っているのに、すごく、すごくショックでした。その後も好きだったらずっと付き合い続けていたら、たくさんの束縛を受けて、もう辛かったです。毎日メールチェックあり、スカートや胸元V字の服はだめとか、飲み会行くな、とか。自転車の乗り方まで決められていました。他にも髪を染めるななど、本当に辛かったです。

②私の初めてのときもＤＶでした。その人とは、まわりから促され、無知だった私はそのままセックスをしてしまいました。その彼氏はとても暴力的な人で、愛のあるようなセックスは一度もしたことがなく、ほぼレイプでした。「別れたら殺す」など、何度も言われました。それから男性が本当に恐く、セックスも痛い、イヤなものだという意識を持ってしまいました。

　大学に入り、5ヶ月付き合っているいまの彼氏のお陰で、だんだん男性に対する恐怖心や嫌悪感がなくなってきました。その人のセックスは優しくこころから気持ちいい、幸せだな、と感じることができます。私の初めての人がこの人だったら良かったとこころから思いました。

　この2つの例はデートレイプの典型です。①の例でいうと、「エッチしてくんないなら、付き合ってる意味ないじゃん」という男性、デートレイプ被害から「付き合うって、こうなんだ。セックスするのが決まりなんだ」と思ってしまう女性、改めて恋愛＝セックス（性器の）刷り込まれる罪の大きさを感じます。②の例では、「それから男性が本当に恐く、セックスも痛い、イヤなものだという意識を持ってしまいました」という思いや、いまの彼氏の優しさに「初めての人がこの人だったら良かった」と思ったことから、初めてのセックスの持つ重要さがわかります。

　この2例ともに共通するセックス後の束縛は、セックスをしたことにより、相手を所有するような錯覚に陥りやすいことを示しています。だから一度セックスをしたとしても、またたとえ結婚したとしても、対等平等な関係を保ち続けて、イヤな性行為の強要は性暴力にあたることを心得ておきましょう。

自尊心を奪う性暴力

　大学でデートレイプの授業をしていると、男子学生の大半は、「彼の誕生日」の学生の例のような経験をデートレイプと認めていき、なかにはそれまでの自分の行いを反省する学生もいます。しかし、女子学生でどうしても「レイプじゃない」と言い張る層が残ります。高校の授業でも同じでした。それはほぼ同様の経験があり、それをデートレイプと認めてしまうと、そのときの恋愛と自分を否定されているようで辛い。あるいは思い出したくない経験だから、過去と向き合いたくないという思いがそのようにさせることが多くあります。

　その例を紹介しておきましょう。

COMMENT

＊強制的なセックスをレイプと認めたくない人がいて、その人は自分がそれに近い経験をしていることで認めたがらないことも多い、と聞いてハッとした。その通りだったからである。初めてのセックスも私からの積極的な同意はなかったし、それから会うたびに5年間ほぼ毎回求められた。思い出したくもないが、公園のトイレ、駅のトイレ、公共のトイレ、駐車場など、彼の欲求とともに、どこでも体を求められてセックスをした。苦しかった。今考えるとレイプであった。でもそう認めたら、私と彼との5年間というもの、私の初体験を否定するようで過去と向き合うことを避けてきた。でも今向き合えてよかったと思っている。向き合えてやっと自分を大切に思えることができたからだ。積極的に同意しないときは、ちゃんと断ろうと思うことができたし、イヤなことはイヤと言える。今まで「私なんて」みたいに自分で自分を大切にしていなかったのだから、何でも応じなくてはならないと思っていたが、過去と向き合うことができてから私は変わった。

　この例は、いかに性暴力に対して向き合うことが難しいかよくわかります。5年間ほんとうに辛かったでしょう。性暴力は「魂の殺人」とも言われ、そのトラウマ（こころの傷）の深さはグラフのように他の犯罪被害に比べ際だっています。

図8-2 罪種別にみた遺族・被害者の精神的影響

殺人等の遺族、傷害・窃盗・強盗・強姦・強制わいせつ等の被害者の事件に対する精神的影響の内容を
尋ねたもの。強姦・強制わいせつの被害者の精神的負担は、殺人等に劣らぬほど強いことがわかる。

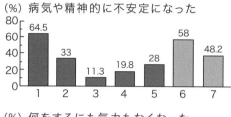

(%) 病気や精神的に不安定になった

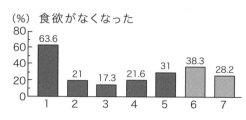

(%) 食欲がなくなった

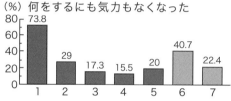

(%) 何をするにも気力もなくなった

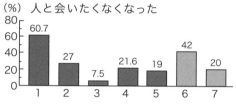

(%) 人と会いたくなくなった

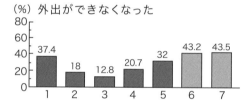

(%) 外出ができなくなった

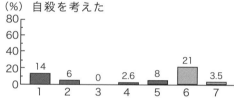

(%) 自殺を考えた

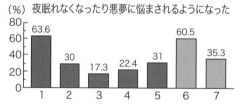

(%) 夜眠れなくなったり悪夢に悩まされるようになった

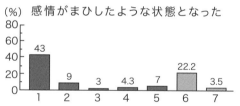

(%) 感情がまひしたような状態となった

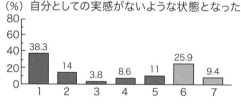

(%) 自分としての実感がないような状態となった

1＝殺人等　5＝恐喝
2＝傷害等　6＝強姦
3＝窃盗　　7＝強制わいせつ
4＝強盗

注 1. 法務総合研究所の調査による。
　　2.「殺人等」は、殺人及び傷害致死であり、
　　　「傷害等」は、殺人未遂及び傷害である。
　　3. 殺人等、強姦及び強制わいせつについて
　　　は、精神的影響の有無について、「受けた
　　　けれども、小さい」又は「大きな精神的影
　　　響を受けた」と回答した者に対して、精神
　　　的影響の内容を尋ねたものである。
　　4. 無回答を除く
　　5. 重複選択による。
　　　法務省「平成11年版犯罪白書」より作成

出典：加藤秀一、石田仁、海老原暁子『図解雑学ジェンダー』ナツメ社、2005年

性暴力のトラウマによる後遺症は次のような形で現れます。

* セックスに対する嫌悪、恐怖、拒否、あるいは逆に逸脱、暴力行為
* 無力感による自暴自棄な感情と行動
* 犯罪者の性（多くは男性）に属す人全般への拒絶反応
* 憂鬱感、涙が出てとまらない、など
* フラッシュバック（何かのきっかけで、レイプ経験がまるでいまのワンシーンのようにはっきりよみがえる）
* 悪夢
* 自殺や自傷の衝動
* 恐怖や不安
* 拒食症あるいは過食症
* 記憶喪失（一時的なものも含む）
* 暴力的なパートナーを選び依存する
* アルコール、薬などの乱用
* 不登校、引きこもり、出勤拒否

　前述のように被害者は被害を口に出して訴えられないことが多くあります。このような症状が見られた場合、性暴力被害の可能性を頭において対応すべきです。では、このように大きな後遺症になる性暴力の影響を示す二つの例を見てみましょう。

COMMENT

①私は昔レイプをされてショックでした。だから開き直って体を使って金を稼ごうかと思いました。セックスすることに何にもイヤだっていう感情はありません。誰としてもどんなセックスをしても全然平気です。授業をきいて性のことをいろいろ考えたけど、抵抗を感じないことはやっぱり変わりませんでした。今彼がいて本当に好きだから裏切るのはやめようと思って、そういうことをするのをやめました。彼氏のためにやめました。でももし別れたら…またやっちゃうかもしれないです。こんな自分がさっぱりわかりません。自分を大切にしたいです。

②私は中2のときにレイプされました。相手は間接的に知り合った高校生でした。話していたら押し倒されて、私はそのとき処女でセックスという知識はあったけど、あまりに急なことで何が起こっているのかあまり理解できませんでした。とにかく痛さと苦しさ悲しさ悔しさいろいろなものが混ざり合って、どんな感情だったかもわかりません。

　その後も自分が何を考えていたのか覚えていません。服を着ようと思ったのか、立ち上がったところで吐きました。胃液が出て何も出なくなるまで吐きつづけました。

　相手には高校から厳重な処分があったらしいです。私はしばらく熱を出しました。男性は少し怖かったけど、セックス・レイプという認識がなかったためか、仲のよい男子と話しているうちにとくに怖くもなくなりました。

　ただ高校生になって付き合った彼氏とセックスしようとしてパニックになりました。その後彼にレイプのことを話したら「ゆっくりなれていこう」と言ってくれました。理解してくれたことが嬉しくて泣きました。彼氏の言うとおり、少しずつ触れ合うことにしました。それでも何度もパニックになりました。ようやく約1年半後セックスすることができました。少しずつなれてその行為が愛しいことに気づきました。いまの私があるのはこの彼氏のおかげだと思っています。とても感謝しています。でもまだ急に押し倒されたりすると怖い自分がいます。

　最初の例もそうですが、この二つの例をみても被害者の自尊心が破壊されることがよくわかります。「魂の殺人」性暴力被害の後遺症の重大さに憤りを感じずにはいられません。①はその後遺症から逸脱に向かったもので、②はその後付き合った彼とセックスしようとしたときにフラッシュバックに襲われたのでしょう。どちらも性において幸福になる権利を奪われています。とくに初めての性行為が幸せなものだったかどうかは、その後の性への肯定感に大きく関わってくると言われます。不幸な経験は自己否定や性への忌避・嫌悪などにもつながります。

　ただ2例ともその後の彼氏によって立ち直りのきっかけをつかんでいます。とくに②の男性はその思いやりあふれる言動で、被害者が人間的な信頼を覚えて自尊心を取り戻すことを助けています。中絶の章でも言いましたが、この例でも加害者となるのも癒すことが

できるのも同じ性の男性が多いですね。性の学習をここまで積んだみなさんにとって、人間として男性としてどのようにあるべきか改めて言うまでもないでしょう。癒すことができた男性からのコメントも紹介しましょう。

COMMENT

＊僕の彼女は過去に無理やりセックスされそうになってセックスに恐怖心がありました。それを聞いてお互いに泣きました。自信はなかったけど、ゆっくりゆっくり「安心してね。信じてね」と繰り返し言って、何日も時間をかけて彼女の恐怖心を取り除くことができました。その瞬間のことは鮮明に覚えています。彼女にやっと受け入れてもらえたという喜びで溢れて、彼女も「本当に嬉しい、幸せ」と言ってくれました。その後もこの授業をいっしょに受けているので、性感染症や避妊についても話し合って、検査なんかもいっしょに行こうと話し合っています。彼女の月経のときも必ず知っていていたわるようにしています。授業を受けて素敵な性にめぐりあえたおかげです。彼女を幸せにできる彼氏でいたいと思っています。

ネットで性被害

　最近はネットで知り合いになり付き合うケースも増えてきています。しかし、ネットでの知り合いは「会わない」のが原則です。そこで恋愛ゲームから暴力被害にあった事例を詳しく紹介します。

　被害に遭ったはるかさん（仮名）は会った当時某国立大学1年生でした。彼女の印象は特別悩んでいるようでもなく、どこにでもいる明るい女性でした。ところがはるかさんは高校1年生のときにネットで知り合った男性から性暴力を受けていました。

＊36歳離婚歴・子どもあり男性との出会い

　はるかさんの相手の男性は30代後半で離婚歴・子どもありで一人暮らしでした。知り合ったきっかけは高校1年生の春頃にオンラインで恋愛ゲームをやっていて、相手役の男性キャラクターから「付き合おう」と申し込まれて「いいですね」と答えたことでした。もちろんバー

チャル（架空）の世界で現実には会うことなどないと思っていたのですが、翌週その相手が突然家に現れて「付き合おうよ、OKって言っただろう」と迫ったのです。

　なぜ家がわかったのかが不思議ですが、彼女はゲームで住んでいる場所が関西で、実家の自営業の職種だけを知らせていたのでした。それだけの情報で関東に住む相手男性は彼女の家を探り当てたのです。はるかさんは「すごい詮索力で、びっくりした」のでした。ネットで知り合った相手とは「プライバシーは明かさない、原則逢わない」ということはよく言われますが、少しの情報でもこのようなことがあるという怖さを再認識させられます。

　でもこんな相手なら「現実に付き合うことはできません。あれはゲーム内です」と断ったらいいと考えてしまいます。しかし彼女は仕方なしに付き合うという方に追い詰められます。

＊断れなかった、言えない理由「知られたくない」

　突然現れた相手に「どっか行こう」と誘われて彼女は応じてしまいます。それは彼女が「言われたように、付き合うって言った以上仕方ないと思ってしまった」ことと「相手と家にいると親にばれるからイヤだ、怒られたくないと思ったから」でした。

　彼女の母親は性に関しては、男性と二人でいるだけで「はしたない」という人で、父親も厳格でどちらも相談できるタイプではありませんでした。このあたり「何かあったら言ってよ」と理解があって支援が求められる親であればまた違ったでしょう。

　街に出て相手から「行きたいところがある」と言われてラブホテルへ連れて行かれます。そこで思ったのは「仕方がない、覚悟決めなきゃ」でした。ホテルでは相手に人に見せられない写真を撮られ「親にいう」と脅されます。それで逃れられなくなった彼女は毎週一回関西に来るその相手のいいなりになって関係を続けさせられました。両親には「仲のよい友だちに会っている」とウソをついて出かけていました。「避妊もなしで外だしのみでよく妊娠しなかった。ときにはそのときに殴る、首を絞めるなどの虐待も受けた。ホントにヤバかった」と彼女はその頃を振り返ります。

　このあたりのイヤと言えない感覚について、彼女は「なんでもいいやと投げやりになってしまって暴力被害も苦じゃないタイプ」で、その原因の一つが、小学校6年生のとき荒れたクラスで彼女が受けたひどいイジメによって自分を大事に思えなかったからでした。このときも「あのイジメよりはマシ」とガマンしてしまいました。

＊別れの暴力、まずい養護教諭の対応

　この関係はその年の秋まで続きます。別れのきっかけはサイトで知り合った大学生から「そんなのおかしい」といわれ「その大学生と付き合っていることにしてあきらめてもらう」ことにしました。ところが相手は「イヤだ。歩道橋から飛び降りる」と脅して、すぐに会いに来て「大学生のアドレスを消せ」と迫ります。

　彼女のネット空間にも相手の仕掛けたアバターがどかっと座り込んで怖くなったそうです。偽装付き合いの大学生も同じサイトの住人と相手にばれて、「キミのせいで自分は孤独をさまよっている」というような大量メールが送られてきたそうです。

　このころ彼女は高校の養護教諭に相談をしています。その先生は「そんな相手は死なないよ。関係を切らなきゃダメ」と言いました。しかしそのあと「高校生がそんなふうになっておかしい」と彼女を責めて怒ったのです。それで彼女はその先生が大嫌いになってその後は相談ができなくなりました。

　この対応最初の部分はいいのですが、被害者を責めるという最大のミスをしています。これでは彼女の自信回復にもマイナスで立ち直りと解決を妨げてしまっています。

＊いまも続く感覚の苦悩

　相手に別れを告げたときは激しかった暴力ですが、ネットのアクセスも徐々に減り、一年後には何もなくなりました。

　しかし、はるかさんはいまも自分の感覚に苦しんでいます。大学生になって新しい彼氏ができましたが、「今でもやさしくされ続けると不安になる。束縛がないのも不安。他の男性と仲良くしていても何も言わないので－ホントに好きなの、かわいそうと思ってくれているだけじゃない。ホントに好きなら嫉妬してくれるはず、殴ってくれるはず－と思ってしまう」のです。「今の彼氏は初めてホントに好きと思える人だけど、そんな不安から泣いたり自分を傷つけたりで、ためす行為をしてしまう。やさしい言葉やスキンシップも好きだけど何か痒いところに手が届かない感覚もある」と嘆きます。

　イジメも含め彼女が受けた心の傷は、いまも続く苦悩の大きな一因となっています。

いかがですか。ネットの関係は「会わない」のが原則ですが、リアルへの発展を求める場合もあります。その際の注意点は一般的に以下のようになっています。

① リアルと分けてネットでは自分のプライバシー情報はカケラも知らせない

② 相手の言葉や自己紹介・画像には偽装がある

③ 会わないことが大原則

④ それでも会うときはリアルな関係以上に慎重に

⑤ 複数で公共の場で会うなど用心する

⑥ 絶対、初期に性的関係は持たない（そんな相手はセックスだけがめあて）

ただ、ネット上の会ったこともない人を好きになることについて、「居場所を探して」という気持ちが大きいとインターネット博物館代表の宮崎豊久さんはいいます。「家庭内などに居場所がないと感じて、ネットで見つけると頼りにし、相手を喜ばせようと要求に乗ってしまう」ということです（松本俊彦ほか編『中高生からのライフ＆セックス・サバイバルガイド』日本評論社、2016年）。

ネット被害の相談窓口を紹介しておきます。

リベンジポルノや高額請求など
• 警察庁 インターネット安全・安心相談 https://www.npa.go.jp/cybersafety/
ネット・スマホ依存など
• エンジェルズアイズ http://angels-eyes.com/index.htm
• NPO 法人ぱっぷす（ポルノ被害と性暴力を考える会）https://paps.jp

性暴力の壁・虚構

中絶や避妊でもそうでしたが、性暴力（痴漢など性被害全般も含んで）に関してもまことしやかな嘘がまかりとおり、その真実（科学的見方）を覆い隠しています。その壁により加害者のレイプへのハードルを下げて、被害者の性暴力への気づきと救済を困難にさせています。その虚構と壁を考えていきましょう。

①性暴力被害者にも責任（落ち度）がある。

　被害者を責めるときによく使われるのは、露出の多い服を着ていた、一人で加害者の部屋に入った（車に乗り込んだ）、何回もデートして思わせぶりだった、意識がなくなるほどお酒を飲んだ、一人で寂しい場所へ立ち入った、それほど抵抗しなかった、などです。これは、性被害全般に言えることですが、被害者側の責任にして加害者責任を免罪するものです。「殺人」などの重大な被害ではおよそこのような言われ方はしないでしょう。被害の予防措置と事後責任をひっくり返した論理です。被害者に例示した言動があろうが悪いのは加害者です。それに抵抗といっても、被害者の多くは恐怖のために声も出ないことが多いのです。

②男性の性欲（性衝動）はおさえがたい。性暴力はオスの本能である。

　これは前の「被害者（女性）にも落ち度がある」ということと併せて、加害者側（この場合は男性）の免罪につかわれるものです。よく「男の下半身に人格はない」と人格と性行動を切り離した形で言われますが、これほど男性の人間性をバカにした話はありません。改めて言いますが性衝動と性行動は別です。性行動は本能でなくコントロールできるのです。それは全男性がレイプや痴漢をすることはないし、人間以外の動物のオスでも暴力をつかって交尾することはないことでもわかるでしょう。性暴力は衝動的ではなく計画的に行われることが多いのです。

③性暴力は見知らぬ人から野外で襲われる犯行である。

　実際の性暴力は知人間の方が多く、屋内の被害者の部屋、加害者の部屋などで行われることが圧倒的に多くなっています。114ページの図8－2でも約75％が顔見知りです。しかしこのような認識は、依然として根強く、デートレイプやセクシャルハラスメント、結婚後の性暴力など知人・恋愛関係での性暴力があっても、それが暴力であるという認識を妨げて救済を遅らせています。

④被害者も望んでいた。イヤと言わなかったし、言っても本心じゃなかった。

　これはジェンダーバイアスによるものです。だから「男性は強引にするくらいがいい」ということになります。男性は能動的、女性は受動的という偏見から、男性に比べて女性が自己主張することはあまり許容されません。とくに性行動ではその傾向が強まります。男性に対してはっきり「ＮＯ」の意思表示をする力を奪われるのです。また女性が無言で

あったり、性行為を拒否するような言動をとったりしても「女性の無言やノーでもそれはうわべのポーズなんだ」と思う男性もいます。男性仲間の「男なら相手がイヤがってもセックスをしてしまえばいい」という煽りやメディアの影響ですが、無言は同意ではありません。明確な合意がない場合、ましてや拒否の態度（冗談にみえても）があった場合は、行動をいったん中断し、真意を強制なしに聞くべきです。とくに飲酒により判断力が鈍った場合は人権への配慮という点から慎重な行動が望まれます。飲酒のノリでのイエスや無抵抗は心からの同意とはいえません。

⑤少年や男性は加害者側で性被害に遭うことはない。

　男性は強いからレイプ被害に遭わない、遭ってもたいしたことがないというのは偏見です。実際には1999年『「子どもと家族の心と健康」調査報告書』（日本性科学情報センター）にあるように、18歳までに女性は39％が、男性も10％が、何らかの被害を受けています。2011年青少年の性行動全国調査でも「望まない性的な行為をさせられた」大学生は女性5.8％、男性2.1％います。この偏見によって男性被害者は、被害を認識できない、認識しても被害を秘めたままで、回復できないことになります。ここではその例をみましょう。

COMMENT

> ＊中学2年のときに、同じ部活の先輩女性から部室に呼び出されて「ここでセックスしよう、さあ服をぬいで」と迫られたことがあった。そんなつもりはなくって驚いている僕に先輩は「まだしたことないんでしょ。私がさせてあげる」と服を脱ぎ始めた。僕はイヤだったので「先輩できません。ごめんなさい」と言ってあわてて部室のドアをあけて逃げた。
>
> 　そのとき背後から「おまえ、男じゃないね」と大声でバカにされた。そのときの声が耳に残って、その後何年かは女性とうまく話すこともできなかった。

＊エッチに対して何かあまり自分の中でうまく言えないんですけど、嫌悪感がある気がして楽しめません。相手の女の人には失礼な話だと思うけど。最初にエッチをした人と一年半ぐらいつきあったのですが、別れたんです。そのときも泣かれたり、わめかれたりしたんですが結構強引に別れたんです。そしたらその女の子がリストカットするように

なったんです。そのとき私は信じられなかったです。その傷をみたときたくさんの傷跡があってリアルだなと思いました。そして何かすごく怖くて衝撃的でした。いまでもそのときのことを思い出すと気持ちが暗くなります。それでその女の子とは、くっついたり離れたりで、つい最近まで続いていました。好きとか嫌いとかそんな感情はなく、エッチだけはするというような関係です。実際に自分の思考もその子といっしょのときは止まっていたように思います。自分でも信じられないけど、そんな自分がずっと嫌いでした。だからそれからも他の女の子を好きになってつきあってそういう雰囲気になると、どこかで自分の中で気持ちがなくなり、自分が分離したようになって、その後で後悔しか残らなくてイヤになっていきます。そして女の子と一定以上仲良くなるのが怖くなってきました。性暴力のことを授業で学んで、束縛という暴力を受けたと気づき、これまで自分が思ってきた「男が何言ってるんだ」という気持ちもジェンダーの一つという気もするようになってきました。

　この2例は、どちらも被害のあとにトラウマが残って生活での悪影響が出ています。とくに2例目は複雑ですが、女性が泣きわめく、さらに「リストカット」という行為をつかった交際とセックスの継続強要です。一般的に男性は、「弱い男に見られたくない」という思いと、「セックスさせてもらっているし、快感もある」という後ろめたさ、さらには告白しても周囲からの「いいじゃないか、セックスさせてもらって」という、被害を幸運と受け取るような言動で、自分を被害者と認めることができません。

　また加害者が男性の場合も多いのですが、被害者はその場合、同性愛への偏見が強い社会では、同性愛者と疑われたくないという思いも加わります。しかし、トラウマや後遺症は女性被害者と同様で、この例の場合も、自己不信、人格の分離傾向、性への忌避として現れています。一般的には男性被害者の場合、怒りの対象を外部に向ける場合が女性被害者より多いと言われますが、犯罪に結びつくより多くの場合は気づかないで、こころの奥底に溜めたままにしておくことになります。男性の場合、性被害認識もその後のケア体制も女性に比べ不足しているので、より放置され立ち直れないままになりがちです。

男性でも日常的に性の束縛に遭いやすい例も一つ紹介しておきましょう。

COMMENT

*相手がいやがっているのにそれを強要したり、しつこく求めたりするのは、愛ではないと思います。自分も前に付き合っていた彼女が頻繁にセックスを求めて来たことがあり、そのときはバイトやサークルがあり疲れていたときでも、ほぼ嫌々でしていたこともありました。断れば「そんなに私のことを想ってくれてないんだね」と言われたこともあり、そのときから「それがすべてなのか？」と疑問を抱くようになりました。本当に好きならイヤだという相手の意見も尊重してあげるべきなのではないかと、いまでもずっと思っています。

　この男性のいうとおり、どちらかがイヤなセックスを強要するのは相手を大切にする行為ではありません。それどころかそのような一方的なセックスは暴力にもなりえるということです。

⑥刑法の改正でも残る壁

　2017年、性犯罪を厳罰化する刑法の改正法は強姦（ごうかん）罪の名称を「強制性交等罪」に変更し、法定刑を引き上げるほか、男性が被害者の場合や、告訴がないケースでも罪に問えるようになりました。110年ぶりの大きな改正点ですが要点は次のようになっています。

表8−1 こうなる性犯罪厳罰化

改正前		▶	改正後
名　称			
強姦罪		▶	強制性交等罪
強姦罪の立件			
被害者の告訴が必要		▶	「親告罪」規定を削除
罰　則			
強姦罪	懲役3年以上	▶	懲役5年以上
強姦致死傷罪	懲役5年以上	▶	懲役6年以上
親などによる性暴力			
児童福祉法などを適用		▶	親などの「監護者」が18歳未満の者に性的な行為をすれば、暴行や脅迫がなくても罰する
強姦罪の被害者			
女性のみ		▶	男性も含む

参考：JIJI.COM『【図解・行政】こうなる性犯罪厳罰化』（2016年9月）
http://www.jiji.com/jc/graphics?p=ve_pol_seisaku-houmushihou20160912j-03-w320
東京新聞「性犯罪、法定刑引き上げ　改正刑法が成立　厳罰化へ」2017年6月17日朝刊

このように「強姦罪」や「強制わいせつ罪」は大きく変わりました。それまでは一部を除き、ほとんどが被害者からの告訴を条件とする親告罪でした。

　性犯罪は、暴力と気づかなかったり、気づいても性への羞恥や関係性から告訴はおろか誰にも言えなかったりで、いわゆる暗数が多いといわれています。前出の2014年内閣府の「男女間における暴力に関する調査」でみたとおり、無理やりセックスされても3人に2人はどこにも誰にも相談しておらず泣き寝入りしています。

　さらに告訴しても、示談等による取り下げも多くあります。それは裁判によって知られたくないことを露呈されたり、思い出したくないことを再度証言させられトラウマが増したりすることを恐れるためです。

　2017年改正で非親告罪化されましたが、その場合も被害者の意思の尊重・プライバシーの保護、私生活の安全は、別途講じる必要があるでしょう。

　改正後も課題が残った部分があります。その一つが「暴行また脅迫」要件が残った点です。そのため被害者は暴行・脅迫を証明する必要があり、ノーと言ったか、抵抗したかが問われます。しかし、襲われて「殺される」と思ったとき、抵抗をあきらめる被害者は多いし、顔見知りからの被害の場合には、ノーと言えない立場の弱さを利用されることも多くあります。実際には抵抗したり、逃げたり、イヤと言えないことは少なくないのです。性暴力被害の実態に沿って改善されるべき課題となっています。また裁判等では被害者の素行の悪さなども問われます。しかし、性被害者はまじめな人間とは限らないし、まじめかどうかで処遇が異なることはあってはならないことです。加害者はむしろ狙いやすいターゲットを計画的に選ぶ傾向があります。モノとして狙った側にこそ批判が向くべきです。さらにデートＤＶやセクハラには、犯罪とはならないグレーゾーンも多くあります。その場合は人権を侵害しているかどうかの観点で対処する必要があります。

　さらに事後も性暴力被害者の安全環境と立ち直り支援の継続が要ります。将来も安心して生活できる環境整備がなくては、いつまでも恐怖におびえ不安な生活を送ることになります。加害者が刑を終えた後も再接近の禁止などを義務づけ、安全を守る等が被害者の要望にそって実施されること、それと物心両面の手厚い立ち直り支援が要ります。学校などの教育機関にも当然このような対応が望まれます。

　起訴以前の警察での取り調べでも、過去の性経験や服装、性器の挿入の有無、本気での抵抗の程度などを訊かれます。プライバシーや思い出したくもない経験を語るために、よ

ほどの専門家でない限り犯罪時と同じように傷つくことから「セカンドレイプ」の一種と言われます。

このセカンドレイプの例を紹介しておきましょう。

＊私は勝ち気な方で痴漢にあったときなどは「やめてください」と大きな声ではっきり言えたが、レイプにあったときは本当に声が出なかった。不思議なことに「早く終わってほしい」とばかり思っていました。家に帰ってかくそうと思っていたが、服の乱れから母親に気づかれ、二人で警察にいくことになった。そこで更なる屈辱を感じた。警察の尋問ほど辛いことはなかった。レイプも苦痛だったけど、アカの他人にこんなことまで訊かれるのかと思って、本当に拷問だった。その尋問は、指は何本入れられましたか？どんな風にさわられましたか？どんな体位だったのですか？あなたはどんな声を出しましたか？感じてないのですか？抵抗しなかったの？なんで諦めたの？初めてだったの？パンツを脱がされるとき腰を上げたの？等など……。

他にもあったけど思い出したくないほどひどい内容だった。

この例からもわかるように、①から⑤のレイプの虚構と併せて、性被害を訴えにくくして加害者を「ばれないから大丈夫」と助長する悪循環となっています。

他にも、13歳未満という性交合意年齢（たとえ合意しても犯罪とみなされる年齢）の低さ、など多くの問題を抱えています。

他国の例として、カナダでは性虐待（レイプなど）の通報があった場合、多様な選択肢があり、不安な場合は性暴力支援センターからスタッフが駆けつけ、必要な援助のすべてを担ってくれます。医療ケアが必要な場合、訓練を受けた医者と看護師が受け持ち医療検

査も受診できます。検査結果は法廷用にも有効に使われます。性虐待に親告罪は適用されず、被害者が万一告訴を取り下げても、警察は加害者を逮捕できます。被害者が16歳未満の場合、裁判所への出廷も本人が直接ではなく、ビデオ録画に取り替えることも可能であり、被害状況を何度も繰り返し聞かれるという二次被害も防げます。またケースに関わるすべてのスタッフは性虐待についての教育・訓練を受けており、被害者への事情聴取も特別なものと理解しています（田上時子「現代社会における子どもの性虐待の現状と対応について」日本性教育協会『現代性教育研究月報』2008年6月号）。

性暴力のまとめとして

　①から⑥までの虚構と壁で、刑事事件としての処理は残念ながら日本では非常に稀ですが、対等平等の合意納得のない性行為は性暴力であることに変わりはありません。性の幸福権の実現に向けて、加害者にも被害者にもならないために、前出113ページの最低限の条件を満たす性行動をこころがけたいものです。

　性暴力被害の相談先を紹介します。

＊政府広報オンライン http://www.gov-online.go.jp/useful/article/201411/1.html#mado
「女性に対する暴力相談窓口」あらゆる暴力の相談先を紹介
＊「デートDV110番」 0120-51-4477 土曜14～18時火曜18～21時
＊DV相談ナビ 0570-0-55210
　全国共通の電話番号（0570-0-55210）から最寄りの相談機関の窓口に電話が自動転送され、直接相談できます。匿名可。
＊京都性暴力被害者ワンストップ相談支援センター　京都ＳＡＲＡ（サラ）
　http://www.pref.kyoto.jp/kateishien/kyotosara.html
　相談専用電話 075-222-7711
　相談受付時間 10：00～20：00（年中無休）
＊性暴力救援センター・大阪（SACHICO）http://www.sachico.jp/
　072-330-0799（24時間ホットライン）
＊東京・強姦救援センター http://www.tokyo-rcc.org/center-hp-home.htm
　03-3207-3692　第1・第3水18～21時　土15～18時（祝日を除く）
＊性暴力救援センター・東京（SARC東京）http://sarc-tokyo.org/
　03-5607-0799（24時間ホットライン）
＊女性センター http://www.gender.go.jp/policy/no_violence/e-vaw/soudankikan/06.html
　内閣府男女共同参画局webから全国のセンターを検索できる
＊性暴力被害者支援情報サイトぱーぷるラボ
　http://purplelab.web.fc2.com/onestopcenter.html
　全国の性暴力被害者支援ワンストップセンター一覧あり

デートＤＶ

　これまでのデートレイプを含んで、もっと広く暴力全般を捉える意味で「デートＤＶ」という言葉があります。デートＤＶとは結婚していないカップル間でのからだ、言葉、態度による暴力の総称です。相手を支配するために使われるあらゆる種類の暴力を指します。

　2017年内閣府「男女間における暴力に関する調査」では、女性の約５人に１人、男性の約９人に１人は、交際相手から被害を受けたことがあり、そのうち女性の約４割、男性の半数は、どこにも相談していません。被害女性の約５人に１人、男性の約８人に１人は、命の危険を感じた経験があります。デートDVは日常的であり、深刻な問題です。

　しかし、結婚後に配偶者（内縁・離婚も含む）から受ける暴力は「ＤＶ防止法」も施行され、大きな社会問題として認知されつつあります。

※「DV防止法」とは

　配偶者（内縁・離縁も含む）の暴力から被害者を保護するため、警察や裁判所への通報、相談、保護、自立支援の手続きなどを定めた法律です。被害者から申し立てを受けた裁判所が、接近禁止や退去などの保護命令を加害者に出し、違反した場合は罰則もあります。

　施行は2001年10月でした。以後の法改正で、子どもや離婚者、同棲のカップル者も対象にしました。また段る蹴るなどの暴力だけでなく、いのちやからだの安全に影響する脅迫などの言葉や態度についても、保護命令の申し立てができるようになりました。

　ただ対象が「配偶者」ですので、同棲をしていない交際中などの一般カップルには適用されません。

　「デートDV」に関しては、まだ社会的に十分理解されているとは言えません。「結婚していないなら、いつでも別れられる」「少々の支配や束縛は恋愛では当然」などの社会の誤解や偏見が理解を妨げて、当事者の間でも「暴力」という気づきから認知への度合は高くありません。「愛情表現」と勘違いして、「デートDV」が起きていても気づかないことが多いのです。また気づいても依存と支配束縛、恐怖などで別れられないケースが多いのです。このデートDVへの気づきのために、分類してその種類をみてみましょう。（134ページ性と生のポイント）

　これらの暴力はDVでは単純に単独ではなく、複雑に複合して起こることが多くあります。その例をみましょう。

＊私は前に最低な彼と付き合っていました。その人は親に捨てられ一人暮らしで、家賃も滞納している状態でした。私は当時バイトをしていたのですが、そのバイト代も全部とられて、しまいには、「お前はかわいくない」「お前はデブ」とか言葉の暴力、あとビンタなどもされました。我慢できなくて別れを告げましたが、最後に彼から「お前なんか、本当は必要なかった」と怒鳴られました。

　私はそれ以来、男性が本当にこわいです。いまは現実逃避の生活です。私は男の人にそんなふうにみられているんだ、と思うと、男の人と話すこともこわいです。

 性と生のポイント

1. 身体的暴力：

　殴る蹴る／物を投げつける／噛む／髪を引っ張る／監禁する／首を絞める／たばこの火を押しつける／以上の行為をするふりをして脅すなど。

2. 言葉の暴力：

　ひどい言葉を言う（ばか、ブス、デブ、汚い、ちび、くさい、など）／見下した言い方をする（命令口調、脅し口調）／イヤなことや思い出したくないことを言い続ける／大声を出す／怒鳴る、など。

3. 心理的感情的暴力：

　無視する／嫌がらせをする／服装髪型や行動をチェックする／わけなく急に怒る／大切にしていたもの（思い出の品など）を壊す／携帯電話のメールや着信履歴をチェックする／携帯電話のアドレスや電話番号を消す／つけまわす（ストーキング）／頻繁に電話やメールをしてきて、すぐ返答しないと怒る／他の友人との付き合いを嫉妬したり、制限したりする／言うことを信じてくれない、など

4. 性的暴力：

　合意のない性交渉（キスやセックスの強要）／避妊、性感染症予防への非協力／妊娠、性感染症がわかったときの責任放棄／からだやセックスのプライバシーを言いふらす／アダルトビデオやポルノ雑誌を無理やり見せる、それと同じような行為を無理やりさせる／性交時やその前後に侮蔑した言動をとる、裸やセックスの画像や過去のセックス経験談をネット等で流す（リベンジ・ポルノ）、など。

5. 経済的暴力：

　お金を貢がせる／持っているお金を取り上げる／借金のかたがわりをさせる／つねにデートのときの支払いを強要する（おごらせる）／高価なプレゼントを強要する／交際費のため風俗など高額なバイトを強要する、など。

133 ページの事例コメントでは、経済的暴力と言葉の暴力と身体的暴力を受け、そのために男性全般への恐怖、自尊心の崩れ、現実逃避という後遺症を抱えています。

　改めてデートＤＶ被害の深刻さをみる思いです。もちろん、デート DV にはグレーゾーンのものもあります。例えば頻繁にメールや電話をしてくることは恋愛の初期段階では、どちらも嬉しいことが多くて、すぐに返事したいと思うことが多いかもしれません。しかし、その行為もどちらかが最初からイヤだったり、途中からイヤになったりして、それでも返事を無理強いしたりすると、その瞬間から暴力となります。ですから明らかな暴力がなくても、常に対等でよい関係でいるためには、お互いの日頃のふるまいをどう感じるかを十分に話し合わなければならないのです。

　参考に「デート DV110 番」のサイトには以下のようなチェック項目があります。自分や相手、友人をチェックしてみてください（136 ページ）。

　このようなことがあれば、信頼できる人や機関に相談したり、よく話し合ったりしてデート DV を防ぎましょう。そのためにはまず「愛」と「暴力」の違いをしっかり認識することです。無視や束縛は愛情の表現ではありません。また「相手を思うように支配したい」「相手のいう通りに従属すべき」という考えや行動も対等な関係とはいえません。そして「相手が無言でもわかってくれる」「相手が無言なら承諾だ」ということもありません。

　次にその違いの認識の上にたって、自分なりの想いを怒りや束縛でなく素直な言葉で伝え、また相手の言葉や価値観による決定権も尊重して認めあうことです。

　いくら付き合っていても人間は一人ひとりの感情を持ち、行動も束縛されず自由です。お互いの違いを認め、立場を尊重しあい、相互の納得のいく合意やルールをつくりだすことがデート DV を防ぎ安心と信頼の関係につながります。

表8－2「デートDV」チェック項目

- ☐ 思い通りにならないことがあるとキレて殴る
- ☐ 無理やりアルコールを飲ませる
- ☐ 壁際に押し付けて脅す
- ☐ 腕などを強い力で握る
- ☐ 髪を引っ張る
- ☐ 首を絞める
- ☐ 服で見えないところを噛んだり、つねる
- ☐ 今度同じことをしたらひどい目にあわせるという
- ☐ 大切にしている物を壊す
- ☐ 機嫌が悪いのは相手のせいだという
- ☐ 別れたら自殺するという
- ☐ 殴るそぶりをして脅す
- ☐ 理由も言わずに無視し続ける
- ☐ 殴ってもたいしたことはないという
- ☐ 他の人の前でも、デブ、バカなどという
- ☐ 自分の失敗を相手のせいにする
- ☐ 暴力をふるうのは相手のせいだという
- ☐ 暴力とやさしくするのを交互にして混乱させる
- ☐ 別れたら家族を痛めつけるという
- ☐ 趣味や特技をけなしてやめさせる
- ☐ 無理やりキスやセックスをする
- ☐ 見たくないのにセックスの動画を見せる
- ☐ 妊娠なんてしないと言ってコンドームをしないでセックスをする
- ☐ したくないのにSMプレイを強要する
- ☐ セックスをしている時の動画をネットにアップすると脅す
- ☐ 裸の写真や動画を送らないと別れると脅す
- ☐ 無理やり中絶させる
- ☐ 自分以外の異性と口をきくなと約束させる
- ☐ 自分以外の友だちと会うと極端に不機嫌になる
- ☐ LINEの既読がつかないと言っていつも怒る
- ☐ メールなどの返信が遅いと大量のメッセージを送りつける
- ☐ 勝手にスマホの中のデータを消す
- ☐ GPS機能のあるアプリで行動を監視する
- ☐ 自分の予定に合わせるために大事な約束を破らせる
- ☐ SNSへの投稿を常にチェックし、気に入らないことがあると怒る
- ☐ お金がないと言ってはデート代をいつも出させる
- ☐ アルバイトをさせてお金を巻き上げる
- ☐ 必ず返すと言って借りたお金を返さない
- ☐ 買えるはずのない高いプレゼントを無理やり買わせる
- ☐ 別れるならこれまで払ったデート代をすべて返せと脅す

「デートDV110番」http://ddv110.org/

　ただ明らかな暴力があってもなかなか気づかない、気づいても解決できないのがデート
ＤＶの特徴です。その例をみてみましょう。

＊私の彼はとても優しい人で、いままで生きる意味などないと思っていた私に、生きる意味に
なってくれた人です。私は彼がいないときっとダメだと思います。しかし、そんなふうに思
う反面、別れたい・別れた方がいいと思うときもあります。というのも、彼は普段はとても
優しいのですが、お酒を飲んだり、怒ったりすると、人が変わってしまい、とてもこわいん
です。例えば、サークルで飲み会があり、私が男友達の隣に座り、友達のからだにポンと
触れるだけで、帰り道で怒られ、私が「いっしょに帰りたくない」と言って泣くと、引きずっ
て連れて帰ろうとしたり、突き飛ばしたり、怒鳴られたり、…などなど、ありました。でも
そのときは私が友達に触れすぎたのかも知れないと思って反省しました。しかし、そのこと
を友人に話すと「それってＤＶじゃないの」と言われ、ハッとしました。でも普段はとても
優しい人なので、そんなことで別れはしませんでした。

　でもその後、私は違う人を本気で好きになり、内緒で会ったりして「彼と別れてその人と
付き合いたい」と思いました。そのことが彼にわかると、彼は怒って私を突き飛ばしたり、
首を絞めたりしました。平手打ちをされたりしました。（でも、その後はすぐ謝ってきました。）
「そいつとお前を殺して、オレも死ぬ」などと言われたこともあります。本当にしないとわかっ
ていたのですが、そんなふうに怒る彼にただただ驚きました。その後は「捨てないでー」と
いう彼がかわいそうで別れられず、普段は優しい人なので、付き合い続けました。それ以降
はケンカをする度に、そのときのことを持ち出し「お前がわるいからオレが怒るんだろう」
という感じで、友人と遊ぶのも嫌がりました。そ
れに毎日電話もしないと怒ります。二人で過ごす
ときはラブラブなことが多いですが、機嫌が悪い
とどう接していいかわからず本当に困ります。友
だちはみんな「別れたほうがいい」と言います。
でも普段はとても優しくていい人なので、いなく
なったら…と思って、それに彼を傷つけることに
なると思ってかわいそうで別れられません。

この例はデートDVの典型ともいえるものです。他者からみれば明らかな暴力なのになぜわからないのかと思うでしょう。しかしこの例のように、相手を加害者だと認めたくない、暴力を受ける自分が悪い、それが恋愛なのだと思い込む被害者が多いのです。それで自分が受けている行為が暴力と気づきにくいし、気づいても別れにくいのです。

デートDVの暴力は愛情表現という偽装の下、相手を巧みに支配コントロールする目的で使われます。そのために常に暴力をふるい続けることは少なく、①「暴力の爆発期」（暴力をふるう時期）と②「ハネムーン期」（優しい時期）、③「緊張期」（暴力のマグマがたまる時期）というサイクルを持って行われます。ただし、強度の場合は暴力の爆発期と緊張期ばかりで、ハネムーン期がない場合もあります。

①**「爆発期」**は大きな暴力行為が行われます。この例の場合は「引きずって連れて帰ろうとしたり、突き飛ばしたり、怒鳴られたり」、「突き飛ばしたり、首を絞める、平手打ち」、「そいつとお前を殺して、オレも死ぬ」という言動です。このような状態のとき被害者は無力状態に陥ります。それは「機嫌が悪いとどう接していいかわからず本当に困ります」という言葉でわかります。

②**「ハネムーン期」**は加害者の態度が一変し、謝罪し、やさしく尽くす行為をします。

この例の場合は「普段はとても優しい」、「その後はすぐ謝ってきました」、「捨てないでー」、「二人で過ごすときはラブラブなことが多い」という表現になります。この時期があるために被害者は、加害者を「本当はいい人」と思ってしまいます。またこの例のように「お前がわるいからオレが怒るんだろう」というように暴力を相手に責任転嫁することも巧みに行われるため、自分が気をつければいい、自分も悪かったと思ってしまいます。この例でも「私が友達に触れすぎたのかも知れないと思って反省しました」とありますね。

それにもともと自尊感情が低かったり、暴力で自尊感情を抑え付けられたりすると、相手への依存、恋愛への依存になりやすいのです。この例の場合「私の彼はとても優しい人で、いままで生きる意味などないと思っていた私に、生きる意味になってくれた人です。私は彼がいないときっとダメだと思います」ということになります。この例のように周囲からみると明らかな暴力をふるわれているのに、加害者を本当はいい人とかわいそうな人と思ってしまって、やり直せるという願望を持ち続けて別れられません。

こうみるとこの「ハネムーン期」も加害者が被害者を離れられないようにコントロール

する手段となっているのがわかるでしょう。

③「緊張期」は爆発のエネルギーがたまっていく時期です。不安や嫉妬が高まり、無視や不機嫌など小さな暴力がおこります。この例では「友人と遊ぶのも嫌がる。毎日電話もしないと怒る」という態度となっています。この時期には被害者は、加害者の暴力が爆発しないようにすることで懸命になり、冷静な判断力を奪われてしまいます。

それでは他にも例を紹介しておきます。

COMMENT

①前に付き合っていた彼は「〜しないといけない」とか「〜するべき」という言葉が多かった。あとは「あいつらは〜だから俺たちも」とか「普通は」とかも。私はそういう言葉が出るたびにうんざりした。「私は私、あんたはあんた」ってなぜ思えないのかと。私が「できない」というと「なんでだよーオレはいつもがまんしてんだぞー」と言ってたし。大切なもの譲れないものがあると思うのに、それをお互い持ちながら付き合っていけたらと思う。普通とか当たり前とかは人によって違うんだし、互いに理解しようとしない人は疲れる。

②大学の飲み会に参加したときのことです。自分は浮気しようと思っているわけではなく、ただ友だちとの関係を拡げていこうと思って参加しているのですが、彼女に言ったところ、とても不機嫌になり、怒ってしまいました。自分の生活の一部である友人とのつきあいを彼女によって制限されるのは、とてもイヤです。

③高校のときに付き合っていた人とは会うたびに関係を持ってしまう感じでとても困っていました。その人が好きでイヤではなかったのですが、あってもそれ以外なかったんです。その人はとても複雑な家庭状況で親戚と暮らすような生活でした。そんな彼に「避妊をしてほしい」と勇気を出して言ったきり、連絡がつかないようになりました。私が彼に求めるものと、彼が私に求めるものは大きな落差があったようです。でも今でも彼が好きです。このままずっと引きずっていてよいのか私にはわかりません。

④以前つきあった彼女に「別れてほしい」とたのんだところ、彼女は泣き叫び「ずっとそばにいてくれなかったら死んでやる」と言われ、さらに彼女は自分の腕にカッターを突きつけるのです。僕も大変困り、「死ぬ」という言葉にしばらく悩まされました。しばらくつきあい続けましたが、やはり僕の気持ちが続かず別れました。授業でそれも束縛だと言われて「あー!」と納得しました。

⑤元カノからしつこく「もう一度付き合え」と迫られて困っています。かなりメンタル的にもしんどい女性で、いま友人関係や生活自体もうまくいっていないようです。彼女はその原因が「僕と別れたことでそれで全てうまくいかなくなった。だから責任をとってほしい」と言ってきます。もう付き合う気持ちもないので、どうしたらいいのかわからず悩んでいます。

⑥高校の頃付き合った女性は根本的な考えが僕と違っていた。僕は友だちみたいな彼女でお互い束縛しないのが理想だ。でも彼女は違った。ある日「試合があるから見に来てや」と言われた。でも僕も自分の部活の大事な試合の前だったので見に行けなかった。そしたら後でとてもキレられた。それで口論になり別れた。別れてからは彼女の友人たちからもひどい扱いを受けてそれが怖かった。でも今思うとこのような女性はイヤだ、もう二度と同じタイプの女性とは付き合わんとこうと、わからせてくれたとも思っている。

　これらの例をみてわかるのは、デートDVが多種多様で、すべての人が加害者にも被害者にもなる可能性があることです。デートDVは特別な人の特別な関係でおきる暴力ではありません。自分にも周りにも起きるかもしれないと考えておくべきです。ですから友人やわが子、生徒などに次のような様子があれば、DVの可能性があります。話を聞くなど援助の手を差しのべてあげてください。

＊被害者

- 部活や学校、バイトの話を、急にしなくなった。こわがっているようだ。理由を言えない。
- いつも相手のいうとおり行動している。従っている。（近寄りがたい二人だけの世界）
- 急に学校やバイトに行きたがらなくなった。理由をいえない。
- 学習意欲が減退し、よく休む。成績が下がってきている。意欲の減退。理由をいえない。
- スマホ・携帯電話を手放せない。連絡があるとあわててかけなおす、返信する、出かける。夜中でも。
- 頭痛や胃痛をたびたび訴える。だるさや疲労も。理由をいえない。
- 手足等に傷跡やアザがみられる。入浴時は必ず一人で集団入浴（温泉など）しない、見せない。
- 妊娠や性感染症をいつも心配している。

＊加害者

- たびたび面前や電話で、相手をどなっている。
- スマホ等で相手からの反応がすぐに来ないといらだっている。
- 相手に対してすぐに機嫌がわるくなる。無視する。
- 相手の悪口をよく言う。見下したような言い方をする。
- 相手を自分の思いどおりにしようとしている。
- 相手のプライバシー（裸やキス・セックスの写真）を見せたり言いふらしたりする。
- 相手が他のことよりも自分のことを最優先にしないとよく怒っている。
- 避妊や性感染症予防に無頓着で気を遣っていないようだ。

参考：岡山県教育委員会「デートDV」パンフレット

被害者の立ち直りとその援助

　性暴力被害者と同じくデートＤＶの被害者も、ショックや怒り、人間不信・対人恐怖などを残しているケースが多く、「だれにも相談できない」といった孤独感も訴えます。それは被害者が自信を失い無力感に陥ったり、逆に「あなたにも落ち度が」と責められたり、「男性は被害に遭わない」という思いこみがあったりして、「気づかない・言えない」状態にされているからです。また気づいて周囲に言えても関係を断ち切れない、別れてもすぐにもとのサヤにもどってしまうこともあります。これは次のように長期の権力的コントロールを長期間受け続けた人間にみられる症状です。

―「DV 被害の症状」―

＊感情コントロール障害

持続的不機嫌　慢性的自殺願望　自傷行為　爆発的な怒り　抑制された怒り

過度の性衝動

＊自己認知の障害

孤立無援感　恥辱感　自責感　孤立感

＊加害者への感覚

加害者との関係に没頭　加害者を理想化　加害者の信念（言い分）を信じる

＊対人関係の障害

孤立と引きこもり　親密な関係を築けない　他者を信頼できない（支配・依存に）

繰り返し被害を受ける（逸脱行為・とぎれることを恐れる恋愛と性への依存）

＊人生についての価値観の変化

信仰の喪失（社会信頼の欠如）　希望喪失と絶望

（森田ゆり「ジュディス・ハーマンの理論」『ドメスティック・バイオレンス』小学館、2007 年）

（　）内、筆者加筆

　これをみて理解しておきたいのは、これらすべての症状は長期の権力的コントロールの影響下でそうせざるを得ない対応であって、決して被害者の責任ではないということです。それを理解していないと、周囲が被害者のもどかしい態度を責めてしまい、せっかくの援助のきっかけやその継続の機会を失うことにもなります。

　被害者の最初の相談者は専門機関でなく周囲の人が多いのです。そんなときに、デートレイプの「彼氏の誕生日に部屋に行ってレイプされた例」のように、相談された人が「バッカじゃないの、そこまでやって彼の部屋まで行ったら、やられるの当たり前でしょ」と言ってしまうと、「セカンドレイプ」となり、被害者は自分を責めて、二度とこころを開けず「閉じた貝」のようになってしまいます。それほど相談者の対応は重要です。では被害者からの相談を受けて、援助者となるためにすべきことをみておきましょう。

「DVの相談をされたとき」

①しっかり話をきく。そして「あなたの言うことを信じる」と繰り返し伝える。

　被害者は聞いてもらえるか不安を持っている。ショックから矛盾した話もある。

②被害者を批判しない。「あなたは悪くない、悪いのは加害者」と繰り返し伝える。

　被害者は自分を責めることが多い。加害者責任であることをはっきりさせる。

③自尊感情を高める。「よくはなしてくれたね。ありがとう」とねぎらう。

　被害者は自己否定感を強くもっていることが多い。感謝のことばでエンパワーする。

④相談を勧める。「専門機関があるよ、どう？」と紹介する。

　被害者本人や相談者の力だけでは解決しないことが多い。押しつけにならないように専門機関を紹介する。

　この相談を受けたときしてはいけないのが「どうして…そんなことをしたの、そんなところへ行ったの、イヤって言わなかったの」など「どうして…」「なぜ…」で始まる暗に被害者を責める質問と「はい・いいえ」で答えさせる質問。例は「殴られたの」「胸をさわられたの」ではなく「どうされたの」というように聞き出す。

　うまく話を聞くコツは、メモをとらない、目の高さをいっしょにする、終始冷静に泣いたり怒ったりしない、予想憶測はしない、共感を持って耳を傾ける、などです。

参考：梅原昌子「レイプ　サバイバー（生還者）〜あなたが悪いんじゃない〜」村瀬幸浩、加納良男、瀬尾徹志編『高校・性教育の全貌』東山書房、1997年

　つぎに自分が被害者になったときの立ち直りについてです。そのような場合は必ず信頼できる誰かや専門機関に相談してください。被害者の多くは、恋愛というプライベートなことは相談できないと思ったり、自分を責めて無力だったり、相手がこわかったりして、誰にも言えずひとりで悩み、ひとりで解決しようとしますが、ほとんどの場合自力では解決できません。カップル間の暴力を相談することは勇気のいることですが、自分の安全や安心、

将来の幸せのために援助を求めることは被害者自身にとって大切な権利です。責任は加害者にあって、被害者に落ち度はありません。「自分が悪い」「自分で何とかできる」と思わず、相談をしてください。

相談相手は、まず友人や家族、先生でもいいのですが、その場合は専門的な知識・解決策の不足から、被害者を責める、被害者だけに解決の努力を強いるなど、適切な対応が期待できないことがあります。専門機関に相談して、連携しながら解決をめざすことです。友人などに相談しても確かな理解があれば、必ず専門機関を勧めてくれるはずです。ただ、専門機関も、そこの相談員も、被害者にとって最適かどうかは別ですから、自分がおかしいなと思ったら、他の相談機関を選ぶことも視野に入れておきましょう。

とくにレイプや重大犯罪の場合は、現場やからだに残る状況証拠の保全、緊急避妊ピルの処方（最低限妊娠しないため）などが必要ですから、直後の連絡をこころがけましょう。相談先は131ページを参考にしてください。

デートＤＶのラストに加害者にならないために加害体験のレポートを紹介します。

①僕には加害体験があります。僕が大学受験に失敗して彼女は合格、それで離ればなれになってしまったとき、挫折した思いと浪人生活に入ったストレスでとても精神的に不安定でした。彼女に頻繁に連絡しどこで何をしているのかをいつもきいていました。そうしないと不安だったのです。

新しい生活に入った彼女は次第に負担になってきたのでしょう、「もう少し自分の時間がほしい私もこのままではきつい。そのことをある男性に相談して今親しくしてもらって気になっている」と連絡が来ました。取り乱した僕はすぐに遠く離れた彼女に会いに行きました。彼女も喜んでくれるだろう、なんて勝手に考えていたのです。

しかし、喜ぶどころか彼女の部屋に行くと、彼女とその男性がいっしょにいたのです。状況は最悪でした。逆上した僕は二人に手をあげたのです。我に返ったとき見たのは、流れる血そして二人のアザ、リアルでした。彼女は「これで気がすんだでしょ。もう別れて、お願い」と泣きました。

当然別れることになってしまいましたが、あの頃の自分を振り返ると、本当に自分に自信がなかった。それが一番の原因だったように思います。何もうまくいかず、未来への明るい展望も持てない、それで自分だけがみじめで寂しいと自信をなくしていたのです。この上また彼女を失ったらという不安と、自分はかわいそうな被害者で彼女の方が悪いと決めつけ、

彼女だけは自分の思い通りにしたかったんだと思います。彼女を本当の意味で愛して大事にするなんていう思いはほとんどなかった。だからこのような結末も当然だと思います。

　この前、高校の同窓会で彼女に久しぶりに会って話したとき「やっぱ、怒ってない普段のあなたは、私にピッタリの相性だわ」と言ってくれて、少し気が楽になりましたが元に戻らないことは自分がいちばんよくわかっています。苦い思い出ですが、もう二度と同じ失敗は繰り返さないためにレポートしました。

②私はＤＶをしてきたんだなーと授業で思うようになりました。高校時代も大学に入ってからも好きになると彼のことをずっと考えてしまうし、相手もそうだと思って束縛して自分の思いどおりにならないと泣いたりして困らせていました。どうしても束縛したいという気持ちが芽生えてしまうのです。考えてみて思ったのは自信がないからということです。

　小学校中学校で友人関係が全くうまくいかず、孤立してそれが原因かはわからないけど自暴自棄になっていました。人間関係に失敗したことが原因で、付き合うと愛されたい嫌われたくないという気持ちが強いのです。授業で新しい視点で自分を見つめることができ、少し自分を掴めたと思いました。

　性暴力も同じですが、加害者の多くに共通するのが、これらの事例のように何らかの生きづらさを抱えて、自信がなく、孤立感があるところです。その中には貧困や孤立などの要因も多くあり社会的支援が必要な場合もあります。しかし、そのつらさを付き合う相手の責任に転嫁して、「自分がかわいそう、相手の方が悪い」と自分の思い通りに支配しようとすることは別で、間違っています。

　加害者にならないためのチェック事項を章末に紹介しますので参考にしてください。

【デートDV 理解に役立つ動画紹介】
• MOJchannel「デートＤＶって何？〜対等な関係を築くために〜」
　https://www.youtube.com/watch?v=KN8IQ6ehAQQ

ストーカー規制法について

　付き合っていた相手が別れようとしても別れてくれない。そのような場合、つきまとう、電話やメールをかけてくる、いやがらせをする、脅してくる、などの行為があります。これをストーカー行為と言います。他に交際をしていなくても一方的に同じように迫る場合もストーカー行為です。被害者が、加害者に自分の住居を知られている、家族と離れてひとりで生活している、学校・大学とかバイト先などの生活圏が同じなどの場合は、よりこのストーカー被害から逃れにくくなります。

　ストーカーは、被害者の自由を奪い恐怖におとしいれ、ときに殺傷につながる重大な人権侵害です。このようなときも専門機関に相談すれば、対処方法や避難場所（シェルター）を紹介してくれます。

　このような行為は「ストーカー規制法」の対象になりますので、警察に訴えると加害者に対して被害者の保護措置がなされます。

　この法律からストーカー行為の項目を抜粋しておきます。

「ストーカー行為等の規制等に関する法律」公布 2000 年 5 月　最終改正 2016 年

「ストーカー行為の定義」

第二条　この法律において「つきまとい等」とは、特定の者に対する恋愛感情その他の好意の感情又はそれが満たされなかったことに対する怨恨の感情を充足する目的で、当該特定の者又はその配偶者、直系若しくは同居の親族その他当該特定の者と社会生活において密接な関係を有する者に対し、次の各号のいずれかに掲げる行為をすることをいう。

一　つきまとい、待ち伏せし、進路に立ちふさがり、住居、勤務先、学校その他その通常所在する場所（以下「住居等」という。）の付近において見張りをし、住居等に押し掛け、又は住居等の付近をみだりにうろつくこと。

二　その行動を監視していると思わせるような事項を告げ、又はその知り得る状態に置くこと。

三　面会、交際その他の義務のないことを行うことを要求すること。

四　著しく粗野又は乱暴な言動をすること。

五　電話をかけて何も告げず、又は拒まれたにもかかわらず、連続して、電話をかけ、ファクシミリ
　　装置を用いて送信し、若しくは電子メールの送信等をすること。

六　汚物、動物の死体その他の著しく不快又は嫌悪の情を催させるような物を送付し、又はその知り
　　得る状態に置くこと。

七　その名誉を害する事項を告げ、又はその知り得る状態に置くこと。

八　その性的羞恥心を害する事項を告げ若しくはその知り得る状態に置き、その性的羞恥心を害する
　　文書、図画、電磁的記録に係る記録媒体その他の物を送付し若しくはその知り得る状態に置き、
　　又はその性的羞恥心を害する電磁的記録その他の記録を送信し若しくはその知り得る状態に置く
　　こと。

セクシュアル・ハラスメント（セクハラ）

　これまで扱ってきたデートDV（レイプを含む）は、主にカップル間のジェンダーバイ
アスや支配・従属などパワーのアンバランスによる暴力でした。それに対して職場や学校
など組織内での権力関係を利用した性的暴力を「セクシュアル・ハラスメント」（略して
セクハラ）と言います。最近は用語として会話のなかでもよく使われますね。

　セクハラには大きく分けて「対価（代償）型」と「環境型」のふたつがあります。
では実際の例をみてみましょう。

1　対価（代償）型セクハラ

> 職場において、意に反する性的な言動が行われ、それを拒否したことで解雇、降格、減給などの不利益を受けること

例：「非正規のバイトや派遣から正規雇用にしてやるから」
　　「OKしないとクビにするぞ」
　　「成績を上げてやるから」
　　「単位をやらないぞ」
　　などと脅して迫る、など。

> 被害者が拒否をしたことを理由に不利益を与える。

例：実際に解雇する。
　　賃金を下げる。
　　部署や地位を下げる。
　　学位や単位を与えない。
　　地位を利用して組織内で被害者を仲間はずれ（いじめ）にする、など。

2　環境型セクハラ

> 性的な言動が行われることで職場の環境が不快なものとなったため、能力の発揮に大きな悪影響が生じること

例：ヌード雑誌を人前でみる。
　　ヌードピンナップを見えるところに貼る。
　　ジロジロと胸やからだを見まわす。

言葉

例：「ブス、足がふとい、胸が大きい（小さい）、ハゲ、デブ、チビ」など
　　からだを誹謗する。
　　「下着の色は？バストは何センチ？彼氏・彼女はいる？結婚はいつ？」など
　　プライバシーを侵害する質問をする。
　　「ふしだらだ、遊んでる、処女じゃない」などの中傷をする。
　　「処女か？童貞か？初体験はいつ？最近のセックスは？」など
　　性的な経験を質問する。などなど。

行動

例：胸やお尻にさわる。
　　飲み会などでお酌やカラオケのデュエット、ダンスを強要する。
　　卑猥な歌をうたう、またはうたわせる。など。

①私はバイトで20代の店長から「お前Aカップ?」など、ばかにされたり、プライベートなことを聞かれたり、言われたりします。最初は笑って我慢していました。でも本当にしつこく言われたり、からだを見られたりして、「本当にイヤだ」というようなことをはっきり言ってしまいました。そしたらバイト先の年上の女の人には「おじさんだから、しかたないよ」と言われ、男の先輩には「冗談の通じないヤツだな」と言われました。そのときは何とか耐えましたが、帰ってから吐いてしまいました。たぶん誰にも理解してもらえなかったストレスからだと思います。

　ずっと「イヤだ」と言うのが恥ずかしくて、「セクハラ」という言葉も被害妄想が強いみたいで言えませんでした。その後のバイトは病気だと嘘をついて行けませんでした。

　私は笑って受けながさなければならなかったのでしょうか。それが社会人になるということでしょうか。今でも上司の顔を思い出すだけで吐き気がします。

②バイト先のマネージャーにいつもセクハラされる。むりやり手とか腰とかさわってくる。気持ち悪いメールとか送ってくる。セクハラ発言もいつもしてる。体のことを言ってくる。おそわれそうになったこともあります。

③バイト先では全て受け身、ほとんどOKしてしまいます。それはイヤじゃなくって「はい喜んで」です。このバイト始めて4ヶ月くらいで店長と寝たこともあります。明らかにレイプですよね。でもそのときは「認めてもらってる。必要とされてる」と思ってイヤじゃなかったです。社員候補でやめたくてもやめられない。時給820円で残業も当然。イヤだけど逃げられない。鬱です。

④バイト先でいつも卑猥な話をして体をさわってくる常連のお客さんがいます。みんな接客することをいやがっているのですが、店長が「キミはあのお客さんのお気に入りだから、行ってくれへんか」というのでイヤイヤですが、いつも接待させられています。なぜ私だけが犠牲にならなければならないのかと悩んでいます。でもバイトをしないと学費や生活費も足らないので、断れません。

⑤この間のことです。一人のお客さんがバイトの人のお尻を触ったのです。キャーという悲鳴で、店長が駆けつけました。事情を知った店長は「お客さん、うちはそんな店ではありません。お代はいらないのでお引き取りください」と毅然と言ったのです。店を閉めたあと店長は全員を集め「今日のことはすみません。二度とこのようなことのないように努力するから、安心して働いてほしい」と涙を流しながら謝ってくれま

した。尊敬できる店長で、この店でよかったと心から思いました。ちなみにその店長は女性でした。

①の例は明らかにセクハラにも関わらず、周囲に言って理解のない対応をされています。これを「セカンドハラスメント」と言います。「これが社会人になるということ」なら被害者だけでなく、多くが社会人になることを拒否したくなるでしょう。逆に③の例はそのような理不尽な強要を表面上「はい喜んで」と受け入れてしまって、束縛されて鬱になっています。同じ上司でも⑤のようなら、従業員だけでなくお客さんも安心できるよいお店になるのではないでしょうか。

セクハラはこのように被害者の立場の弱さを利用した暴力です。周囲の人も不愉快になり組織内の平等な人間関係を悪化させます。ときにはそれが原因で、被害者は出勤拒否・不登校になり、退社・退学にまで追い込まれます。セクハラも明らかな人権侵害にあたります。

セクハラの対処

アルバイトなど非正規雇用を含め職場でのセクハラについては、男女雇用機会均等法で適応されます。2007 年から男性のセクハラ被害も認められました。

女性上司や女性社員からの女性被害者と同じようなセクハラも入りますが、より実態に近いのは、男性上司や男性仲間からのパワーハラスメントによる性的暴力もセクハラと認められることです。これによってつぎのようなこともセクハラにあたるようになりました。

- 上司や先輩が風俗店に付き合えと強要する。
- 性的な体験を話させる。性行為の写真やビデオを見せるように強要する。
- 性器の露出や裸にちかいかっこうをさせる。
- 接待などで、風俗店を紹介したり、連れて行ったりすることを強要する。
- 猥談に入るように強要する。
- これらのことに応じないために不利益な扱いをする。仲間はずれにする。　　等

加えて、2017 年からセクシュアル・マイノリティへの差別や偏見もセクハラ指針に入りました。

　セクハラを防止して、それがあった場合に解決する責任は事業主側にあります。これは事業所の大小を問いません。職場に訴えるところがない、訴えると不利になる、というのは均等法の違反になります。職場が適切な対応をしてくれないときは行政の行うセクハラの相談所として、労働局雇用均等室があります。問題解決のサポートをしてくれます。

　なお、セクハラの背景には雇用側（上司）と働く側の圧倒的な権力関係のアンバランスがあります。ましてやバイトや派遣となるといっそう立場は弱くなります。そのために単独で訴えても何の効果もないときがあります。そのようなときは働く者の連帯が必要です。

　ひとりではどうしようもないときは、労働組合などに相談してみてください。いくつか紹介しておきます。

　＊ブラックバイトユニオン　http://blackarbeit-union.com/
　　相談・問い合わせ：メール info@blackarbeit-union.com、電話 03-6804-7245
　＊首都圏青年ユニオン http://www.seinen-u.org/　　03-5395-5359 どんな働き方／職業でも入れる若者のための労働組合。若者向けの労働問題に対応
　＊全国ユニオン　http://www.zenkoku-u.jp/　03-5371-5202
　　原則として相談を受けつけていないが、関連する機関・団体を紹介してもらうことが可能。
　＊働く女性の全国センター「働く女性のホットライン」 http://wwt.acw2.org/
　　電話相談 0120-787-956 ／メール office@acw2.org（女性にかかわる差別に向き合う、女性のためのネットワーク。毎月 5・10・15・20・25・30 日の 18 時〜 21 時。土日祝は 14 時〜 17 時）
　＊総合労働センター：地域別の相談先
　　http://www.mhlw.go.jp/general/seido/chihou/kaiketu/soudan.html
　　厚生労働省の地方機関である各都道府県の労働局の総合労働相談コーナー。労働に関するあらゆる分野についての相談を面談 / 電話で受け付けています

　なお、大学の場合は各大学にセクシュアル・ハラスメント防止委員会（名称は様々）があるはずです。被害があればまずその委員会に申し出ましょう。

暴力を廃絶する基盤をつくる

　いままで性暴力の被害を説明してきましたが、性暴力をもとから断つためには加害者をつくらないことが、もっとも大切でしょう。加害者がいなければ被害者もでません。社会的な不安や恐怖もやわらぎます。

　性暴力の多くは、男性から女性へ、大人から子どもへ、先生から生徒・学生へ、上司から部下へ向けて行われます。圧倒的なパワーの差を利用した暴力です。そしてどれもその加害者の多くは男性です。暴力を容認する社会、とくに男性をとりまく暴力的な文化の影響は大きいと言わざるをえません。

　多くの男性の場合、しつけでも学習やスポーツでも競争的に育てられ、家庭や学校・職場、メディアでも力を持って相手を支配するという構図が、暴力も暴言も容認する文化として刷り込まれます。その環境で成長した男性は、自分の受けた暴力文化を必要なものだったとして認めてしまいがちです。そこに自分の受けた暴力を再生産する土台ができます。もともとは被害を受けていたのですが、その環境を「自分には必要」だったと合理化してしまい、力を持つ人は他を押さえつけることに疑問を持たなくなります。

　そのようになるとジェンダーバイアスによって、男女の関係も対等ではなく支配・被支配の関係でみてしまいます。もちろん男性全員が加害者になるわけではないし、女性の加害者もいます。だからこそ暴力は持って生まれた本質ではなく、育ちの環境・教育など社会の問題なのです。暴力を容認する社会から、だれもが対等な人間関係を築き、ノーバイオレンスで豊かなコミュニケーションできる共生社会への転換が、性暴力を含むあらゆる暴力を廃絶する基盤となります。

　加害者にならないためのチェック事項をあげておきます。自分や相手、友人などをチェックして関係の改善に役立ててください。

性と生のポイント

1. 相手の話を最後まで聴いて受け止める
2. 自分のつらさやうまくいかないことを相手のせいにしない
3. 相手の NO を受け入れることができる（無言はイエスでない）
4. 嫉妬を理由に相手の行動や人間関係を束縛しない
5. 相手の仕事、やりたいことを応援している
6. 相手を自分のモノだと思わない
7. 相手の友人、家族、人間関係を大切にしている
8. 自分のことを最優先にすべきだとは思わない
9. 大事なことは相手と一緒に話し合って決める
10. お互いの違いを認め、自分の考えを無理に押しつけたりしない
11. 家事や子育てをともに担っている（その予定）
12. 固定的な女らしさ・男らしさや男だから女性だからと役割を押しつけない
13. 性行為で相手を尊重して安全に配慮する
    （避妊や性感染症予防の協力、無理強いなし）
14. 性行為中、相手が痛そう、イヤそうなら止めて真意をきく
15. 妊娠・性感染症などの結果責任から逃げない
16. 性も含めあらゆる関係において、相互信頼を築ける

参考：多賀太、伊藤公雄、安藤哲也『男性の非暴力宣言』岩波ブックレット、2015 年

【性的同意理解に役立つ動画とハンドブック紹介】
- ハートネット 72「Consent – it' s simple as tea（日本語版）」
  https://www.youtube.com/watch?v=-cxMZM3bWyO
  紅茶と性的同意動画
- Genesis ジェネシス「# キモチ、高め合う同意。#ConsentisSexy」ナンバー 5 までシリーズあり
  https://www.youtube.com/watch?v=TmjfwoF79Vs&t=7s
  「性的同意」動画
- ジェンダーハンドブック（京都市男女共同参画推進協会発行）
  『#ボクらは誰も傷つけたくない ～「男らしさ」の謎を探る冒険～』
  『必ず知ってほしい、とても大切なこと。性的同意』
  https://www.wings-kyoto.jp/association/publications/

第9章

性 の 商 品 化

性の商品化とは

　性の商品化とは、性的行為や性的表現が、商品として売買されたり利用されたりすることです。

　性の商品化は大きく次の2つに分類されます。

- 「からだや性行為・モノが直接商品として売買される場合」その例は売買春です。「ソープランド」「風俗」「ブルセラ（下着売買）」や売買春に含まれる一形態の「援助交際」はもちろんですが、セックスを目的にした「SNSやアプリ」「出会い系サイト」「テレクラ」「JKビジネス」「パパ活」も広義でこれに入るでしょう。

- 「性的な表現が商品化される場合」、例は「ポルノグラフィー」「アダルトビデオ」「ネット配信のアダルト動画」があります。他に性にかかわる身体やその一部を強調して扱うミス（ミスター）コンテスト、それを耳目集めのために利用するCM、ポスター、イベントなども性の商品化に入ると言われます。

　性の商品化は、ジェンダーを背景にしています。男性の側からみると女性の性（からだ）を男性の所有物とみなす文化、男性が女性の性（からだ）を買うことを可能にする経済的優位などです。例えば「売春」という職業が成り立つためには、貨幣経済の浸透と男性の社会的・経済的優位や女性の所有（モノ化）が背景にないと成立しません。これを女性の側からみると、女性が無権利・低収入にされる男性優位社会では、経済的に夫など親族の

男性に頼るか、女性がシングルで暮らすとなると、安定した職が少なく、自分の性（からだ）を商品として、何らかの形で提供しなければ生活を賄うに足る収入が得られないことになりやすいということです。もちろん、この構図に当てはまらない、女性や同性愛者対象の男性売春など男性の性の商品化もありますが、女性の性の商品化より少なくなっています。ただ少ないとはいえ、男子大学生で関わっていることもあるので例を紹介します。

COMMENT

＊僕は夜のバイトで女性を相手にしています。当然セックス目あての女性客も多く何人もとセックスをしてお金をもらったこともあります。僕はこれまで女性のことを道具としてしか見られませんでした。一人暮らしで泊まらせてくれる人は「家」、家庭的な人は「料理」、稼ぎの多い人は「財布」です。セックスに関しても避妊はせずクラミジアに2回かかりました。相手がピルを飲んでいたり、旦那の子にすると言われたりで、責任は問われませんでした。

　このバイトは将来「本気で大事にしたい人」に満足してもらう男になるためという考えでやっていました。

　でも授業をとって変わりました。自分のとっていた行動はリスクが高く、今のままの生活を続けていても誰一人幸せにできない、将来の一番大切な人を大事にする練習にもなっていないと気付いたのです。「過去は変えることができないが、未来は変えられる」という言葉が心に響きました。なんとなくとった授業がこんなに自分を変えるとは思っていませんでした。

　性の商品化は、表面だけを単純にみると、商品化される女性（男性も）に強制や暴力、管理・搾取などがなく、自らすすんで商品化の対象になる場合もあり、直接的な被害者がいないために、一概に善悪の倫理観で判断しきれないことも多くあります。

性の商品化の背景

　性の商品化が、性の人権や健康権を保障しない貧困な性の文化や環境から生じていることは間違いありません。とくに日本においては市場経済万能論が勢いづき、商業経済における様々な規制が次々と緩和された 1980 年代あたりから、性の商品化が多種多様化して拡大してきました。

　その拡大のターニングポイントとして、エポックメイキングな作用をした事象を拾い上げておきましょう。

① 1978 年ノーパン喫茶の誕生：
（ノーパン喫茶とは女性が下着をつけずにミニスカートなどの
露出の多い格好で接客をする喫茶店）

　京都に誕生したノーパン喫茶は性風俗店のハードルを次の３点で、いっきに下げたと言われます。

（1）女性の意識変化　それまで性産業で働くことが「訳ありの女性の哀しい仕事」というイメージから、割のいい "普通" のアルバイトという感覚に変えていきました。

（2）経営者の意識変化　「コーヒー一杯が 10 倍ほどの値段で売れて儲かる」ということでノーパン喫茶に鞍替えする "普通" の喫茶店や店舗が全国で急増し、それまでの風俗店とは違い街角のいたるところに見受けられるようになり、ブームが下火になったあとも形をかえて風俗店として経営しました。

（3）客の意識変化　それまで出入りにうしろめたさを伴った風俗店への意識を、"普通" に喫茶店に出入りする感覚に変えていきました。

② 1981 年アダルトビデオの誕生

　大手家電メーカーがアダルトビデオを家庭用ビデオデッキ販売の景品にしたことも一因となり急速にそれが家庭に普及し、レンタルビデオ店が開業しました。アダルトビデオ女優が宣伝を兼ねて安価で雑誌にも登場したために、モデル不足が解消されたり、アダルト向け雑誌の種類が急増し、コンビニなどに多種類の雑誌が並び、メディアでの性の商品化が大きく拡大しました。

③ 1985 年テレフォンクラブ（テレクラ）の誕生：
（テレクラとは男性客に電話機のついた個室を時間貸しして、
女性からの電話を受けるシステム）

　この前年 2 月の「風俗営業の規則及び業務の適正化等に関する法律（新風営法）」施行後、夜 12 時以降の風俗営業が禁止された結果、死活問題となった風俗店が生き残りの策としてテレクラは誕生しました。営業としては電話機のついた個室を提供しているだけで当時の新風営法では規制の対象になりませんでした。

　これによって見知らぬ男女がセックス（多くの場合）を目的にして、即座に出会えるシステムができました。自由恋愛などのきっかけにもなりますが、間接的に売買春など性の商品化の温床にもなっていったのです。その後も「伝言ダイヤル」「ダイヤル Q 2」「ツーショットダイヤル」「出会い系サイト」「スマホの SNS や出会い系アプリ」と形式をかえ、通信方法も家庭用電話の子機、ポケベル、携帯電話・メール、スマホと情報ツールの個人化によってより拡大し、現在にも引き継がれています（参考：中井良次「女子高生とテレクラ」村瀬幸浩、加納良男、瀬尾徹志『高校・性教育の全貌』東山書房、1997 年）。

その昔、流行したテレクラの実際をわかりやすくするために、働いた人のより詳しい報告を紹介します（右頁）。

④ 1984 年の「風俗営業の規則及び業務の適正化等に関する法律（新風営法）」施行

これにより、営業時刻や場所などの規制は、厳しくなりましたが、法の規定を満たし公安委員会に届け出を出しさえすれば、営業許可がもらえることになったため、皮肉なことにかえって新興の風俗産業が増える結果になりました。つまり売春防止法に抵触していなければ営業できるということで、性器性交（風俗産業ではホンバンという）でないサービスをすればいいと解釈され、表向き「性器性交なし」（非ホンバン型）の性産業が自由競争となって多種多様化していきました。

⑤ 2000 年「風営法改正」、（ホテルや相手宅へ出向く）デリヘル合法化。店舗型の風俗が規制。

これによって無店舗型の出張風俗が激増し、店内で店員に護られていた風俗嬢らが、ホテルや相手の部屋に出向き一対一で無防備な状況で対応せざるをえなくなりました。

　その実態を性産業従事者の健康と安全のために活動している SWASH 代表の要友紀子さんは次のように話しています。

「2000 年に風営法改正された時に、（ホテルや相手宅へ出向く）デリヘルが合法化されたんですよね。と同時に店舗型の風俗が規制されるようになったんです。それまではお店で従業員に助けを求めることができたんですが、それができなくなってしまったんです。密室に客と二人となるともう助けがないです。例えばコンドームを使わずに力づくでナマ本番される、薬物注射される、飲み物に薬を混ぜられる、暴力もある。デリヘルは、本番は建前的にはダメなんですけど、お店が女の子に本番もして下さいっていうことを言っていることもある。▼ 160 ページ

＊私は「テレクラ」のオペレーターガールの仕事をしたことがあります。

　新宿のテレクラの事務所に行くと、何台もパソコンがあって7、8人のスーツの男性と2、3人の女性が向かっていました。こちらは「出会い系サイト」担当のようでした。事務所で手続きを済ませると、離れのビルに連れて行かれました。中は20室ぐらいに分かれていて、その中に女の子たちが一人ずつ入っていました。私もその中の一室に入りました。中はきれいでしたが2畳くらいしかなくて、狭かったです。電話とマニュアルのファイル、あとテレビと椅子がありました。テレビは退屈しないためにあるそうです。初めてだったのでマニュアルを見ながら、恐る恐る、受話器を上げ、番号をプッシュしました。私はオペレーターガールなので、一般の人とは違い、暗証番号、会員番号などをプッシュします。そして入力が終わると「男性の方がお待ちです。すぐにおつなぎします」と言われて、男性とつながり、会話を始めます。電話の相手の年齢は28歳から42歳が多かったですが、50代、60代、20代前半の人もいました。その人たちの目的はすぐに会ってセックスすることでした。電話をして3分もたたない内から「で、いくらでいいの」とか、「君の中に入りたい」とか…。変態みたいなこともたくさん言われました。でもお金のためと思って「2万がいいな、すぐに会えるから番号教えて」とマニュアル通り話を拡げ、1分でも長くしゃべろうとしていました。電話の中には「パンツ売って欲しい」という人、「電話でエッチしよう」という人もいました。電話でエッチはしなくていいことになっていましたが、興味でやってしまいました…。別に私は性器をさわったりしません。ただ声を出すだけです。あえぎ声に近い声をだすと、相手の男性は息を荒げて自分の性器をさわっているようでした。相手が終わるとすぐに電話が切れました。それを2、3度繰り返す内に私はただのおもちゃと思い知らされ、そんなことをしている自分が虚しくなりました。淋しくて泣いてしまいました。なかには優しく言ってくれる人もいたけど、何もなかったようにまた別の人と話しました。すごく悲しかったです。

　わずかな日でしたが稼いだお金は記憶を消すかのようにすぐに使いました。その後数日は、電車の中や街中で男性の声がするとゾクゾクとしてきて、男性を見ることが怖かったです。

　　キャバクラユニオンで話題になったように、夜の仕事は不払いとか、よく聞く話です。ただ
その回収には手続きとか時間もお金もかかって、泣き寝入りがほとんどです。他にも風営法
違反のほう助罪で、あなたもその経営に協力したと逮捕するケースが出ています。一応日本
の法律的には女子は保護更生の対象ですが、犯罪者として扱われるようになってきたんです」。

ソープで働く女性の話も付け加えておきます。

　　「…デリヘルや出張マッサージは相手の部屋やはじめてのホテルに出向きます。つまり、
向こうのテリトリーに入っていくわけで。行った先で裸になってから無理難題を要求される
ことが多い。でも、自分でお金を受け取って帰ってこないと稼ぎにならないから、相手を怒
らせないように要求を受け入れてしまうこともある。キャバ嬢にしても、お店に来ているお
客を相手にしているときは安全だけど、稼ぎをあげようとすると、指名してもらったり、同
伴してもらうためにケータイ番号を教えたり、店外デートをするようになる。そうするうち
にお客から自分の彼女のようにして束縛されたり、殴られたり、ストーカーにあったり、断っ
たら逆恨みされてしまい源氏名じゃない本名や裸の写メを「２ちゃんねる」で流されたりし
て、それを人に言えず悩んでいる子も多いんです。怖い思いをみんなしています。働いて
いるお店でも、遅刻の罰金とか、店でしか通用しないような罰則規定があったり、店長やボー
イのセクハラに遭ったり、店側の都合で賃金の未払いがあったり、働いているのにもかか
わらず、借金が増え続けて、結局ソープに来るしかない子もいます」
（「インタビュー　生きるための選択『ソープ』のお仕事　カオリさんの場合」『季刊セクシュ
アリティ』47 号 2010 年 7 月号）

　「ノーパン喫茶」「アダルトビデオ」「テレフォンクラブ」「性産業の多種多様化」「無防備
化」、このようにみると、市場経済万能の商業主義による「儲かれば何でもあり」の風潮が、
性の商品化を拡大させたことがよくわかりますね。そして現代の若者や子どもたちは生ま
れたときからこの商業主義による性の商品化に満ちあふれた環境で育っているのです。
　この環境を克服するには、性の商品化への規制として、情報メディアにはインターネッ
トなどのフィルターによるアクセス制限、性産業には地域や売り場を区切るすみ分け（ゾー
ニング）も必要です。しかし、それ以上に性の商品化をもたらす社会に対するリテラシー
教育（批判的に読み解く教育）が必要になっています。

リテラシーのためにいまの日本の状況をみてみましょう。

- 商品化された性を無批判に垂れ流すだけでなく、売り上げや宣伝に利用するメディアの問題。
- 現実にある性産業を非合法あるいは一部の特殊な例という形で忌避して、なきものとして「臭いものに蓋」で直視しない社会の問題。
- 感染症予防や避妊などの安全面の不備不徹底からくる性感染症と予期せぬ妊娠の増加。
- そこから派生する被害者救済の遅れ、具体的には、前借金や脅し暴力による従事者（多くは女性）への売春などの強制・身体の拘束・労賃の搾取あるいは不払いなどの危険で不当な扱いの問題（女性や未成年、外国人滞在者の犠牲が多い）。

性の商品化による被害の多くは、「人身取引」、「トラフィッキング（Trafficking）」ともいわれる国際的な犯罪です。それは犯罪組織や悪質なブローカーが、女性や子どもを始めとした弱い立場にある人を、暴力や脅迫、誘拐、詐欺などの手段によって支配下に置いたり、引き渡したりして、売春や強制労働などの目的で搾取するものです。事例を見てみましょう。

事例1

援助交際などをしていた日本人女性が、覚せい剤等で薬漬けにされた上で、その代金支払いなどを口実に、携帯電話や財布を取り上げられ加害者の監視下に置かれて売春を強要され、売春の報酬を全額取り上げられた。

事例2

「日本のマッサージ店で働かないか」と誘われ来日したタイ人女性が、一切事前の説明がなかった借金を負わされ、客への性的マッサージを強要されて給料から借金分を差し引かれた上、帰国の要望を拒否されたり、外出を制限されたりするなどされた。

事例3

「日本の工場で働かないか」と誘われて来日したフィリピン人女性が、ブローカーにより日本人男性に結婚相手などとして売り渡された。

事例4

　ジャパニーズ・フィリピーノ・チルドレンの支援（日本人の父親による子どもの認知、親子ともに日本で暮らせるよう在留資格の取得等）を口実に入国させられたフィリピン人母子が、不自由な生活を強いられたうえ、低賃金でホステス等として働かされた。

事例5

　スカウトマンらによってマンションに住まわされた児童等が、インターネットを通じて募集した遊客との売春を強要され、逃げ出しても電話で「親にばらす」などと脅され、戻されるなどされたほか、売春代金全額を搾取された。

　近年は、被害者をかばって大事にしているように思わせる手口で、被害を自覚させないように管理・支配するなど、より巧妙になり、被害が表面化しにくくなっています。ですから、被害を受けていることを自覚していないことと、性的な羞恥や罪悪感も相まって被害を訴えることができないでいる場合が多くなっています。もしかしてとおもったら、警察庁の「匿名通報ダイヤル（0120-924-839　http://www.tokumei24.jp　月曜から金曜、午前9:30から午後6:15）」があります。事件解決時には情報提供者に最大10万円の情報料が支給されます（政府広報オンライン「人身取引」参考）。

　一方では性を商品として消費する側（多くは男性）にも、インターネットや出会い系サイトにアクセスして巨額の請求を受ける。業者や相手女性（同性愛では男性）の仲間からの脅しと暴力・法外な金額要求などを受けるなどの被害があります。

　これらの場合、被害を受けているのに訴えると自分が売春や不法滞在の「犯罪者」となったり、性に関わるために相談することに「後ろめたさ」を感じたり、被害者でありながら世間から逆に非難されることを恐れたりすることから、誰にも言えず泣き寝入りせざるをえないままで放置されているケースが多くあります。

　これら日本の現状は、一般には性の商品化に無自覚無批判になりやすく、しかも当事者にも人権と安全の保障もなく、劣悪な状況でしょう。

　では、その被害の実態を知るために大学生の女性のコメントをみてみましょう。

＊私はここの大学に入る前からキャバクラでバイトを始めたんです。私は人に流されやすくて、そこの店の先輩から言われて信じて、だまされてピンサロに連れていかれて、部屋に閉じこめられて、カバンもとられて、カギのついたところへ入れられちゃって、ヤクザみたいなボーイが来て、無理矢理、ミニのセーラー服に着替えさせられて「ばっくれたら（逃げたら）4万罰金だから」と言われて。

　そこの店はフェラチオをするところで、私は今の彼が初めてだったから、すごい抵抗があったんだけど、帰れないと思って、本当にこわくて…だからやったんです。もう本当にイヤで何回も吐きそうになって、泣いたんです。

　でも店のボーイは勘違いして「大丈夫だよ。おれたちがついているから、一人じゃないよ。お客がイヤだったら替えるよ」とやさしく言ってきました。そんなことのぞんでないのに、早く帰りたいのに。

　その日帰るとき、いろんな罰金の話をされて、当日欠勤は2万、前日1万、遅刻2千円、ばっくれ（逃げる）4万と家まで取り立てに行くって。

　怖くて、次もその次の日も決められた日にちゃんと行きました。殺されるんじゃないか。帰れないんじゃないか。誰かにばれるんじゃないか。本当に怖かった。大学も入ったばかりで相談したら軽蔑される、差別されると思って誰にも話せなくて、やめたいけどやめ方がわからなくて、何回も泣きながら「やめさせてください」と言っているのに、毎回上手い口でまるめこまれてしまうし、死んでしまいたかった。

　彼に会うときも後ろめたさ、罪悪感、もう自分がイヤで本当につらかった。もう誰も信じたくなかった。でも自分が話を信じてついていったのが悪かったと思っていた。

　結局、彼や家族を裏切ってしまってこころが痛くて、それに比べたらまだボーイさんたちにボコボコにされた方がましだと思ってばっくれたが、今でもピンサロから夜中に電話がかかってきます。

　この女性は何の義務もない罰金と強制で心身を拘束されて、イヤな性行為を強いられているのですから犯罪の被害者です。それでも話したり訴えたりできないのですから、「臭いものに蓋」で被害者の人権を保障しようとしない、現在日本の性の商品化対策の犠牲者でもあります。

　もう一つ学校現場での人権侵害の例です。

COMMENT

＊高校のときにキスマークをつけたまま学校に来ている友人がいた。マフラーなどでかくしていたが、ある日、女性教師に見つかってしまい「汚い！売春してるんでしょ」と言い放ち平手打ちをされた。今考えるとかなりの偏見だと思う。確かに外見は派手で遊んでいるようだったかも知れないが、売春をしているかどうかわからないし、実際にそうだとしても、どんな理由があるかわからないのに、その先生の言葉と態度はその子にどれだけの傷を与えたのかと思った。

　これは最悪な人権無視の暴言・暴力です。キスマークが汚い、売春だという発想も短絡的で偏見ですし、例え売春をしていることがわかっても、平手打ちすることは絶対に許されません。彼女にも周りの生徒たちへも性への誤解と暴力容認を助長するものでしかありません。むしろ性のトラブルに遭っていないか、人権擁護の観点から対応すべきだったでしょう。このような対応が、より性の商品化被害に対して無批判になったり、被害者を「誰にも言えない」と思って泣き寝入りさせたりすることにつながってしまうのです。

格差貧困と性の商品化

　格差貧困が拡大する現代日本において、性の商品化はより多様化一般化して、どれも値崩れしてデフレ状態です。相対的貧困率がOECD加盟先進国30カ国中4番目に高く、単身で暮らす女性の32％、3人に1人が年収112万円未満の相対的貧困にあります（阿部彩「相対的貧困率の動向：2006、2009、2012年」貧困統計ホームページ、2014年）。

　この生きづらい状況の中、いま「性産業」は、女性の応募が増えて、供給過剰となっています。新自由主義の下、一般女性たちが、本格的に性風俗に流れ出したのは2001年の小泉政権以降だといわれています。その中でもいま増えているのが、介護や保育の福祉関

係、女子大生、シングルマザー、となっています。福祉関係は低賃金、シングルマザーは低賃金＋子育て、学生は高い学費・生活費とブラック化するバイト、が原因で、それぞれが時間を比較的自由に選べて、単価の高い職となると、他に選択肢がない場合が多いといいます（中村淳彦『図解　日本の性風俗』メディアックス、2016年）。

　風俗で働く女子大生の実例を見てみましょう。

例①「貧乏なのに進学した罰」　風俗で働く短大生（2015年10月15日朝日新聞　特集「子どもと貧困」）

　（略）短大2年の女性（20）もその一人。高卒より上の学歴があれば、大きな企業に就職して貧困から抜け出せるのではないかと期待して短大へ進んだが、資金的にも精神的にも行き詰まり、週2、3回、働いている。

　嫌だったが、お金が欲しかった。「貧乏なのに進学した罰」だと思った。

　幼い頃、小さい会社を経営する両親と裕福に暮らした。小学生のとき両親が離婚。母親と2人暮らしになり、生活保護を受けた。母は代わる代わる男性を家に連れ込んだ。親をあてにできず、高校の学費は食品会社の箱詰めなどのアルバイトで賄った。学費の心配に目をつむって進学した。（略）進学から数カ月。息苦しい生活に限界を感じるようになった。居酒屋に飲みに来る学生を見てはお金と時間が欲しいと強く思った。

　もっと時給の高い仕事はないかとインターネットで探し、風俗店の求人を見つけた。「簡単な仕事」「嫌なことはしなくて大丈夫」「学生さんも多数在籍」。考えてもいなかった選択肢が、急に現実的に思えてきた。数日悩んで体験入店。つらさより、居酒屋1日分のバイト代を1時間で稼げたことに驚いた。（略）「卒業したら風俗はもうやらない」。気持ちは前向きになったが、就職先はまだ決まらない。

例②　学生のレポートより

　大学1年生の夏から風俗でバイトするようになりました。理由は大学院に行く資金が欲しかったこと。もう一つは、大学内でイヤな噂を広められて、いるとつらかったから。風俗って抵抗あったけど、ネットで探して電話をかけると即面接になって、本当にやさしい感じのスタッフで、すぐに体験入店して、それからそこが居場所になって働いています。

　悩みは、身元がバレることと区切りのつけ時、それに毎日毎日「オニ出勤」していて、そこの休憩所から朝に大学へ直行することが多くて、授業で寝てしまうこと。周りには性病に

なった子や無理やりゴムなしで挿入された子もいて、決して楽な仕事ではありませんから他人にはすすめません。でも誰かに認められたい、どこかに居場所がほしい、もっと店での指名を増やし成績を上げたいという気持ちもあり、踏ん切りがつかないでいます。

　学生が「風俗」を選択せざるをえない状況は、前述のように独り暮らしの生活費の高さと、日本の大学費用の高額さや一般バイトの安価・ブラック化、奨学金制度の有利子化が影響しています。

　文科省調べで学費を1975年と2013年で比較してみましょう。国立大学では「入学金」が平均5万→28万2000円、「授業料」が3万6000円→53万5800円、私立大学平均「入学金」が9万5584円→26万7608円、「授業料」が18万2677円→85万9367円となっています。

　「日本学生支援機構」で無利子奨学金支給は20％ほど、圧倒的に多い有利子で満額（月6万4000円）借りると、大学4年間で総額787万2000円、利子が付き返済金は900万円を超えます。

　国際的にみると、経済協力開発機構（ＯＥＣＤ）の加盟34カ国中、半数の17カ国が大学の授業料を無償化していますが、日本は有償の国の中でも授業料が高額な部類に入るうえに唯一、国による給付型の奨学金がありません（2016年現在）。

　もちろん、学費を稼ぐために性産業を選択する女性はごく一部ですが、基本的に学費無料で一般バイトでも生活が賄え、返却の要らない給付型か無利子の奨学金があるなら、少なくとも風俗バイトは激減するでしょう。

　紹介した「貧乏なのに進学した罰」（朝日新聞、2015年10月15日）の記事の中で、風俗店で働く女性らを支援する一般社団法人「Grow As People」代表の角間惇一郎さんは、

　　病気や育児、就活などで短時間しか働けない女性が生活費を稼ごうと思うと選択肢は限られる。一時的でも風俗を仕方なく選ぶ女性もいる。行政の支援は個々のニーズに対応しきれていない面がある。住居や託児所などを用意する風俗店もあり、一部の困窮した女性にとってセーフティーネットになっている。特にここ数年は風俗店で働く学生が増えている。風俗以外の現実的な解決策を社会が用意する必要があるのではないか。

と話しています。

　性の商品化を知るために日本の売買春史をみていきましょう。売買春は古くからあったとされますが、それも人間社会が創出した文化ということはまちがいないでしょう。ですから、「売春は人間の歴史とともに誕生した」という俗説にも懐疑的であるべきでしょう。文字が発明された社会ではすでに男女の対等性が崩れ、売買春の不在を示す文献はまれですから「売買春自然発生」のように思われてきたのでしょう。

　ところが売買春不在の文字資料が残る地域があるという説があります。それも他ならぬ日本です。その証拠は 8 世紀（大和時代後期から奈良時代）の「奴隷売買文書」で、奴隷の売買で男性の方が高価であったというものです。これによって売買春の不在がわかるのは、性を売買の対象にする社会では女奴隷の方が高価とされるので、男性が高価な場合は単純労働目的の奴隷のみということになるからです。当時の遊行女婦も高貴な男性との正式な結婚相手とされている点から、後の売春婦（高貴な男性の結婚相手となりにくい）とは違って、売春をもっぱらとするようなことはなかったと言われています。

　この流れは 9 世紀を移行期として 10 世紀（平安時代中期）において、性を売ることだけをもっぱらとする「夜発」が現れ、はっきり変化しています。その背景にあるのは男女対等な社会から、男性中心の家父長制社会への移行でした。8 世紀まであった女性の私有財産が制限され、経済的に男性の下位に従属したため、売買春が発生するだけでなく、女性は結婚の決定権、求婚権、離婚権も失っていき、女性の意向を無視した強姦もこの時期から発生したとされています（関口裕子「平安時代に始まった買売春」歴史教育者協議会編『学びあう　女と男の日本史』青木書店、2001 年）。このように富と権力の偏在は性の商品化や暴力にも大きな影響を与えています。しかし、富に縁遠い庶民の間では前近代まで売春はほぼなかったことが次の説でもわかります。

　「性交するだけで、すぐ結婚しようなどというバカはいない。昔は、性交は、いわば日常茶飯事で、それほど大騒ぎすることではなかった。しかし、結婚となると家とかムラとの関係が大きくなり、それほど簡単でない。これを強いて上からの権力で統制しようとするから、いろいろな歪みが生じ、表向きのキレイゴトの陰に売春産業や売色企業が繁昌することになる」（赤松啓介『夜這いの民俗学』明石書店、1994 年）。このように日常的に性に不自由せず、現金収入が少なく市場経済が未発達でジェンダー格差も薄かった前近代の農村部などでは売春そのものが成り立つ基盤がなかったのです。

「これらの説だけでは…？」という人も、人間も動物の一種でサルから進化した事実からすると、サルと同じような生活のときから、現在のような売買春が存在したと考えるのは無理があるでしょう。

引き続いて日本の売買春史をみていくと、16世紀、豊臣秀吉の時代には売春婦をあつめて管理・統制しようとする公娼制（後述）がとられ、江戸幕府にも継承され、江戸では吉原のみが公認されましたが、岡場所や宿駅などで飯盛女、茶立女などが売春婦として黙認され、売買春によって時の政権が上納金（税にあたる）を得る性の商品化の仕組みができました。

明治時代には世界に人身売買が知られることを恐れ、1872年に「娼妓解放令」が出されました。しかし「本人の希望」という名で働き続けることを認め、業者と売春婦に税金を義務づけることにより、従来同様の営業を公認し「貸座敷業」として所轄警察に許可をもらって営業しました。

このように売春を公認された売春婦は「公娼」と呼ばれ、国家権力が公認する売春システムを「公娼制」といいました。この制度の下、斡旋業者から前払い借金を得て、貧農の娘らが家族のために身を売り働かされたのです。

公娼制廃止を求めて、婦人矯風会や救世軍などによって廃娼運動がおこなわれましたが、軍国主義による戦時体制がすすむなかで、廃娼運動は下火となることを余儀なくされました。

敗戦後1946年1月にＧＨＱ（敗戦後アメリカ政府が日本に対する政策の実施機関）による「公娼廃止に関する覚書」が発令され公娼制はなくなりましたが、日本政府は私娼の取り締まりの名目で旧遊廓と公娼制度を「赤線地帯」として残しました。その間にもＲＡＡ（Recreation and Amusement Association）日本名「保養慰安協会」を戦後すぐに設け、アメリカ進駐軍向けの風俗営業を行っていました。1949年4月、ＲＡＡ解散により、その職をほとんど無補償で追われた女性たちの多くは、「パンパン」といわれる娼婦となりました。この街娼のいる地域は「特殊飲食店」となり、売春が許容され、その地域（特飲街）を前述のように「赤線」とされ、非合法売春地を「青線」と呼ぶようになりました。

1956年の「売春防止法」の制定により、表向きには赤線・青線が廃止されましたが、その後も売春は「トルコ風呂（後にソープランド）」「愛人バンク」「ホテトル」「援助交際」「JKビジネス」などさまざまに形をかえながら脈々と続いて、売春の対象となる女性も低年齢化しています。またすでに述べたように国内だけでなく、海外から女性を売春目的にブローカーが暴力的に連れてきたり、男性が「買春ツアー」として大挙して渡航したりするなど、より大きく国際問題化しています。

　略史にもあった1956年に制定された「売春防止法」ですが、この法にはいくつかの問題点を含んでいるといわれます。

問題点

＊押しつけ倫理と女性のみ：第1条にあるように一面的な倫理観に基づいており、多様な価値観を認めていません。その対象も処罰行為もほぼ女性と業者のみで、男性買春（売春も）への処罰がない不公平があります。

＊売春の定義：2条にあるように性器性交のみを売春と決めているため、性交類似行為（手による愛撫、フェラチオ、素股、アナルセックスなど）は売春には該当しません。そのために(表むきに)性交なしの性産業店が増加し、区別が難しく取り締まりが困難になっています。

＊売春の表向き非合法化：これによってすでに述べたように、被害者となっているかもしれない女性（従事者）が訴えにくい。あるいは買春者（多くは男性）も業者から脅しなどの被害にあっても訴えられない。また従事者の社会的地位も低くみられ蔑視されるか、存在そのものが認められていません。

　以上のように実際には存在する売買春を「非合法」という名のもと、極めて一面的な道徳下に置き、かつ曖昧にすることによってアンダーグラウンド化して、かえって闇の勢力である暴力団などの暗躍する場所となり、人権と安全が保障されない矛盾を生み出しています。しかし、世界をみると売買春を合法化している国もあります。

　その一つオランダでは、売春を許可制にして特定地域で認める方式にしています。禁止したためにアンダーグラウンド化することによっておきる、売買春の被害・トラブル、エイズや性感染症の蔓延などを防ぐために、売春を認め、税金を納めさせ、定期的に医療ケアも受けさせるシステムをとっているのです。売買春というものがいまは実際にあるのだから、それを安全に統制するために合法化して、表面化させるという合理的な発想が背景にあるといわれています。日本の「臭いものに蓋」とはまったく逆の発想です。ちなみに、オランダは他の分野の性的人権の保障もすすんでいて「同性婚の承認」「刑務所受刑者のパートナーとのセックス容認（売春婦を呼ぶことも可能）」「障がい者のための性的サービ

ス」（詳しくは第10章「②障がい者の性」（189ページ）に掲載）などが行われています。日本でも障がい者のための性的介護を行う機関もあります。

「援助交際」と「ＪＫビジネス」

性の商品化が拡大するなか、未成年の子どもの性を売買の対象とする低年齢化もおきました。1991年に制服や下着を売買するブルセラショップが誕生、1994年頃からの女子中高生によるデートクラブの急増、それらが1996年女子中高生の援助交際の急増による「援交ブーム」となっていきます。世界中に強制的に管理売春をさせられたり、貧しさから売春しか生きるすべがなかったりする子どもたちはいますが、日本においてはさほど貧しくもない子どもたちが、「援助交際」いう名で表面上は自らの性を商品化すると、海外からも注目されました。その経験者の女性のコメントを紹介しましょう。

COMMENT

①自分も援助交際の経験があります。最初はお金が目的でした。親に「お金ちょうだい」って言えないから。彼もいて内緒でしていました。だから別にセックスが目的でしていたわけではないと思います。けれど、今思えば自分の価値、自分の存在を確認したかったんだと思います。「別に、すこし我慢すれば６万円もらえる」と思っていたし、「こんなにいい話はない」と思っていました。でも実際に得たお金はすぐに使い、むなしさが残りました。買いまくって、気分を晴らしていました。今思うと犯罪の被害もあるし怖いことをしていたと思います。それに実は本当は寂しくてかまってくれるというか、ぬくもりが欲しかったのかもしれません。

②高校の途中で両親が離婚して、親とものすごく仲が悪くなりました。私を存在しないかのように扱われて、家に居場所のなくなった私は一度だけ「援助交際」のようなことをやったことがあります。お金なんて実際どうでもよくて、自分を見て、自分を必要としてくれて、そのときはぬくもりを求めて必死でした。やった後のむなしさと後悔は一生忘れられないと思うけど、自分と同じような人もいて、そんな人が増えてほしくないと思いました。

90 年代の「女子高生ブーム」による援助交際から年月を経て、いま女子高生は「JK」という略語で性的対象となっています。「JK リフレ」という個室でのマッサージ「JK お散歩」という店外デート、など「JK ビジネス」ともいわれる女子高生の接客を売り物にするサービスがあります。

　仁藤夢乃『女子高生の裏社会　「関係性の貧困」に生きる少女たち』（光文社新書、2014 年）によると、「JK ビジネス」は次のように紹介されています。

　2012 年春頃。秋葉原を中心に池袋、渋谷、新宿、吉祥寺などに店舗が増え、2013 年の時点で都内の JK リフレ店は約 80 店舗、JK お散歩は秋葉原だけで 96 店舗にもなっていました。2013 年 1 月、全国で初めて都内の JK リフレ店に警察捜査が入り、それからは摘発を逃れるため、「JK お散歩」が増えていきました。名目は「観光案内」です。JK お散歩店ではお散歩以外のオプション表があります。例では「ぷりくら 1 枚　2000 円」「頭なでなで　2000 円」「にらめっこ　1000 円」「髪型ちぇんじ　1000 円」「つんでれ 1000 円」「手つなぎ（18 歳以上）10 分　1000 円」、これにはない、性交も含むより性的な「オプション」（「裏オプ」）もあって、女子高生本人の「自由」となっているために、ビジネスの管理者側の責任が問えないような仕組みとなっています。

　同書に出てくる少女ですが、紹介する事例のように経済的な貧困と「孤立・さびしさ」という関係性の貧困を抱えています。

①父子家庭で、自営業の父にお小遣いをもらえないので遊びに行くお金や洋服代、交通費などを自分で工面するしかない少女。

②稼いだお金の半分を親に渡している少女。きっかけは、公立高校に落ちて、私立高校に通い始め、会社員の父親から「給料が削減されて金がない。お前のせいで金がかかるんだから稼げ」と言われた。

　2014 年 9 月 3 日（水）放送 NHK「クローズアップ現代」の「広がる少女売春　～ "JK ビジネス" の闇」でも JK ビジネスに足を踏み入れた少女が紹介されています。

①あやこさん（仮名18歳）「添い寝とかしてると、男の人も興奮する人が中にはいて、『いくらでも払うから』って、服脱がされて…」「（JKビジネスは）ものすごく嫌です。でもお金が回らないし、私1人だけじゃないんです、兄弟が。月によるけど、（親に）5万円ぐらい渡しています」それでもあやこさんが続けるのは、経済的に苦しい家族を支えるためだといいます。母親のパート代だけで生計を立ててきた、あやこさんの家族。親に仕事の中身を言わずに、家計を助けています。

②かつて売春をしていたという、高校3年生のみほさん（仮名17歳）。中学時代、教師とのトラブルをきっかけに学校を休みがちになり、両親ともうまくいかなくなりました。「学校にも居場所がないという思いは中学の時からあって、お母さんとけんかが毎日絶えなくて、ずっと毎日死にたいと思っていて。自分がここに居る意味ってなんだろう」と孤独感を埋めようと、客に求められるまま売春までしてしまった、今は、後悔しているといいます。「その場で優しくされても、必要とされているのが体だけだと思うと、また孤独感が増す。自分がどんどん汚くなっていくと思っていて、すごい虚無感」

　番組ではJKビジネスに関わった男性も出てきて「家庭環境や学校で理解してくれる人がいない、そういう経緯を持った女の子たちは扱いやすい」と言います。よき理解者として振る舞うのです。

　「JKビジネス」が、経済的にも人間関係にも貧しい、未成年の女性の居場所となっており、高校を卒業したあとは風俗に斡旋されるなどの仕組みもあります。

　なお相次ぐ規制と摘発のため、いま「JKビジネス」店には18歳未満の未成年や現役高校生はほとんどいなくなっています。18～20歳前後の非高校生がほとんどの「JK風ビジネス」となっています。

　「援助交際」と「JKビジネス」から見えるのは、「経済的貧困」「孤立」「こころの空虚さ・寂しさ」を「金銭」や「表面的つながり」で埋めていくという実態ではないでしょうか。性的な欲求より、むしろ金銭要求と相手や店舗関係者による自己価値の確認の要素が強くあります。

　これまでみてきた無防備な性行為や恋愛依存・DV・ネットつながりと同じ、孤立感が土台となって、ここでは「援助交際」「JKビジネス」という行動につながっています。これ

もまた性の貧困です。しかし、この「貧しさ」には、金銭的な貧しさと人間的関係の「貧しさ」、そこからくる自分とまわりの人への信頼の「貧しさ」があります。第8章の「性と暴力」で紹介した「私は昔レイプをされてショックでした。だから開き直ってからだを使ってお金を稼ごうかと思いました」というコメントも売春と自己否定感の関係を表しています。

性の商品化への対応

　世界的な人権団体であるアムネスティ・インターナショナル（以下、アムネスティ）は、売買春をめぐる人権侵害に対して、2015年8月、セックスワーカーの権利保護に関する方針である「セックスワーカーの人権を守る決議」を採択しました。アムネスティはこの中で、成人間の合意に基づくセックスワークの「非犯罪化」を勧告し、搾取や人身売買、暴力に対して、他の職業と同じように法的保護を受けることができるように各国に要請しています。アムネスティのこうした見解は、WHOなどの国連機関をはじめとするさまざまな組織団体から得た幅広い知見と、アムネスティが独自に実施した調査の結果を基盤としています。しかし、この方針に対して400を越える団体、個人から抗議文が寄せられており、賛否はわかれています。

　アムネスティの要請は、次のとおりです。

＊周縁化や排除を助長し、周縁化された集団からセックスワークに従事する人を不釣り合いに増やし、セックスワーカーの差別につながるような、ジェンダーその他に関する有害な根源的ステレオタイプ、差別、構造格差に取り組む。
＊すべての人の経済的、社会的、文化的権利に関連する国家の義務を遵守する。とくに、何人も貧困または差別のゆえに、生存の手段としてセックスワークに依存しなければならないということがないように、すべての人が教育と雇用の選択肢及び社会保障を得ることができるようにする。
＊ジェンダーおよびその他の形態の直接・間接の差別と闘い、女性と少女を含むすべての人および性的指向あるいは性自認・性表現、人種、カースト、民族、先住民、移民あるいはその他のアイデンティティーに基づく差別や虐待を受ける危険のある人の人権が等しく尊重され、保護され、実現されるよう保証する。
＊成人間の同意に基づく報酬を目的とした性サービスの提供を、直接あるいは事実上犯罪化したり処罰したりする現行法を撤廃し、そのような新法を導入しない。
＊路上徘徊、浮浪、移民資格に関する法律などを、セックスワーカーに対して差別的に適用しない。
＊セックスワーカーの生活や安全に直接影響を及ぼすような法律や政策の策定に、セックスワーカーの意味ある参加を保障する。
＊セックスワークのほとんど、あるいはすべての側面を一括して犯罪とするような法律で

> はなく、セックスワーカーの健康と安全を保護し、商業的性行為における搾取と人身取引（子どもを含む）のすべての行為を禁止する法律と政策を定める。
> ＊セックスワークに従事する人がこれをやめるという選択をしたときに、やめることができるような実効性のある枠組みやサービスを提供する。
> ＊セックスワーカーが、司法、保健その他の公共サービスに平等にアクセスでき、法律のもとで平等の保護を受けられるようにする。
> （アムネスティインターナショナル「セックスワーカーの人権を尊重し、保護し、実現する国家の責務に関するポリシー」2016年5月26日）

　これまで紹介したように日本における性の商品化は、それに関わる多くの人にとって、安全や権利の保障がない劣悪な環境にあります。いますぐそれに関わる人たちの安全と人権保障は、なされるべきでしょう。

　その上で未来に向けて性の商品化がなくなる社会へ近づいていくことも必要になります。性の商品化をみると、前述のとおり貨幣経済の浸透と男性の社会的経済的優位や女性の所有（モノ化）が背景にないと成立しませんから、それも人間社会が創出した文化ということはまちがいありません。よく「売買春はなくせない（安価で存在し続ける）・いやなくせる」で議論がされますが、売買春も文化ですから、すべての人間相互の対等な経済的地位や平等な性的な付き合い（当然、同性愛含む）が保障される自由な社会では、「なくせる」のではなく「なくなる」文化と捉えてはどうでしょう。ですから、この論議の帰結は売買春そのものより、そのような社会を実現させられるかどうかということになります。だから「なくならない」とすると「そんな対等平等な人間社会など実現しない」ということになって、人間個人や社会の発展の可能性を信じられないのですから寂しい限りです。

　ただ、一面では性の商品化に身を投じることは「本人の自由」といわれます。確かに前述したように「個人がすすんで商品化の対象になる場合もあり、一概に善悪の倫理観で判断しきれない」でしょう。しかし、それが多様な選択が保障された上での自己決定であるかという点に、背景としての「強制」が潜んでいます。これまでみてきたように拡大する格差貧困化を背景に「それでしか生活が成り立たない」場合は、自己決定権の侵害なのです。

　性的自己決定権が保障されるということは、イヤなときイヤな相手イヤな場所、イヤな方法で性行為をしなくていい決定権が尊重されるということです。未来にむけてあらゆる強制に「イヤ」といえる自由で平等な社会に近づけなければなりません。

　社会の改善には性的自己決定権を理解し、自他の権利に配慮した人間関係を築く性的自立に向けた教育も当然含まれます。それは、格差貧困化による男性の性的な存在からの逃避や排除からの解放にも有効であることはいうまでもありません。

第 10 章

多様な性　「少数者」の人権

　近年、性の多様性について、セクシュアル・マイノリティの権利を保障する世界的潮流がみられます。

　「NPO 法人 EMA 日本」によると、2020 年 5 月時点で、同性婚および登録パートナーシップなど同性カップルの権利を保障する制度を持つ国・地域は世界中の約 20% の国・地域に及んでいます。

　同性婚が認められる国・地域は以下の通りです。

> オランダ、ベルギー、スペイン、カナダ、南アフリカ、ノルウェー、スウェーデン、ポルトガル、アイスランド、アルゼンチン、デンマーク、ブラジル、フランス、ウルグアイ、ニュージーランド、英国、ルクセンブルク、米国、アイルランド、コロンビア、フィンランド、マルタ、ドイツ、オーストラリア、オーストリア、台湾、エクアドル、コスタリカ

　登録パートナーシップなどを持つ国・地域は以下の通りです。

> アンドラ、イスラエル、イタリア、エクアドル、オーストリア、キプロス、ギリシャ、英国、クロアチア、コロンビア、スイス、スロベニア、チェコ、チリ、ハンガリー、フランス、ベネズエラ、メキシコ（一部の州）、リヒテンシュタイン、ルクセンブルク、ニュージーランド、オランダ、ベルギー
>
> ※同性婚を実現するまでの期間に登録パートナシップ制度等を設けていた国々においては、同性婚実現後、新規にパートナーシップとなることを認めていないものの、既にパートナーシップ関係にあるカップルが同制度にとどまることを認めている例があります（デンマーク、スウェーデン、ノルウェー、ドイツ等）。

　この他、タイ、台湾およびベトナムにおいて、同性結婚法案が国会で審議されています。アジアではこれまで同性婚が認められた国がありませんが、台湾、タイ、あるいはベトナムにおいて法案が可決されればアジア初となります。

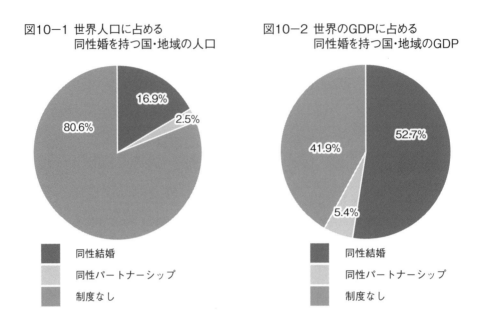

図10−1 世界人口に占める
　　　　同性婚を持つ国・地域の人口

16.9%
2.5%
80.6%

■ 同性結婚
■ 同性パートナーシップ
■ 制度なし

図10−2 世界のGDPに占める
　　　　同性婚を持つ国・地域のGDP

52.7%
5.4%
41.9%

■ 同性結婚
■ 同性パートナーシップ
■ 制度なし

　海外では2015年6月に米国連邦最高裁が同性婚を合衆国憲法が認める基本的人権であると判示し、ホワイトハウスは性の多様性を象徴する虹色のイルミネーションで彩られました。同年7月には欧州人権裁判所も同性カップルの法的保護が欧州人権規約上の義務であると結論づけました。日本でも2015年に東京の渋谷区と世田谷区が同性パートナーシップ証明の発行を始め、2020年末には全国60以上の自治体で制度が導入されました。しかし、日本は国として、同性婚やそれに類する法制度を施行しておらず、先進諸国の中で不名誉な地位を占めています。

　性自認に関しては、日本でも2003年の「性同一性障害特例法」により、性適合手術を受けるなどの条件を満たした場合にのみ、自らの性自認の性別に変更することが認められています。しかし、世界には無条件で性別選択の自由を認める国が増えていて、これも先進諸国では遅れているといわれます（参考：NPO法人 EMA日本「世界の同性婚」http://emajapan.org/promssm/world）。

　性の多様性は、セクシュアル・マイノリティのみでなくすべての人が当事者です。一人一人の顔や身長体重が違うように、性も違っていて100人いれば100通りの性があります。性器の形、射精や月経の始まる時期、いつ恋愛や結婚をする・しない、いつ何人子どもを持つ・持たない（持てない）などはそれぞれで違っていますし、違って多様でなければ社会的に成熟しているとはいえません。

　例えば、日本でもっともセクシュアル・マイノリティが迫害された戦争直前や戦中は、多くの人の性も「若くて健康な結婚をした男女間の子どもをつくるための性」のみが「正当」とされ、婚前のセックス、高齢者、病者・障がい者、同性どうし、避妊すること、中絶すること、不妊症の女性（不妊症は女性責任とされた）など、「正当」からはずされた人々がその多様な性や存在自体を認められず、差別や中傷・迫害の対象にされ肩身の狭い思いをしました。性の自由と平等に基づく多様な選択は大きく侵害されていたのです。多様性への寛容は性においても最も尊重されるべきです。しかし性には他のこと以上に、いつも多数派で、主流派でいなければならない社会的圧力が強くあります。

　では、みなさんはその尊重されるべき多様性の一つである「LGBT」（レズビアン、ゲイ、バイセクシュアル、トランスジェンダー、の英語頭文字をとった造語）とか「性的少数者（セクシュアル・マイノリティ）」といわれる同性愛や性別違和（性同一性障害）などの人と直接会って会話をした経験があるでしょうか。自分がそのセクシュアル・マイノリティなら「他のセクシュアル・マイノリティ」と考えてください。

　これまでどこでこれを質問しても「会話したこともない」「見たこともない」という人が多数でした。出会ったことがある人も「何かの集会で」とか「講演会や授業」でという人が多かったです。

　しかし、誰もが必ず「会って話している」はずなのです。セクシュアル・マイノリティの割合ですが、2019年電通総研のインターネット調査では8.9％、アメリカのカリフォルニア大学ロサンジェルス校ウィリアムス研究所の推定では、米国民の3.5％がレズビアン・ゲイ・バイセクシュアル、0.3％がトランスジェンダーであると推定されています。すこし古いですがアメリカキンゼイレポートでは同性愛者は3〜10％いるといわれます。学校が40人のクラスだとすると3％としても1.2人、クラスに一人以上、10％とするとクラスに4人いたことになります。いずれにしてもクラスに一人以上はいて、これは左利きの

人の割合等と同じともいわれます。

　小学校からいままで何人のクラスメイトや部活の仲間がいたでしょう。学校だけでなくご近所や塾・スポーツクラブなどでも多くの人と会っていますから、必ず挨拶や簡単な会話くらいはしているのです。これを読んでいるあなたがセクシュアル・マイノリティかもしれませんが、それでも他のセクシュアル・マイノリティには会ったことがないという人もかなりいるのは、なぜでしょう。

　理由は明白です。セクシュアル・マイノリティかどうかというのは、見た目ではほぼわかりません。だからあえて何も言わずに生活している人がほとんどだからです。

　セクシュアル・マイノリティはテレビに出ているいわゆるオネエキャラのタレントのような人ばかりではないのです。むしろ、そのタレントが笑いのネタにされたりいじられキャラでいじめられていたりしているのをみると、自分がセクシュアル・マイノリティだとわかると同じ扱いをされるという恐怖を持っています。テレビだけでなく日常の何気ない仲間との会話で毛嫌いするような言葉に出会ったり、授業等でいないものとして扱われたりすると、自分がセクシュアル・マイノリティであると言ってカミングアウトをした場合、まわりに受け入れてもらえないと思ってしまいます。

　セクシュアル・マイノリティ当事者のつらさがよくわかるコメントを紹介します。

＊先生ありがとう。僕、生きててよかったです。生きる権利がない…とはいかないけど、もう毎日つらくて仕方なかった。どうして自分はこんなに他の人と違うのかなって。大学に入ってみたらまさにそう！「女を愛するのが当たり前！」の雰囲気になっている。その状況がいちばん苦しかった。僕も女を愛することが当たり前って、無理矢理決めつけようとして、自分に嘘をついていました。だけどこの授業をとってよかった。うれしくなった。安心した。

　もし、自分が同性の人とつきあったなら、子どもってどうなるんだろうと考えていました。つきあう＝子どもをつくる、イメージしか備わっていないから、同性同士はつきあってはいけないんだと思ってた。でも、そんなことはないんですね。異性同士でも避妊とかあるもん。子どもが恋愛のすべてじゃなかった。それに気づいただけでも嬉しかった。先生ホントにありがとう。いつかホントにホントに、男と男、女と女、そして老人カップル、いろんな愛が、この僕の生きる日本で実現できますようにと、僕は願っています。

COMMENT

＊私は小学校高学年からずっと男になりたかった。女子同士の話もかわいい服も
イヤじゃなかったけど、胸が膨らんでくるのがイヤでつぶしてみたり、スカー
トを持たないでズボンばかりはいたり、たまにどうして男じゃないんだろうっ
て泣いたりしていた。でも好きになるのは男の人で、テレビでみる「男になり
たい女性は女子が好き」というのとは違うと思って、自分もいつかかわいい服
が好きになってスカートが好きになるんだと思ってきた。

　授業を受けるまで、結局自分って何だろうとか気持ち悪いって考えていたけ
ど、「いろんな性の形がある」って言ってもらって、これでもいいんだと思え
るようになった。「男になりたい」って思ってもいいんだ。自分を許してあげるようにしてく
れて、本当にありがとうございました。それに関西に生まれて本当によかった。男女とも使
える言葉が多いから…。

　このような大学生のコメントをみると、小学校・中学校・高校の学校教育の重要性を痛
感します。その段階で適切な教育を受けていれば、大学まで深い悩みを引きずることもな
かったのにと申し訳なくなります。

性の多様性の基礎理解

　性は多様で個別ですが、あえてそれをきわめて大掴みに分類すると次のようになります。

【性別自認】が【身体的性別】と

- 一致しない場合：「トランスジェンダー」「性同一性障害」
- 一致する場合：「シスジェンダー」

【性別自認】に対して【性指向】が

- 同性に向く場合：「同性愛（ホモセクシュアル）」／「ゲイ（男性同性愛者）」「レズビ
アン（女性同性愛者）」

- 両性に向く（または性別を問わない）場合：「両性愛（バイセクシュアル）」「全性愛（パンセクシュアル）」
- 異性に向く場合：「異性愛」「ヘテロセクシュアル」
- どこにも向かない（性的欲望を持たない）場合：「無性愛（アセクシュアル）

【身体的性別】
- 性染色体・性腺・内性器・外性器などからだの一部の発達が違った経路をたどった場合：「性分化疾患（医学）」「Differences of Sex Development（性に関する様々な体の発達状態：DSDs）」

（参考：渡辺大輔「性の多様性を学ぶ」橋本紀子・田代美江子・関口久志編『ハタチまでに知っておきたい性のこと第2版』大月書店、2017年）

　人口比率が多いのは、「身体的性別が男性型か女性型→身体と同じ性別自認→性別自認に対して異性に性指向」となりますが、それにも少数派と同じように「シスジェンダー」「ヘテロセクシュアル」とネーミングされていますし、きわめて流動的です。障害や疾患という言い方も時代とともに変化します。2019年5月にはWHOが「性同一性障害」を「精神障害」の分類から除外し、「性別不合」へと変更しました。また多数派・主流派であることを当然視して強要し、少数派・非主流派を排除したり差別したり偏見を持ったりすることは、前述のように多様性の寛容に向かう成熟社会とは逆行していて「恋愛や結婚・家族においても常に多数派・主流派であるべき」というプレッシャーを感じて、万人が生きづらい社会といえます。その意味ではセクシュアル・マイノリティを含む多様な性を人権として保障することは、すべての人の性的多様性を認めることにもつながって、決して他人事ではありません。

　セクシュアル・マイノリティも一括りでなく多様性があります。例えばメディアは同性愛というと「つねに過激なセックスばかりをしている」ように報道しますが、異性愛と同じくプラトニックな人も、抱き合うだけでいい人もいて多様なのです。このようなステレオタイプな報道は偏見を助長するだけです。この同性愛の多様性を示す例をあげておきましょう。

セクシュアル・マイノリティの生きづらさ

　セクシュアル・マイノリティの生きづらさですが、世界的な人権団体であるアムネス
ティ・インターナショナル（以下、アムネスティ）は「LGBT と人権 - LGBT の人びとを
取り巻く環境」として次のように紹介しています。

・黙認・助長される暴力と差別

　世界の多くの地域で、LGBT であることは正しいことではなく、間違いとみなされており、
同性愛は罪、病気、イデオロギーの逸脱または文化への裏切りであると考えられています。
LGBT の人びとは、宗教・文化・道徳または公衆衛生を理由に、政府あるいは個人からの
激しい攻撃に直面しています。これらの暴力・差別に共通しているのは、社会に浸透して
いる無知と偏見、暴力を容認している公認の差別と抑圧、そして暴力を持続させる免責です。

・差別の制度化

　性的指向あるいは性自認に基づいて人びとを差別することに対し、刑事処罰や懲戒処分
を与えるといった法律を作る姿勢が見られない国ぐにが多く存在します。それどころか、少
なくとも 7 カ国で、同性間の性的関係に死刑が適応される可能性があり、同性間の性的関
係が違法あるいは処罰すべきだとされている国ぐにには 70 カ国以上に上ります。このような
法律上の規定は、LGBT の人びとに向けられる差別、拷問そして虐待に拍車をかけ、さらな

る人権侵害を生む環境を作り出します。また、同性間の性的関係それ自体は犯罪ではないものの、他の規定を用いて、性的指向や性自認を理由に人びとを拘禁したり、情報を規制したり、LGBT関連の活動を訴追したりする国も多く見られます。このような法律は、事実上LGBTの人びとが自らの性的指向や性自認に基づいて生きるための適切な情報の入手、支援、保護を妨げることにもなります。

（アムネスティ・インターナショナル「LGBTと人権 - LGBTの人びとを取り巻く環境」
https://www.amnesty.or.jp/human-rights/topic/lgbt/reality_surrounding_lgbt.html)

　日本ではセクシュアル・マイノリティについて、法的な処罰はありません。しかし、セクシュアル・マイノリティの理解と権利保障はあまり進んでいないため、次のようなさまざまな困難を抱えています。

自己否定、自己開示の困難

　メディアには正確な情報がないことは言いましたが、教育でも取り上げられることがなく、そのために自分がセクシュアル・マイノリティと気づいたときにそれを受け入れられず、強い自己否定感につながります。また周囲に知られたら、たくさんの不利益を受けるということにすでに気づいています。そのため親しい友人や先生・家族にさえなかなか本当のことがいえないつらさがあります。また勇気を出して言ったとしても、まだセクシュアル・マイノリティに対して学びの機会がない場合が多く、偏見を持っているため、かえって傷つく場合が多くあります。

将来イメージ、仲間を得る困難

　セクシュアル・マイノリティとしての先輩のロールモデルが身近にはほとんどいない、いても見えにくいために自己の将来展望が描けません。また友人などにセクシュアル・マイノリティがいない、いても見えにくいため仲間に出会い同僚を得るということができません。そのため大きな不安と悩みを抱え、孤立しやすくなります。

　不安から出会いやつながりを求めてネットなどで、見知らぬ団体や個人と連絡をとる場合もあります。しかし、見知らぬ相手ですから、詐欺・脅しや性的な搾取・暴力の被害に遭う危険性も高くなります。

生活の困難

　日本の社会や法律は、セクシュアル・マイノリティを視野に入れたものがほとんどないため、個人やカップルには、生活上の様々な困難があります。例えば戸籍の変更の条件が厳しすぎるため、望む性に変更できない。同性婚が認められていないため、会社や行政からの様々な権利や優遇措置が得られず、土地や財産を「分配」や「相続」できません。相手が病気であっても家族として認められず介護や看病もできない等があります。

　このようにセクシュアル・マイノリティは、生きづらい社会に孤立無援のかたちで漂うことになります。その結果、様々なトラブルに巻き込まれやすくなります。

　心理的には常に自分をかくし、否定的にみているために、精神的ダメージを受ける者も少なくありません。さらにいじめや差別の対象にされる恐怖もあります。実際に1989年にアメリカ社会保健福祉省が行った調査では、男性同性愛者の5％、女性同性愛者の10％が、過去一年間に「同性愛者である」という理由で物理的虐待や暴力を受け、47％が生まれてからいままでに、何らかの差別を受けた。思春期に自殺した若者の30％は同性愛者によるものであり、思春期の同性愛者は、そうでない若者に比べ2〜3倍、より自殺を試みやすい、他にも薬物依存や自傷行為、摂食障害などの症状を示す可能性も多くある、と報告しています。

　日本でも、「いのち　リスペクト。ホワイトリボン・キャンペーン」の「LGBTの学校生活に関する実態調査（2013）結果報告書」によると次のような「いじめや暴力」を受けた経験があります。

表10−1 いじめや暴力を受けた経験（複数回答）

	性別違和のある男子	非異性愛男子	性別違和のある女子	非異性愛女子
身体的な暴力	48%	23%	19%	10%
言葉による暴力	78%	53%	54%	45%
性的な暴力（服を脱がされる・恥ずかしいことを強制）	23%	12%	12%	7%
無視・仲間はずれ	55%	34%	51%	57%
上のような経験はない	18%	35%	30%	36%

出典：いのちリスペクト。ホワイトリボン・キャンペーン「LGBTの学校生活に関する実態調査（2013）結果報告書」2014年

トランスジェンダーが思春期に及ぼした危機については別に次のような報告もあります。

表10-2 GIDが思春期に及ぼした影響

	FTM (Female to Male)	MTF (Male to Female)	全体
不登校になった	28.6%	30.8%	29.4%
自殺を考えた	55.9%	63.2%	58.6%
自傷・自殺未遂	26.6%	31.4%	28.4%
精神科合併症	11.4%	25.1%	16.5%

出典：中塚幹也『学校の中の「性別違和感」を持つ子ども　性同一性障害の生徒に向き合う』2013年　科研費報告書

さらに、ゲイとバイセクシュアルの男性では、約半数が学校でいじめに遭い、3人に2人は自殺を考え、14%は自殺未遂の経験があるという調査結果があります（日高庸晴「HIV感染予防行動の阻害要因」『季刊セクシュアリティ』22号、2005年7月）。

教育の重要性

性の多様性理解のための性教育での取り組みですが、それが著しく不足しています。「教員5,979人のLGBT意識調査レポート」（2014年）によると、教員の約7割が「性同一性障害」について、6割が「同性愛」について「授業で教える必要がある」としています。しかし、実際に授業を行ったのは約14%となっています。

また多くの教員がセクシュアル・マイノリティの子どもと関わったことがなく、授業のための知識の不足や教えにくさを感じています。その原因として養成機関での自身の学びの不足があり、研修や大学の授業で学ぶ必要性を感じていることは判明しています。以下データをグラフで紹介します。

表10−3「LGBTについて、授業で取り扱う必要がある」

教育の現場で教える必要があると思いますか。▼

同性愛について教える必要があると思う	62.8%
性同一性障害について教える必要があると思う	73.0%
HIV/AIDSについて教える必要があると思う	94.3%
性感染症について教える必要があると思う	93.6%

図10−3「LGBTの子どもと関わった
経験のある先生はごく少数」

実際に生徒と関わったことがありますか?
▼

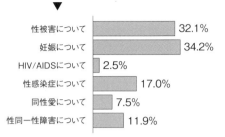

性被害について	32.1%
妊娠について	34.2%
HIV/AIDSについて	2.5%
性感染症について	17.0%
同性愛について	7.5%
性同一性障害について	11.9%

図10−4「なぜ、LGBTについて授業で取りあげないの?」

LGBTについて
授業に取り入れた
経験がありますか?
▼

授業に取り入れない理由
▼

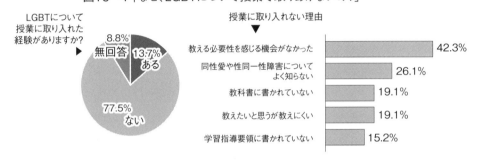

8.8%
無回答　13.7%
ある
77.5%
ない

教える必要性を感じる機会がなかった	42.3%
同性愛や性同一性障害についてよく知らない	26.1%
教科書に書かれていない	19.1%
教えたいと思うが教えにくい	19.1%
学習指導要領に書かれていない	15.2%

表10−4「出身養成機関での実施状況は…」

同性愛について出身養成機関で学んだことがある	7.5%
性同一性障害について出身養成機関で学んだことがある	8.1%
自傷行為について出身養成機関で学んだことがある	19.4%
不登校について出身養成機関で学んだことがある	29.4%
いじめについて出身養成機関で学んだことがある	31.3%

図10−5「きちんと知ると、子どもとの関わり方が変わる」

性の多様性に関する
研修があれば
参加したいですか?
▼

学生時代に性の多様性に
関する授業があれば
履修したかったですか?
▼

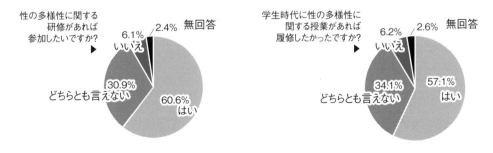

2.4% 無回答
6.1%
いいえ
30.9%
どちらとも言えない
60.6%
はい

2.6% 無回答
6.2%
いいえ
34.1%
どちらとも言えない
57.1%
はい

出典：日高庸晴研究代表「教員5,979人のLGBT意識調査レポート」2014年

　文科省は 2010 年に「性同一性障害」の子どもたちへの配慮および支援を求め、さらに実態調査から 2015 年「性同一性障害に係る児童生徒に対するきめ細かな対応の実施等について」の通知を出して、「性的マイノリティ」全般への支援と人権教育の推進を教育現場に要請しました。翌 2016 年には、これを踏まえて、「性同一性障害や性的指向・性自認に係る、児童生徒に対するきめ細かな対応等の実施について（教職員向け）」という周知資料を作成し配付しています。

　「いのち　リスペクト。ホワイトリボン・キャンペーン」での「LGBT の学校生活実態調査 2013 年」によって次のような実態が報告されています。

> ・性同一性障害や同性愛などのＬＧＢＴ（性的少数者）は、小学校〜思春期の頃に自分自身が多数派と異なることを大半が自覚しますが、男子５割、女子３割は誰にも相談できていない。
>
> ・カミングアウトするときに選ぶ相手では、約６〜７割は同級生を選び、また同級生でなくとも部活や同じ学校の友人など、同世代の友人が選ばれています。「教師にカミングアウトした」全体の１割程度に過ぎず、学校や教師は気付きにくい。
>
> ・誰にも言わなかった理由は「理解されるか不安だった」（約６割）、「話すといじめや差別を受けそうだった」（男子約６割、女子約３割）。

　ここでカミングアウトされる可能性の高い友人の大切さを示すコメントを紹介します。

COMMENT

　＊私はバイセクシュアルと自認しています。一時はすごく悩んだ時期もありましたが、当時相談にのってくれた友だちのおかげで、今は「そういう自分なんだ。好きになった人がたまたま男性だったり、女性だったりするんだ」と肯定的に捉えています。

以上のような実態から、速やかに教員養成期や現職教員への学びの機会の保障によって、授業や相談のできる教員育成が求められていることがわかります。そうすることで性の多様性への理解も広がり、自他の権利を尊重し配慮できる子どもたちも増えて、誤解や偏見による誤った言動も減っていきます。

　子どもたちへの情報提供や多様性受容のメッセージとして、学校にすぐにできることもあります。各教室や保健室・図書室・職員室に性の多様性に関する本を置く。各教室や職員室・保健室に相談先の入ったポスターを貼る。識者・当事者等の講演を行う、等々です。将来的には教員個人の資質の向上も欠かせません。そのための参考にセクシュアル・マイノリティの子どもからの相談や対応での重要ポイントを紹介しておきます。

相談しやすい先生6箇条

①子どもからの話を性の面でもいつもしっかり聞いてくれてごまかさない先生

②LGBTも性のことも嘲笑の対象にしない先生

③社会は「男性／女性だけじゃない」を知っている先生

④社会は「異性愛だけじゃない」を知っている先生

⑤「LGBTを知っている」「知りたいと思っている」を伝えてくれる先生

⑥多様性への理解が深い対応をしてくれる先生

カミングアウトを受けるときの6箇条

①プライバシー保護のできる場で、最後まできちんと話を聞く

②相手のセクシュアリティを一方的に決めつけない

③「話してくれてありがとう」等と伝えエンパワーメントする

④「どうして伝えようとしてくれたのか」「何に困っているのか」「どうしてほしいのか」をきく

⑤「これまで誰に話しているのか」「これから誰にどこまで話していいのか」を確認する

⑥相談や信頼できる人につながれるための情報を伝える

（参考：薬師実芳、古堂達也、小川奈津己、笹原千奈未
『LGBTってなんだろう？からだの性・こころの性・好きになる性』合同出版、2014年）

①高齢者の性

　日本は世界屈指の長寿国ですが、高齢者が幸福に過ごせる国かというと首をかしげたくなります。とくに高齢者と性という点でみると、老人は性的存在とは認められず、いわゆる「枯れた存在」として周囲から扱われます。

　平均寿命が50歳代だったころは女性の閉経にみられるように、性機能の低下する頃に男女とも寿命はなくなっていました。しかし現在は80歳、90歳まで生きることも珍しくありません。高齢者の性を捉えなおすことが幸福につながります。

　保健師の故・大工原秀子さん（『老年期の性』『性抜きに老後は語れない』の著者）の「老人の性の実態調査1985年」によると、「性的欲求」が「全くなし」と答えた男性は9%で、女性は41%でした。「性行為の有無」について「あり」の男性は96%で、女性は92%でした。2012年に行われたジェクス社の「ジャパンセックスサーベイ」（下図）では60歳を過ぎても男女とも50〜74%の割合でセックスをしています。

図10−6 50〜69歳の月1回以上の性行為のある者

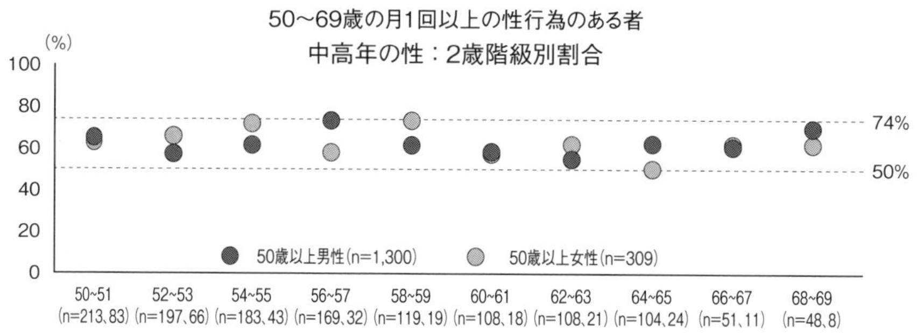

出典：ジェクス「ジャパンセックスサーベイ」2013年

　高齢者がりっぱな性的な存在だということがわかりますね。しかし、その性は若い頃とは大きく変わっていきます。女性の性器の萎縮・膣分泌液の減少、男性の勃起不全など、加齢とともに挿入や射精というセックスへの障害が現れます。しかし、ものは考えようで「性器の接触・挿入から射精」というパターン化されたセックスの縛りをもっと豊かなものにしていくチャンスでもあります。閉経をして性器性交をしても、妊娠の心配がなくなったこともあわせて、多くの人がリタイアしてたっぷりと時間ができるはずですから、ゆとりある性的な語らいやふれあいを楽しめる、そのような豊かなセックスの可能性が高齢者にはあるのです。そのためには若い頃から互いの対等な関係による、安心できる会話やふれあいによるセックスの満足を心がけるというアプローチ（助走）が欠かせません。

そうみると年齢を重ねていくことも、性も含めて楽しみであり、恐れずにすむのではないでしょうか。高齢者がその長寿を喜べる社会であるために、性への理解は欠かせません。そのための必須条件を示しておきます。

1. 高齢者は性的な存在で枯れてなどいない
2. 高齢者は性的に魅力的な存在として自他を高めていける
3. 高齢者の性欲や性行動を肯定し汚らしいものとみない
4. 生殖だけでない多様な性を理解し、挿入や射精にこだわらず相互の満足を尊重できる
5. パートナー（同性愛者も含み）を亡くしてからの交際や再婚を古い道徳観で縛らない

②障がい者の性

　日本において障がいをもつ人の権利は、十分に保障されているとはいえませんが、そのなかでももっとも遅れているのが性的権利の保障でしょう。

　国連が2006年12月採択し、日本でも2014年2月19日に発効した「障害者の権利に関する条約」では、第三条の一般原則で、

a、固有の尊厳、個人の自律（自ら選択する自由を含む。）及び個人の自立を尊重すること。

b、差別されないこと。

c、社会に完全かつ効果的に参加し、及び社会に受け入れられること。

d、人間の多様性及び人間性の一部として、障害者の差異を尊重し、及び障害者を受け入れること。

e、機会の均等

f、施設及びサービスの利用を可能にすること。

g、男女の平等

h、障害のある児童の発達しつつある能力を尊重し、及び障害のある児童がその同一性を保持する権利を尊重すること。

と謳い、性の面では

第二十三条　家庭及び家族の尊重で

　締約国は、他の者と平等に、婚姻、家族及び親子関係に係るすべての事項に関し、障害者に対する差別

> を撤廃するための効果的かつ適当な措置をとる。この措置は、次のことを確保することを目的とする。
>
> 1、婚姻をすることができる年齢のすべての障害者が、両当事者の自由かつ完全な合意に基づいて婚姻をし、かつ、家族を形成する権利を認めること。
>
> 2、障害者が子の数及び出産の間隔を自由にかつ責任をもって決定する権利並びに障害者が年齢に適した情報、生殖及び家族計画に係る教育を享受する権利を認め、並びに障害者がこれらの権利を行使することを可能とするために必要な手段を提供されること。
>
> 3、障害者（児童を含む。）が、他の者と平等に生殖能力を保持すること。

とあります。（下線筆者）

　しかし、日本においての障がい者の現状をみると次の通りで遅れています。

　障がいのある成人は「親と同居」54.5％と過半数で、「配偶者と同居」4.4％、「一人暮らし」9.4％です。40代前半までは、親との同居が50％を超えており、50代前半でも3人に1人以上が親との同居となっています。「親と同居」で障がいの有無を比較すると、子どもの頃に親と同居する割合は、ほぼ差がみられません。しかし仕事に就き、新しい家庭を築き、親から経済面・生活面ともに自立していく成人のころから、徐々に格差がうまれて、35〜39歳では障害のある人の66.2％、実に3人に2人が未婚で親と同居して、国民一般のおよそ4倍の数字となっています。また、「一人暮らし」で同じく比較すると、障害のない人が18〜20代前半にかけて8〜9割ほどが何らかで、一人暮らしを経験しているのに対して、障害のある人の20代から30代における一人暮らしの割合は一割にも満たない状態で「親依存の生活」から脱しきれていません。経済面でも年収は、相対的貧困とされる年収122万円の「貧困線」を下回る障がい者は81.6％です。

　障害のある人たちの多くが、きわめて低所得で「親依存の生活」となり、経済的にも生活面でも自立できず、結婚から新家庭を築くということを望んでも叶わない状況にあります。これは権利条約で示された、障害のない「他の者との平等」の生活水準や、「誰とどこで暮らすかは自らが決める」という条約の水準にとても及ばない状態といえます（きょうされん「障害のある人の地域生活実態調査報告書」2016年）。

　生活や経済の自立とともに、条約を実効性のあるものにするためには性の自立のための教育が必要です。しかし、ごく一部の良心的な学校や熱心な教職員の実践を除き怠ってきたと言われても反論できないでしょう。むしろ中絶のところでみた優生保護法の規定のよ

うに、その存在をなきものにしようという優生思想の犠牲になっていました。また就学猶予で一般的な教育の機会さえ奪われ続け、施設では月経処置の面倒さから子宮摘出手術を受けさせられることもあったのです。

　一口に障がいといっても様々ですが、一般的に障がい者は、その障がいのために自分のからだやいのちに関する認知や自己肯定が不足し、排尿や自慰、月経の適切な処置などができにくいため、人前で不適切な行動をとることがあります。ですから自分のからだとこころを大切にし、適切にプライバシーが守れる行動がとれることは、自立に欠かせない生きるための教育なのです。また、知的障がい者は知的レベルとからだの発達がアンバランスのために、やさしい言葉で簡単にだまされて性被害に遭うこともありますから、自分のからだを守り、性的な事故を回避するためにも性教育は必要なのです。さらに恋愛や結婚という当たり前の性の権利が保障されるためにも性教育は欠かせません。

　性教育の必要性がわかる学生のコメントを紹介します。

COMMENT

＊私が前に付き合っていた彼氏は、足が不自由でそのうえ発達障害がありました。とても素敵な人で大好きだったけど、障害のせいでセックスは全くうまくいきませんでした。私は一緒に夜を過ごせるだけでとても幸せだったけど、彼はそれがコンプレックスで、よく悲しそうな顔をしていたのを思い出しました。障がい者どうしでも、障がい者と健常者とでも、どうセックスをしてよいのかわからないことだらけです。もっと勉強したいです。

　このように、「挿入射精がなければセックスでない」という思い込みが障がい者にもそうでない人にも強くあり、悩みを深めています。セックスはお互いの満足が大事で方法は多様です。このような固定観念はなくしたいものです。また、いろんな補助器具や介助もあるので工夫もできます。

　あと二人、紹介します。

COMMENT

＊兄に障がいがあって、人目をはばからず自慰を始めて、大声を出すので家族みんな困り果てていました。プライバシーをまもって性を大切にできる性教育は家族にとっても必要です。七生（コラム参考）で行われていた性教育を全国でしてもらいたいと切実に思います。

＊私は自慰に関してあまり肯定的に捉えられませんでした。というのも中学のとき同クラスの知的障害の男子が教室で自慰を始めたところを見たからです。みんな驚いてショックを受けました。障がい者も同じように性欲を満たす権利があります。だから、きちんと教育がされていないとこのように周りにも悪影響があると思います。

COMMENT

　障がい者への確かな性教育が自立のために不可欠で、それが周囲の安心にもつながることがよくわかりますね。

【「障がい者の性」理解に役立つ動画紹介】
• ピルコン〔PILCON〕「障害とセクシュアリティ」
　https://www.youtube.com/watch?v=XbiSt7j6tgM

特別コラム「障がい児学校への性教育バッシング」

　障がい者の自立に欠かせない性教育ですが、こともあろうかその性教育をバッシングする事件が2003年7月に当時の都立七生養護学校（現　七生特別支援学校）で起きました。

　この七生養護学校は、近くの福祉施設の子が約半数近くを占め、親元を離れ家庭的に恵まれず自己肯定感が乏しい子どもが多かったのです。そのため性のトラブルもあり、性被害の犠牲者になりやすいなどで、自己肯定感を育んで自他のこころとからだを大切にし、トラブルや性被害に遭わないための性教育が必要とされ行われてきました。

　それを都議会で一部議員が「行き過ぎた性教育」「過激な性教育」という言葉を乱発したうえで、「実態調査したのでしょうか」と質問して、それをきっかけに、その都議らが数人の区議・市議や産経新聞記者をともなって都立七生養護学校へ「視察」に入りました。

「視察」と称して東京都教育委員会（都教委）も立ち会いのもとで性教育の教材をすべて公開させ持ち去り、性教育用の人形を衣服・下着を脱がされたかっこうで並べ写真にとらせ、翌日の産経新聞では「まるでアダルトショップのよう」という記事が掲載されました。

　その後都教委が都立七生養護学校の前校長を一般教諭に降格と停職一ヵ月とするなど、東京都全体で100名以上の大量処分を行ったのです。この前校長の処分については後の裁判で処分不当が確定しています。

　しかし、この七生養護学校の性教育実践は子どもたちのためによく工夫されたものでした。一例をあげると、産経新聞に「まるでアダルトショップのよう」と非難された性教育用の人形は、障がいのある子どもたちが写真や文章ではわからないため、見て触れられる実物に近いものということを配慮されての教材でした。実践では性器をいきなり見たり触ったりすることはなく、順番にからだの部位をチェックして、人形にていねいに断ってから下着を脱がすようにしていました。子どもたちに性器がプライベートゾーンであり、誰にも同意なしに触ったり見せたりしてはいけないことを教えるためでした。

　この点からいうと「視察」と称して何体も人形を集め、下着をずらし、性器だけを露出させた写真を撮り、新聞に掲載させた都議らや産経新聞社の方が過激で非常識と言わなければならないでしょう。この例のように同校の性教育では児童生徒の実態に即して、保護者の意見もていねいに応えながら、教職員集団として小学部から高等部まで一貫した教育課程をつくり上げてきたのです。

　それ以降この事件に関しては、東京弁護士会に人権救済が申し立てられ、2005年1月に同弁護士会が東京都教育委員会に対し、人権侵害や違法性が最も強い度合いと認定する「警告」を出しました。

　この「警告」では従来の性教育の方針から急転換したのは都教委であり、議員の視察もそれに加担した教育委員会も当時の教育基本法10条の「不当な支配」にあたり違法で、学習指導要領は大綱でありそれに加えた指導ができる、と指摘しています。

　その後も2005年5月12日、教職員や保護者ら多数が原告となり「性教育への不当な介入で、子どもたちの学習権が侵害された」として、都と都教育委員会、一部都議、産経新聞社を相手取り東京地裁に提訴しました。

　2013年11月28日に最高裁第一小法廷の判決によって、介入した都議らの行為と、これを黙認し厳重注意処分を発した都教委の行為を違法として損害賠償を命じた高裁判決が確定し、原告の教職員や保護者の勝利で終結しました。確定した高裁判決は、都議・都教委の「過激性教育」判断の根拠自体が誤りであることを明示し、「こころとからだの学習」を「望ましい取り組み方であった」と評価し、教育現場の自主性を広く認める画期的な判決でした（詳しくは、「こころとからだの学習裁判」支援 http://kokokara.org/index.html 参照）。

　この2003年前後より、性教育バッシングは日本の各地で起こり、直接バッシングされない地域や学校でも、性教育への自粛ムードが拡がって子どもたちの性の学習権が奪われる結果になりました。この判決により、そのようなバッシング自体が性教育を萎縮させ発展を阻害すると認められたことは大きな意義があります。

　このコラムの最後にバッシングを受ける前の七生養護学校の「性教育の時間」で大切に考えられていたことを紹介しておきます。

○心地よさの体感やボディイメージを育てる

○リラクゼーションタイム・ハッピータイムとし、からだの緊張をとる

○人とのふれあい・かかわりを多くもち「安心感」「人を好き」と感じられる

○清潔なからだは「気持ちよい」スキンシップは「心地よい」「からだっていいもんだ」と思えるように
　なる

○からだの成長や心の変化、男女の特徴に気付いていける。自分をまもり、からだを大切にする気持ち
　を育てる

○自分自身の「よさ」や友達の「よさ」に気付き、お互いに自分らしさを出せる時間。自分に自信が持て
　るようになり、自分を好きと思える

海外の障がい者の性

　障がい者の性の権利という点で、日本との相違をみるために、第9章「性の商品化」に
も出てきたオランダの例をみてみましょう。

「障がい者のための性的サービス」

　オランダの障がい者のための性的サービスについて、オランダでは SAR（選択的な
人間関係財団）と呼ばれる、障がい者自身によって1980年代前半に設立された団体があ
ります。この団体は自慰が自分ではできないような障がい者に、セックスや、場合によっ
ては添い寝などの相手を有料で派遣しています。

　年間の利用者は約2000人で、外国からの利用者も増えてきています。　利用者の6割が
知的障がい者であり、残りが身体障がい者、精神障がい者の利用もありますが、数は少な
いといいます。　男女比は9割が男性で、女性は1割にも満たない数です。　サービスの提
供者は女性が13人で、男性は3人。男性のうち一人がゲイ（同性愛者）で、もう一人が
バイセクシュアル（両性愛者）で、女性にもレズビアンの相手をする人もいます。サービ
スは有料で1時間半で73ユーロ（約9500円　2009年4月レート）、このSARを利用す
る障がい者に対して、36の自治体が助成金を出しています。助成金を出しているうちの
ドルトレヒト市役所の障害者福祉課では、助成金を受けているのは10年間でのべ5人で、
人数が少ない理由として、条件が「収入がなく、セックスの相手がいないこと。さらに、
自分で自慰ができないこと」とあり、該当者が少ないためだそうです（河合香織『セック

スボランティア』新潮社、2006 年）。これに対して「売買春と変わらない」、「女性の利用の少なさはジェンダーバイアス」、などの見方もありますが、障がい者の性というもっとも人権保障がとどこおりがちな分野への積極的な試みの一つであることは確かでしょう。

オランダは他にも性の面でかなり進んだ国です。異性とまったく同等の同性婚を 2000年 12 月に世界に先駆けて認め、「パートナーシップ法」では不可である海外養子も教会の認知も可能にしました。先進国でもっとも十代の妊娠や中絶が少ない国のひとつとしても知られています。他にも 2000 年には売春が完全合法化、1963 年避妊ピルの早期解禁、1984 年中絶の合法化、等があげられます。

障がい児への性教育もその被害などから「ハイリスクグループ」教育として、日本の文科省にあたる政府機関が「望ましい教育」として推奨しています。

私が 2016 年に訪問した性教育専門組織 Rutgers（家族計画協会）では、「知的レベルとからだの発達のギャップ」があり、性被害に遭いやすい子（障がい児も含む）の支援教育として、「ポジティブな教育」「支援教育」「安全な学校つくり教育」の 3 つをもとに知的な発達段階を 16 に区分して、その子の発達段階に合わせた教育プログラムを多くの学校に提供しているということでした。

多様性を理解する社会に

性の権利を保障するためには、多様な性を理解する成熟した社会にすることをめざすべきです。性的少数者がその権利を主張しカミングアウトしても安心できる居場所があるかどうかは、当事者の責任問題ではなく、社会があらゆる属性による性的な差別や不必要な区別をしない状況でこそ可能になります。そうみるとセクシュアル・マイノリティの権利保障がどの程度実現しているかは、全ての人の性的多様性を理解する社会であるかどうかのバロメーターでもあります。このように考えると、各人の属性や生き方の多様性を性の面でも認め合うことこそが重要なポイントでしょう。そのためにはまわりに必ずセクシュアル・マイノリティがいることを念頭に、会話したりや授業をし、不必要なプライバシーの侵害をなくすことです。それにもし周りに差別的な言動があれば「それは、おかしいよ」「偏見だよ」と一言いうだけで、そこにいるであろうセクシュアル・マイノリティは救われる思いがします。

では、多様な性を理解するためセクシュアル・マイノリティの授業終了時点での前向き

なコメントを紹介して、この章の結びにします。

COMMENT

①先生が来てくれて僕は救われたと思う。プライバシーを守ってくれるし、偏見を持っていないからだ。僕は「同性愛者の一人」です。もちろんまわりの人にはカミングアウトしていないし、しようとも思っていません。社会が変われば堂々とカミングアウトしようと思います。

幼い頃から女性には全く興味がなく、ただの友だちでしかなかった。好きと印象を持つのは男のみ。いつかは女性も好きになるだろうと思っていたのだが、思春期でも変わらない。やがて「ホモ」とか「ゲイ」とか同性愛に関する用語を聞くようになって、信じたくはないが自分はゲイなのだと認識するようになった。それからマスターベーションのおかずは「男」になり、現在もそのままである。社会では（少なくとも日本では）誰も理解してくれないだろうと思いこんで胸の内にしまい込んできた。最近だんだんと理解されつつあるのは嬉しく思う。

僕は女になりたいとは思わないし、男だから性の情動は大きい。だからセックスはしたい。ＡＶ（ゲイの）をみてマスターベーションもする。そういう点では「ただの男」なのだ。

恋愛の対象が男というだけ。年下か年上が好きかというのと全く同じだ。でも何となくカミングアウトできない自分がいる。好きな男性ができても告白できないまま何の進展もない。だからもちろん童貞のまま、もっと性同一性障害や同性愛が理解されれば恋人もできやすいかもしれない（僕の思い違いかな）。

たまにジョークで「ゲイでしょ」なんて友だちから言われる。もしかしたらばれてるの、と一瞬恐ろしくなる。そういう自分が嫌になり自殺しようと何度も思った。でも授業で変わった。こうやって感想を書いてすっきりした。3～10％もゲイがいることを知って「意外と多いじゃん」と思った。自殺なんてバカらしい考えはもうやめよう。カミングアウトはできないにしても、自分を大切にしていきたい。いつの日か、堂々と男の人と手をつないで街を歩きたい。すっきりさっぱりしました。先生ももっとマイノリティについていたるところで論じてください。

②20歳のころ、自分はトランスジェンダーなんだと確信した。涙も出て困惑もしたが、自分のモヤモヤが解消されたとスッキリした思いもあった。なんで女に生まれてきたのだろう、男になりたい、髪を切りたい、大きく膨らむ胸、女の子扱い、どこかもやもやしていて、自分じゃないような生活をしてきた。でも男にはなれない女として生きていくしかないと絶望してきた。けどトランスジェンダーの存在を知って、すべてが吹き飛んだ。女に生まれても男として生活している人がいる。男として生きていけるんだと思った。

　でも、社会的に生きにくさも感じます。だからすごく悩みました。でも女として生きていくことはやっぱり無理なんです。これからどう生きていくかわからないときがよくある。でも少しずつカミングアウトしていき、自分を理解してくれる人ができて、友だちや先生に支えられて生きていると実感する。感謝しきれないくらいだ。将来からだも手術しようと思っているけど不安だ。でも昔のように一人じゃない。自分らしくをモットーに前に進んでいこうと思っている。その思いを後押ししてくれたステキな授業をありがとうございました。いつかゆっくりお会いして話ができることを楽しみにしています。

【性の多様性理解に役立つ動画とマンガ紹介】
- MOJchannel「人権啓発ショートムービー『りんごの色〜LGBTを知っていますか？〜』」
  https://www.youtube.com/watch?v=Q4IVysT1wNA
- 大分県「りんごの色〜LGBTを知っていますか？〜」
  http://www.pref.oita.jp/uploaded/life/2048601_2376667_misc.pdf
- newcteam「『ピンクなんてオカマみたい！』性別思い込みあるある（1）」ナンバー５までシリーズあり
  https://www.youtube.com/watch?v=_6OJTAbxdmg
- MOJchannel「人権啓発ビデオ『あなたが あなたらしく生きるために　性的マイノリティと人権』」
  https://www.youtube.com/watch?v=G9DhghaAxlo

第11章

過去から未来へ ～戦争から平和～

それぞれの「家族観」・結婚観の成熟から「21世紀の多様性」へ

　人間が安心して生活するためには共同体としての居場所が必要だといわれます。しかし、いま職場や地域社会での共同体機能がやせ細り、「家族」だけが人間関係のすべてになってしまう人が増えています。そのためか「家族を大事」と考える人も増え続け「いちばん大切にしたいもの」の中で「家族」がトップです（中村 隆・土屋 隆裕・前田 忠彦「国民性の研究 第13次全国調査－2013年全国調査－」 統計数理研究所調査研究リポートNo.116、2015年）。しかしその思いとは裏腹に「家族の実像」は揺れ動いて一概に安心できる居場所ではなくなりつつあります。

　その「家族」を大掴みにみると、戦後に構成員では、三世代の大家族から高度成長期における親子のみの核家族、さらにいまは単身世帯の増加へと変化しました。またその機能も農業などにみられる集団経営体から工場・会社など外部産業への労働力供給と子育てへ変化して、現在は単身世帯増によるホテル的機能へと、変遷しています。その単身世帯の多くは経済や対人関係の貧困化と重なり合って、全ての社会関係資本からほぼ排除され孤立する人々を増やしています。

　孤立化・貧困化は「家族」を選んで生まれてこられない子どもたちも直撃し、低収入のひとり親世帯などでは「子どもの貧困問題」という貧困の再生産をもたらしています。このように、いわゆる伝統的「家族」制度・「家族」神話は揺らいで新しい局面を迎えています。

　では、みなさんは将来どのような「家族」を創造したいでしょう。結婚はしない・する、子どもはほしくない・ほしい（何人）。既婚の方は未婚のときを思い出し考えてください。セクシュアル・マイノリティの方は、近い将来法律改正や科学の進歩で性別の選択、同性婚・同性間の妊娠など全ての条件が整い選択が可能になるとして考えてください。する・しないは別として結婚の悪い点・良い点は何でしょう。結婚する場合や二人で生活する場合はどのような生活を希望しますか、共働き、専業主婦（夫）、出産で途中退職・育児後再就職などです。

COMMENT

①結婚しようとは思うけど、教員採用試験で失敗し続けて講師生活なら無理かなあと思ってしまう。

②結婚したいと思います。さびしがりやなんで安心できる家族が欲しいからです。でもいまのままでは出会いもないし、就職も難しそうなので現実の厳しさも感じます。

③卒業したら彼女が遠い実家に帰ってしまうと言っています。大好きだけど追いかけて結婚するかどうか迷っています。彼女は自由にしろといいます。私の家族は反対するでしょうから悩みます。

④結婚しなくてもいいと思ってるけど、友だちやまわりがみんなしたらあせる自分がいます。世間体もあるし考えてしまいます。

⑤自分は結婚には向いていないと思います。

⑥私は結婚したいと考えていますし、子どもも欲しいです。ただ最近いろいろ思うところがあります。なんだかどうしても男である自分にすごい責任を感じるからです。私の実家では母は働いておらず、父が家族を経済的には養っています。そういう形をみてきたので、どうしても自分の肩にすべてがかかっているように思えてしまうのです。少し前まで就職活動をしていたので、収入などで不安な要素が出てきました。ただ現在では共働きも多く不安がないように思いますが、二人とも育児の時間をとることが難しい不安が出てきます。

⑦奨学金を返済するまで結婚はできないと思っています。

　この結婚観ですが国立社会保障・人口問題研究所「2015 年社会保障・人口問題基本調査（結婚と出産に関する全国調査）第 15 回出生動向基本調査」の独身者調査では次のようになっています。

結婚する・しない・できない

　いずれは結婚しようと考える未婚者の割合は、過去と変わらず高い水準にあり、18 〜 34 歳の男性では 85.7％、同女性では 89.3％です。一方、「一生結婚するつもりはない」と答える未婚者の微増傾向は続いて、男性では 12.0％、女性では 8.0％となっています。い

ま独身化が進んでいますが、実際には男女とも9割弱の人が結婚をするつもりでいます。独身生活の利点は、男女ともに「行動や生き方が自由」を挙げる人が圧倒的に多く、男性では69.7%、女性では75.5%です。それ以外では「金銭的に裕福」、「家族扶養の責任がなく気楽」、「広い友人関係を保ちやすい」が比較的多くなっています。

「結婚しない」というのは選択の問題ともいえますが、同調査で「一年以内に結婚するとしたら何か障害となることがあるか」をたずねたところ、男女とも「結婚資金」を挙げた人が最も多く、男性43.3%、女性41.9%となって経済的要因が結婚したくてもできない状況をつくりだしています。経済的な要素はとくに男性の結婚の意志にも影響しています。一年以内に結婚する意思のある未婚者の割合を就業状況別にみると、男性では大きな差がみられ、自営・家族従業等、正規の職員で高く、パート・アルバイト、無職・家事など不安定で低収入・無収入ほど低い傾向があります。女性では学生を除くと、そのような差はみられません。

図11−1 調査・終業の状況別にみた、一年以内に結婚する意思のある未婚者割合の推移

注：対象者は「いずれ結婚するつもり」と回答した18〜34歳の未婚者。「一年以内に結婚したい」または「理想的な相手が見つかれば（一年以内に）結婚してもよい」と回答した未婚者の割合。「派遣・嘱託」の区分は第12回調査で選択肢に追加（第13回 調査では、さらに同区分に「契約社員」も追加）。

出典：国立社会保障・人口問題研究所「2015年社会保障・人口問題基本調査（結婚と出産に関する全国調査）第15回出生動向基本調査」

結婚のメリット　望む生活

結婚のメリットは男女とも「自分の子どもや家族をもてる」、「精神的安らぎの場が得られる」、「親や周囲の期待に応えられる」「愛情を感じている人と暮らせる」が多く、女性では「経済的に余裕がもてる」が男性の4倍近い2割となっています。結婚後に望む生活形態ですが、未婚男女が理想とするライフコース（理想ライフコース）は専業主婦コース

18.2（10.2）％、結婚・出産で離職再就職コース 34.6（37.4）％、両立共働きコース 32.3（33.9）％、結婚子どもなし共働き 4.1（3.3）％、結婚せず仕事を続ける 5.8（3.6）％（カッコ内が男性）となっています。

　将来希望する子ども数の平均値は、未婚女性で 2.02 人。未婚男性は、1.91 人です。夫婦にたずねた理想的な子どもの数の平均値は、2.32 人となっています。夫婦の希望子ども数が理想子ども数を下回っている理由は「子育てや教育にお金がかかりすぎる」（総数56.3％）が圧倒的に多く、ここでも経済的な理由で希望が叶わない現実があります。

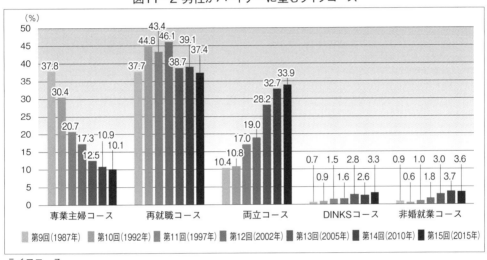

図11−2 男性がパートナーに望むライフコース

ライフコース
専業主婦コース＝ 結婚し子どもを持ち、結婚あるいは出産の機会に退職し、その後は仕事を持たない
再 就 職 コ ー ス＝ 結婚し子どもを持つが、結婚あるいは出産の機会にいったん退職し、子育て後に再び仕事を持つ
両 立 コ ー ス＝ 結婚し子どもを持つが、仕事も一生続ける
Ｄ Ｉ Ｎ Ｋ Ｓ コース＝ 結婚するが子どもは持たず、仕事を一生続ける
非婚就業コース＝ 結婚せず、仕事を一生続ける

出典：国立社会保障・人口問題研究所「2015年社会保障・人口問題基本調査（結婚と出産に関する全国調査）第15回出生動向基本調査」

　このように理想や希望をみてみると、自分の子どもや家族をもって安らぎの場を得て、親や周囲の期待に応えて、愛情を感じている人と暮らしたいという人が多いですが、それ以外の希望も多様で縛られることはありません。しかし、いま問題なのは、あきらめから望まない独身が増え、理想や希望以下の少子化傾向にあり、ともに時間的なゆとりがなく、子育てや安らぐための余暇時間・休日が少ないことです。それは多様な選択というより多くの人の理想や希望が叶っていないということです。

　日本国憲法第二十四条には「婚姻は、両性の合意のみに基いて成立し、夫婦が同等の権

利を有することを基本として、相互の協力により、維持されなければならない」「配偶者の選択、財産権、相続、住居の選定、離婚並びに婚姻及び家族に関するその他の事項に関しては、法律は、個人の尊厳と両性の本質的平等に立脚して制定されなければならない」とありますが、現状では相互の合意と平等が実現し、豊かな結婚後の生活が保障されているとはいえません。少し結婚の歴史を見てみましょう。

結婚の略史

〈飛鳥時代・奈良時代〉

　このころは恋愛も結婚も比較的自由でおおらかでした。好きなら一緒になり、イヤになったら別れるという感じです。婚姻形態は「通い婚」です。簡単な離れのような建物を娘のために建て、そこへ婿である男性が通って来るのです。同時に何人もの女性の元へ通う男性がいたり、女性もイヤになれば男性を招き入れないで別れるというように自由でした。それはこの時代には女性の土地財産の所有権があり、経済的にも自立できて、周りに母系の家族がたくさんいて子育ての手にことかかない事情も幸いしていました。

〈鎌倉時代から戦国時代〉

　このころになると武家を中心に男性中心の家族制度が入ってきて、女性の恋愛や結婚への自由は少なくなっていきます。結婚形態も妻問い婚から女性が男性の家へ入る「嫁入り婚」が支配層から拡がっていきます。

　しかし、庶民の夫婦関係はまだまだおおらかな文化がありました。

　日本で織田信長と豊臣秀吉の時代に35年間布教活動し、長崎にて生涯を終えた宣教師ルイス・フロイスは日本とヨーロッパの違いを次のように述べています。

> ＊ヨーロッパでは、未婚の女性の最高の栄誉と尊さは、貞操であり、またその純潔が犯されない貞潔さである。日本の女性は処女の純潔を少しも重んじない。それを欠いても、名誉も失わなければ、結婚もできる。
>
> ＊ヨーロッパでは財産は夫婦の間で共有である。日本では各人が自分の分を所有している。時には妻が夫に高利で貸し付ける。
>
> ＊ヨーロッパでは、妻を離別することは、罪悪である上に、最大の不名誉である。日本では意のままに幾人でも離別する。妻はそのことによって、名誉も失わないし、また結婚もできる。
>
> ＊ヨーロッパでは、汚れた天性によって、夫が妻を離別することが普通である。日本では、しばしば妻が夫を離別する。

*ヨーロッパでは娘や処女を閉じこめておくことは極めて大事なことで、厳格に行われる。日本では娘は両親に断りもしないで、一日でも幾日でも、ひとりで好きな所へ出かける。

*ヨーロッパでは妻は夫の許可がなくては、家から外に出ない。日本の女性は夫に知らせず、好きなところへ行く自由をもっている。

*ヨーロッパでは生まれる子を堕胎することはあるにはあるが、滅多にない。日本では極めて普通のことで、20回も堕した女性があるほどである。

*ヨーロッパでは、嬰児が生まれてから殺されるということは滅多に、というより全くない。日本の女性は育てていくことができないと思うと、みんな喉の上に足をのせて殺してしまう。

*ヨーロッパでは普通女性が食事をつくる。日本では男性がそれをつくる。そして貴人たちは料理をつくるために厨房にいくことを立派なことだと思っている。

出典：ルイス・フロイス『ヨーロッパ文化と日本文化』岩波文庫、1991年

　このフロイスの記述の信憑性ですが、1552年に日本にきたフランシスコ・ザビエルにも『聖フランシスコ・ザビエル全書簡』（フランシスコ・ザビエル、訳：河野 純徳、平凡社、1985年）のなかで「女も男も混浴している。女に貞操がない。人前で平気で胸を見せたりおしっこをする。性的羞恥心や秩序がない」という同じ趣旨の手紙があるくらいですから大きく間違っていないでしょう。

〈江戸時代〉

　強固な封建体制が確立され武士社会の影響で、女性は低い位置に置かれ、儒教の倫理観にある三従七去のような規範もありました。この三従とは、女性は幼い内は父に、嫁になったら夫に、老いれば息子に従えというもの。七去は、妻が夫の家を去るべき場合を規定したものです。嫉妬する、夫の父母に従順でない、子どもができない、品行が淫ら、悪い病気がある、窃盗する、口達者で親類と不仲、の7つです。

　江戸時代といえば、このような規範のもとで男性側から勝手に三くだり半（離縁状）をつきつけるというイメージで、女性の地位が著しく低く暗い時代と見られがちです。しかし、現実には260年余の長期にわたる大きな戦のない平和な世が続くなか、他の時代に比べ庶民の生活は安定し、その婚姻もかなり自由でおおらかでした。

　まず結婚形式ですが、明治のはじめまでは一般庶民は事実婚としての「婿入り婚」が多かったといわれています。男性が最初は妻となる女性の家に通います。そして、かなりの期間が過ぎた後に男性の家に「嫁入り」したといわれます。「嫁入り」の時期は男性の母親が家事の一切の権利を譲るときだということです（柳田国男『明治大正史』講談社学術文庫、1993年）。

　人口の多数を占める農民層では女性は手に職を持つ貴重な現金収入の稼ぎ手として、さ

203

らに子どもという農業の労働力を生み出す役目の共同経営者ともみなされていましたか
ら、その資質を見極める期間すなわち「婿入り婚」という事実婚があって、その後に嫁入
りということになったといわれます。したがって婚前の性交などは当然で、子どもを連れ
ての嫁入りも多くありました。また武家や商家の結婚では持参金があって、持参金めあて
の結婚や離婚、仲人業まであったといわれます。

　このように江戸時代の結婚は、現実生活最優先できわめて実利的な目的で行われ、「好
いた惚れた」だけの恋愛結婚は少なかったといわれます。なによりも「恋愛」ということ
ば自体が明治期からの造語で、江戸時代では「色恋」といい、現代のように恋に憧れる人
を「浮気者」とか「艶気者」と言いました。「好き・愛してる」という理由のみによる結
婚は「浮気結婚」と言われていました（田中優子『江戸の恋─「粋」と「艶気」に生きる』
集英社新書、2002年）。

　離婚でも「三くだり半」とは、実際には離婚したという証明で元夫からの再婚許可証で
もあり、男性は求められるとやせ我慢をしてでも書いたケースもあったといいます。女性
と男性の財産も別と考えられており、なかには結婚前に離縁するときの条件をあらかじめ
文書化する現代の契約婚に近い制度も存在しました。妻の不倫も死罪という理でしたが、
よくあることで、ほとんどお金で解決されていました。もちろん離婚による不利益も現代
とは違い、女性は労働・家事育児のキャリアの持ち主として重宝され、再婚にも支障はほ
とんどありませんでした。

〈明治〜昭和戦前〉

　まだ現在も根強く残る結婚のイメージで、女性が男性の姓を名乗り男性の家に嫁ぎ、子
どもをもうけ、家事育児を全面的に引き受け、一生添い遂げる、というものがあります。
しかし、一般に現代の結婚観でいまだ「常識・多数派」と考えられているこのようなイメー
ジはじつは、ほぼ明治以降につくられたものです。

　例えば夫婦同姓ですが、現民法750条に「夫婦は、婚姻の際に定めるところに従い、夫
又は妻の氏を称する」とありますが、現実は男性の姓を名乗る夫婦が約97％で、それが
当然のようになっています。しかし、その男性の姓を名乗る結婚も明治以来のものです。
それ以前、日本の庶民には苗字そのものがありません。苗字を名乗ることを許されていた
のは武士身分以上の者のみで、人口の約6％、その婚姻に際しては、夫婦別姓制度でした。
歴史で有名な北条政子も、日野富子も、別姓です。現時点で国際的にみても主要先進国の

中で、別姓で婚姻を届けることができない国は日本のみです。

　日本での夫婦同姓は明治民法（1898年）以来のことで、この民法によって日本の「家」制度と戸籍制度が確立され、「戸主及ビ家族ハ其家ノ氏ヲ称スル、妻ハ婚姻ニ因リテ夫ノ家ニ入ル」という条文が示すように女性が男性の家に入る嫁入り婚になっていきます。これに先立つ1889（明治22）年には大日本帝国憲法と衆議院議員選挙法が発布され、選挙権は国税15円以上納付する25歳以上男子のみ、被選挙権も30歳以上男子のみなどと女性の無権利化がはじまり、それを追随し補完するための民法でした。その主な内容をみてみましょう。

性と生のポイント

戸主権・・・・・・・・子女の婚姻の許可、家族員の居住地の決定
親権・・・・・・・・・父親に属す
家督相続・・・・・・男子優先
財産管理維持・・・・女性は準禁治産者扱いで無能力とされる
本籍地・・・・・・・現住所と無関係に「家」の所在地

　この明治民法によって「家」を一つの国家モデルとし、天皇に見立てられる「家長」に絶対的な支配権・命令権が与えられ、天皇を中心とする明治憲法下の中央集権国家の支配と同様にどのような命令をも絶対視させる縦型主従システムによる家父長制がつくられたのです。

　それ以前は女性の家督相続もあり、離婚再婚も頻繁にありました。人口1000人あたりの離婚率は明治半ばまで統計が発表されている諸国のなかでは日本がトップです。1883年（明治16年）の離婚件数12万7162件、離婚率3.39%は2016年の0.17%と比べると約20倍でその高さがわかります。しかし明治民法が施行された明治31、32年に急激に低下しました。

　この明治時代の前半期は、早婚で14歳以下でも結婚していました。娘盛りは14～17歳までで、貧民層においては、婚約なし、仲人なし、挙式なし、届出なしの同居というのが結婚であり、これは昭和30年代まで続いていたといいます（湯沢雍彦『明治の結婚明治の離婚－家庭内ジェンダーの原点』角川選書、2005年）。

戦後の結婚

　戦後は前に示した新憲法の下、明治民法下での「家」制度は廃止され、両性の平等と合意で自由な結婚が制度的には保障されました。しかし、戦後の結婚にも戦前的な名残が多くあります。個人ではなく家族・家庭を主体とする意識と、家族全員を筆頭者中心に記載する家族主義の戸籍制度は残ったままです。男女の平等も高度経済成長時からの新しい「男性は仕事、女性は家庭」という性別役割分業によって、家族のために資金を稼ぐ夫と家事育児を全面的に受け持つ妻（専業主婦）という形で大きな不平等を抱えました。働き方や意識も女性は 30 歳定年や、結婚・出産で退職するいわゆる「寿退社」が慣例化され、結婚しなければ生涯の安定した生活が保障されず世間体も悪いという状況でした。

　男性は右肩上がりの年功序列賃金と終身雇用システムで家族のために残業・深夜業も辞さずに長時間労働をするいわゆる「企業戦士」とされましたが、そのような男性の働き方も身のまわりの世話と子どもの世話をする女性がいてこそ可能でした。

　このころに見合い結婚から恋愛結婚への移行が起こります。1935 年には見合い結婚 69％、恋愛結婚 13.4％だったものが 1960 年代末には逆転し、2015 年には見合い結婚が 5.5％、恋愛結婚が 87.7％となっています（2015 年調査の数字のみ（国立社会保障・人口問題研究所「2015年社会保障・人口問題基本調査（結婚と出産に関する全国調査）第 15 回出生動向基本調査」）。江戸時代には「浮気結婚」といわれたものが、メディアなどの大宣伝により「あこがれ」となりました。本来は束縛が多い結婚ですが、恋愛結婚は「自由な結婚の象徴」ともなり、それぞれ元来個別なものである「恋愛」と「結婚」と「性」の一体化が主流になったのです。

　この時期、恋愛から結婚という一対一の性的関係だけを正当化する「モノガミー規範」が期待されたため、とくに女性に対して処女性が尊重され、婚外の恋愛・性を認めないで「離婚も恥」とする風潮も強まりました。その反面、男性にはそれはあくまで建前としてで、いわゆる「お遊び」や「浮気」にも比較的寛容なダブルスタンダードが根強く残りました。

　同時期に日本の離婚率は 0.7％から 0.8％前後と歴史上もっとも低い率になります。しかしカップルがみんな円満かというと話は別で、女性は家計収入を全面的に男性にゆだねて、男性は生活面の面倒を全面的に女性にゆだねる共依存的な結婚生活が多く、実質上は「離婚の自由」がないことも低い離婚率の一因でした。ですから不仲になりほぼ日常会話やふれあいはなくなっても共依存から抜け出せず、いわゆる「家庭内離婚」状態のカップルもありました。見かけの離婚率の数値と実態はかなり食い違っていたのです。

　この時期に急増した恋愛結婚とは、言い換えれば「相手を選ぶ、選んでもらう」ための自由競争の面もありますから、男性はそのために学歴や職業・収入などの「養う能力」の優位性を競い、女性は容姿や炊事・洗濯・掃除などの「世話できる能力」の優位性を競い、ともに「よりよい恋愛結婚相手の獲得」のために上昇志向を煽られ、結婚後も他の家族と比較し合い、衣食住の贅沢さや「お受験」にみられる子どもの学歴など、目に見える豊かさを競い合う大消費競争時代の一因ともなりました。

　しかし、このような結婚形態も 1970 年代半ばから変化しています。女性の社会進出に向けて意識も変わり、不十分とはいえ 1986 年の男女雇用均等法に代表されるように女性が働く基盤も整備され共働き夫婦が増えていきました。

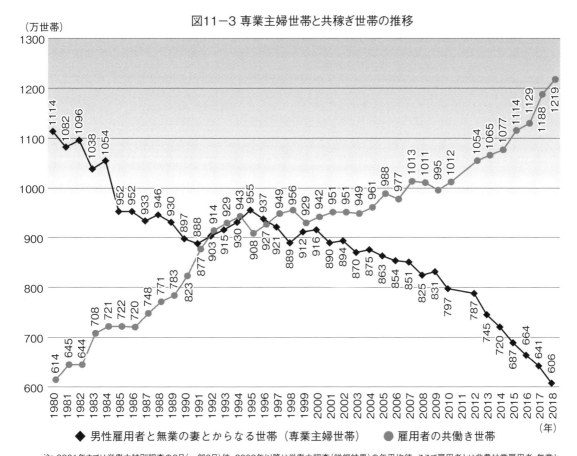

図11−3 専業主婦世帯と共稼ぎ世帯の推移

◆ 男性雇用者と無業の妻とからなる世帯（専業主婦世帯）　　● 雇用者の共働き世帯

注: 2001年までは労働力特別調査の2月（一部3月）値。2002年以降は労働力調査（詳細結果）の年平均値。ここで雇用者とは非農林業雇用者、無業とは非就業者のこと。2011年は東日本大震災により岩手、宮城、福島のデータがないためそれ以外の地域の伸びから当図録で推計
資料: 内閣府「男女共同参画白書」

出典：本川裕「社会実情データ図録」http://honkawa2.sakura.ne.jp/1480.html

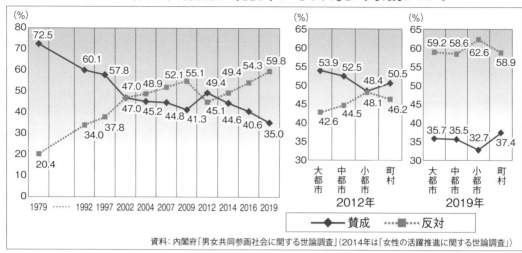

図11−4 「夫は外で働き、妻は家庭を守るべきである」という考え方について

資料：内閣府「男女共同参画社会に関する世論調査」(2014年は「女性の活躍推進に関する世論調査」)

出典：本川裕「社会実情データ図録」http://honkawa2.sakura.ne.jp/2410.html

とはいえこの1970年代の変化は、まだオイルショックを引き金にした不況による賃金上昇の頭打ち状況の影響により、専業主婦が家計の補助にパートなどの再就職したことなどが発端で、いまだに女性の低賃金や、結婚・出産で就労を中断してその後再度就職することが多く、途中で就業率が下がる、いわゆる雇用のM字曲線は解消されていません。

「結婚をしない生き方」も同時期から増加し、若者の未婚率も生涯未婚率（50歳時の未婚率）も、次のように変化しています。

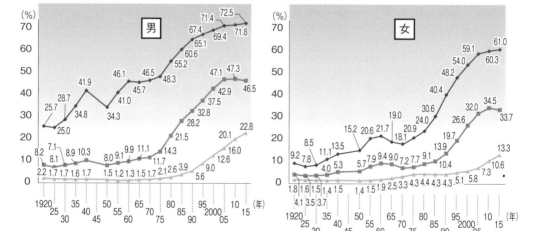

図11−5 年齢別未婚率の推移

注：配偶者関係未詳を除く人口に占める構成比。50歳時の未婚率は「生涯未婚率」と呼ばれる(45〜49歳と50〜54歳未婚率の平均値)。2015年は抽出速報
資料：国勢調査(2005年以前「日本の長期統計系列」掲載)

出典：本川裕「社会実情データ図録」http://www2.ttcn.ne.jp/honkawa/1538.html

この生涯独身率は将来も伸びて、2035年には男性の29％、女性の19.2％に上昇する見通しです。男性のおよそ3人に1人、女性の5人に1人が生涯未婚者となります。

未婚と貧困

未婚と貧困はとく男性においてより強い相関があります。2012年度の就業構造基本調査を基に大卒男性の未婚率を雇用形態別にみてみましょう。卒業後すぐは全男性に未婚が多いですが、35〜39歳になると、正規雇用者は未婚が25.3％に減少して4人に3人は結婚しています。同じ年代でも派遣・契約社員は67.2％が未婚で3人に1人のみが結婚、さらにパート・アルバイトになると85.8％が未婚で7人に1人弱のみしか結婚していません。同年代女性未婚率の場合は正規雇用者39.3％、派遣・契約社員46.9％で大きな差はなく、パート・アルバイトは14.9％（結婚後のパート等のため）となっています。

不安定低賃金の男性ほど結婚していないのです。これまでの生涯未婚女性や離婚や死別による独身女性と同じように、自力による経済的自立が保障されず親依存になりやすく、自分が高齢になって親が死ぬと経済的貧困と人間関係の孤立に追いやられることが多くなります。貧困でみると男性高齢者全体の相対的貧困率は18.4％ですが未婚者に限ると40％になります。

日本の場合、有配偶者出生率は1980年以降、基本的に安定して推移しています。にもかかわらず少子化が進むのは、未婚者が増えているからです（参考：『週刊東洋経済』2016年5月14日号特集「生涯未婚」）。

この背景には雇用環境の悪化があります。今のように非正規不安定雇用が増大していても「男性が家族を養う」というジェンダー役割観はまだ残り、不安定雇用で収入の低い男性を直撃しています。これを女性の側からみると、これまでと同じように男性と比較して不安定低賃金の職が多く、安定した男性に経済的に頼らなくてはならない状況は改善していないのに、頼りになる男性はどんどん減っていったという状況でしょう。どちらにとってもジェンダー問題に縛られた抜け道のない負のスパイラルです。もちろん法的に結婚が認められていない同性同士のカップルはまだ結婚の障壁が高いですが、それを将来乗り越えても同じ課題を抱えます。と言っても、男性カップルに比べてより不安定低賃金の多い女性カップルの方がより経済的に苦しむ可能性が高くなります。

　いまだに恋愛から結婚を経て出産がほとんどの日本では、恋愛できない・結婚できない社会環境は、結果的に少子化に直結し、それに歯止めがかからない状況になっています。

　世界をみると結婚という制度も多様化し、北欧やＥＵ諸国を中心に結婚をしていない男女カップルや同性愛者カップルに結婚と同等の権利を保障する「パートナーシップ法」が普及し、従来の結婚制度によらない自由な共生（同棲）関係への移行が起きています。

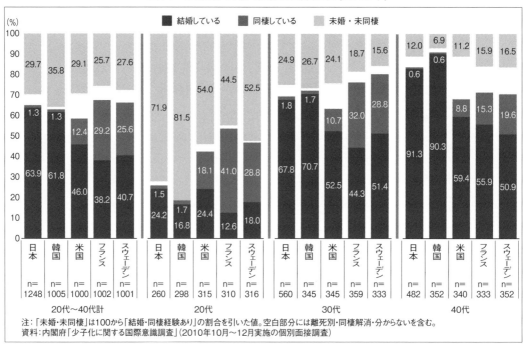

図11－6 結婚・同棲・未婚の国際比較（2010年）

出典：本川裕「社会実情データ図録」http://www2.ttcn.ne.jp/honkawa/1538.html

　その結果、正式結婚カップル以外から生まれる婚外子がフランスは５割を超え、スウェーデン、アイスランドでは６割前後にもなって少子化にも歯止めがかかっています。

　日本もこれからは、より実態とニーズに合った婚姻制度になっていくことは避けられないでしょう。それは各人の選択が自由で、多様な生き方と対等な関係が保障され、個人の幸福追求権に沿った制度改革になるはずです。

①結婚とは現在に至るまで大きく変わり、現在の常識では考えられないものが多々あるんですね。自由という観点でみれば昔の方が進んでいる面もあることを思い知らされた気がします。

②国や時代によって結婚の形態、概念が異なることがわかった。そのなかにはいまの日本より合理的と思えるものも多い。これからはどんどんニーズも変わってくるので、法律改正など国が時代のニーズに寛容に対応することが求められると思う。

③フランスのパックス法による同棲事実婚制度はとてもよいと思います。私も彼とプチ同棲のようなものをして、家事をまったくしない、食費をまったく払わないなどがわかり、漠然としていた結婚について考えるいい機会になったと思います。

④男性が主導権を持つ明治以降の結婚はどうかと思います。自分は結婚しても同居したくないと思っているので、現在の結婚に関する固定観念がなくなればいいのにと思っています。

⑤私は結婚からあたたかい家族をつくるという願望がつよく、夫婦同姓にしたいし、子どもも自分で育てたいけど、そうでない人の選択も認め合える制度ではあって欲しい。

⑥どんどん社会は変わっているのに、男性の姓を名乗る、男性が家族を支えるという意識だけはなかなか変わっていない。そんないい職業はずっと減っているのに何か男性の自分にとっても今のままでは結婚なんて無理かなと、思わされる現状だ。

より自由で平等なセクシュアリティの豊かさのために

　近代の明治以降に婚姻形態が男性中心に変化し、モノガミー規範的な束縛も強まって、それが現代も影響を及ぼしていることがわかったでしょうか。ではセクシュアリティの面で明治以降の構造変化がどのように影響をしたかを次の論からみていきましょう。

　明治期からの工場労働化とそのための近代教育によって、第1に性的な交流や欲求は否定され非性的な存在となることが強要されます。第2に効率を重視する機械的労働・学習によって豊かなセクシュアリティに結びつく交流の欲求を排除されていきます。第3に長時間・過密労働などの非人間性によって性も含めて食や睡眠などの人間的欲求が、最低限の生命を維持・再生産するレベルに切り下げられます。

　このように近代化により、セクシュアリティにおいて性が普段の人間活動から切り離されると、「性と生」でいうと生活や生命に結びつく「生」の豊かな交流部分が減少し、「性」だけが肥大し目的化されることになります。その結果「性」は「性器」「性行為」へと狭い部分へ押し込められ、それに固着・限定され「性器性交・射精中心主義」へと偏っていきます。

　それによって起こる現象は、第1に男性のペニス、女性のヴァギナ・クリトリスへ執着であり、第2に生殖の性のみが正当な目的とされます。すなわち若い健康な男女間の結婚した子どもをつくるセックスの関係にのみ制限されていきます。第3に男性支配の社会で、女性はもっぱら男性による性の対象、性器的存在、子産み存在としてモノ化されていくことになります。（参考：池谷壽夫『セクシュアリティと性教育』青木書店、2003年）

　これまで性の貧困な状況をあらゆる面からみてきましたが、この論でその性の貧しさの根源が解き明かされたのではないでしょうか。性器性交・射精至上で避妊・感染予防に非協力でポルノ的暴力に影響される男性中心的な性行動も社会構造の変化に大きく影響されていたのです。この論ではこれからの性にも言及しています。

　これからの性と生のあり方は、結婚制度の改革と同様に、このような貧しいセクシュアリティ観からの解放をめざすべきでしょう。性器・性行為・射精・生殖に狭く押し込められた限定された性を、生活交流全般・からだ全体へひろげることです。それはすべての人の性的権利（セクシュアル・ライツ）の回復と尊重へとつながります。

現代の日本、性と生の貧困

　明治期以降に貧しくなったセクシュアリティですが、いまもセクシュアル・ライツ（性的権利）がいかに保障されず貧しい状態にあるのかをみてみましょう。図のようにセックスレスカップルが急増しているのです。「特別な事情がないにもかかわらず、カップルの合意した性交あるいはセクシュアルコンタクトが1ヵ月間以上ないこと」がセックスレスの定義（日本性科学会）ですが、それがほぼ半数47.2％（2016年）にもなっています。

　データをみると、理由は女性が「面倒くさい」、男性が「仕事で疲れている」が「出産後…」に続き多くなっています。男女のこの理由は表裏一体で、長時間労働などで疲れる男性の時間的ゆとりのなさで、セックスをしたとしてもインスタントで自己満足的セック

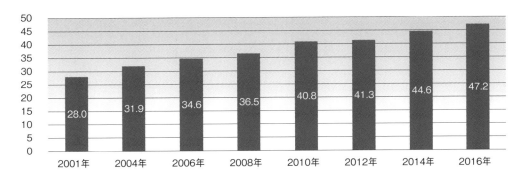

図11-7 セックスレス夫婦の動向　有配偶者のセックスレス割合（%）

図11-8 セックスレスの有配偶者がセックスに対して積極的になれない理由（択一回答）2014年

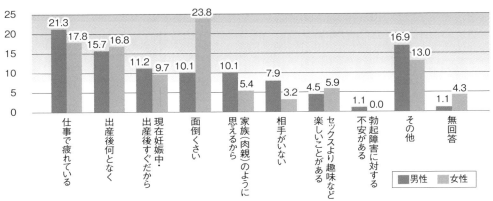

注：セックスレス割合は「この1ヵ月間は、セックス（性交渉）をしなかった」の回答率。2001年は朝日新聞インターネット調査「夫婦1000人に聞く」、2004～2016年は第2～8回「男女の生活と意識に関する調査」による。2016年の「第8回男女の生活と意識に関する調査」は全国の16～49歳男女3000人を対象に訪問留置方式で実施された（回答率46.8%）。
資料：（社）日本家族計画協会

出典：一般社団法人 日本家族計画協会「第8回男女の生活と意識に関する調査報告書」2017年

スに陥りやすく、女性はその行為で大切にされたと思えないから面倒くさく感じる、という悪循環に陥ります。そこで「子は持ちたい」という結婚のひとつの目的が達成できれば、「もういい」ということにもなりやすいのでしょう。生活の貧困が性の貧困をもたらしているのです。

　日本人カップルの多くが、日常の十分な交流がなく、女性に主体性がないためセックスの希望が伝えられず、男性の一方的な性器性交に偏った短時間のセックスで、女性は痛みを感じ、互いに満足できず、その回数も少なくなる傾向にあるということです。

　その背景にあるのは、池谷壽夫『セクシュアリティと性教育』（青木書店、2003年）にあるように、1に「非性的な存在」とされて豊かな性教育にふれる機会を奪われること、2に幼いころからセクシュアリティに結びつく豊かな交流関係から排除されること、3に

長時間・過密労働によって性的環境が低下すること、でしょう。

　現実をみても、まず豊かな性を保障する教育の保障のないまま、性器と性器性交のみに焦点を当てた性情報に煽られ、次に家でも地域でも学校でも排他的な競争原理により安心して人間（子ども）らしく笑い・泣き・話し合って成長する関係性を奪われ、成長しても多忙とストレスで会話やふれあいから続く豊かな性的交流の機会と時間をなくしているのです。

　性的交流の豊かさに欠かせない生活時間の確保をみてみましょう。日本での外で働く労働者の帰宅時間ですが、午後8時以降の帰宅が男性61.4％、女性5.5％。男性では午後10時以降の帰宅が30.0％にもなります。平均では男性が午後8時49分、女性が午後6時52分となっています。スウェーデンでは男女とも約7割が平日でも午後6頃までに帰宅して、平均帰宅時間は男性が午後5時11分、女性が午後4時37分となっています。なお、フランスでも、男性の半数は午後7時頃に帰宅をし、女性の半数は午後6時頃に帰宅をしています。帰宅時間の遅さの影響でしょうが、家族で揃っての夕食回数で、日本は「週2日以下」が半数近い48.5％、「一回もなし」も6.6％です。スウェーデンでは「2日以下」は18.3％、フランス27.8％で、スウェーデンでは「一回もなし」はありません（内閣府「男女共同参画白書」2007年）。

　この生活実態から想像できる多くの平均的日本人のセクシュアリティの実像は次のようなものでしょう。

　男性が夜9、10時に疲れ果てて帰り、同じく（仕事・パート）家事・育児で疲れた女性とやっと顔を合わせ、食事の準備はおろか食事自体もいっしょにとれず、あわただしく独りの食事、それから入浴などにさらに時間は削られ、ほとんど会話やコミュケーションのないままベット（布団）へ、となるとセックスする気力もなくなるはずです。もしセックスするとしても翌朝の出勤を気にして、短時間のインスタントな、それこそファーストフードを食べるような手抜きとなり、性器性交・射精中心で男性の一方的なものに偏ってしまうでしょう。

　貧しいセックスの現実と貧しい生活実態によるセクシュアリティが重なり合いますね。性の貧しさは個人の選択というより、生活環境の貧しさによるところが大きいことが改めてわかります。

　しかし、現代の若者の場合は非正規雇用・低賃金で、そのような貧しい性的生活環境からさえも排除され、カップルになる・ならないの選択の余地のない、より厳しい格差貧困状況に追いやられています。

　もちろん誰もがカップルになることやセックスすることを強要されることはあってはな

らないことです。むしろ個人単位でも幸福が実現できる視点は大事です。しかし、貧しい環境によって、非性的な存在とされて、社会から排除されるという格差があることは人権保障の点で許されないことです。

　パートナーとのコミュニケーションが豊かに深まり、より愛（思いやり）を感じあえ、幸せが得られ、相互に満足するセックスで、生活に張り合いが生まれ楽しく生活できるようになれる。そのようなセクシュアリティは普遍的な権利なのです。社会はその権利の保障のための義務を負っています。

　セックスの貧困についての例は他の章でも紹介しましたが、もう一度若者のコメントをみてください。

COMMENT

①時間が貧しいこと、お金がないことでセックスも貧しくなるというのはその通りだと思った。会いたくてもお金がなくなかなか会えず、会っても少ない時間だったら、また二人で暮らしても二人の時間がなかったら、セックスだけしかない関係になって、とてもかなしいと思う。自分はそのような関係ではなく、たくさん話したり、ゆっくりとした時間が過ごせるような恋や結婚生活をしたいと思う。

　家で働き蜂のような父や世話におわれる母をみていてあんなふうにはなりたくないと思っていたが、それが社会環境からきているとわかり、ある意味で犠牲者だなとかわいそうに思えた。

②社会のあり方やジェンダーが深く性にも影響していて興味深かった。個人の責任というより社会の責任を重く感じた。

最大の性の貧困、戦争

　いままで日常生活での性の貧困をみてきましたが、性を貧困化させる最たるものは何といっても戦争です。

　一つの戦争映画からみていきましょう。アメリカ 1989 年製作『カジュアリティーズ』、この映画はベトナム戦争（1959 年～ 1975 年）の実話をもとにつくられたものです。

　舞台は 1966 年のベトナムです。5 人の小隊でジャングルを偵察となったとき隊を率いる上官のミザーヴ軍曹（ショーン・ペン）は、ベトナム農民の娘を誘拐してレイプしようと計画します。しかし部下の主人公エリクソン（マイケル・J・フォックス）とディアズ（ジョン・レグイザモ）は気乗りせず、二人は「絶対にレイプなんかしたくない」と協力を誓います。

　次の台詞はレイプの直前にエリクソンと上官ミザーブ軍曹の言い争う場面のものです。

　自分がエリクソンかディアズとして「レイプはしたくないが、このような場面に遭遇したらどうするか」を深く考えてください（右表）。

　この台詞の一つひとつが戦争と性の貧困さをものがたっています。まず何の関係もない一般農民の娘をレイプ目的で誘拐しながら「捕虜連行」「ベトコン」（南ベトナム解放民族戦線の蔑称）と称して輪姦し殺してしまう徹底した女性蔑視です。つぎにレイプを拒否するエリクソンに向けられた「ホモ」「おかまちゃん」という同性愛嫌悪の言葉です。

　軍隊組織はこれらの言葉のように強いミソジニー（Misogyny）「女性蔑視」とホモフォビア（Homophobia）「同性愛嫌悪」を特徴としているともいわれます。それらによってディアズが裁判でいった「仲間」意識が保たれるのです。これをホモソーシャル（Homosocial）といいます。ホモソーシャルとは女性と同性愛者を見下し差別して、男同士の強い上下関係を含む連帯意識を保ち優位な閉鎖的関係を築くものです。

　これは軍隊だけでなく、日本では体育会系男子学生や企業内の男性のつきあいでも見られます。このような男性集団では、第 8 章の「性と暴力」のセクハラで示したように「風俗へみんなで行こう。行かなきゃ仲間はずれ、不利になるぞ、まあ行かないやつはホモだな」などの言動はいまもよくみかけられるのではないでしょうか。その関係は次のコメントでも言及されています。

エリクソン	「俺にはあんたのやってることがわからない、まちがってるよ」
軍曹	「俺は捕虜（娘）を連行しているんだ。文句を言わずにお前も（レイプの）仲間に入れ」
エリクソン	「ことわる。俺はレイプはしたくない」
軍曹	「俺に逆らうつもりか。ふざけやがって上官に逆らってただですむと思っているのか。 なんだお前、女は嫌いか、それとも玉をぶら下げてないのか。 腰抜けなのか。お前ホモなのか」
エリクソン	「違う」
軍曹	「どうしてディアズを見るんだ、まさかお前（ディアズ）も反対するんじゃないだろな」
エリクソン	「（レイプをいやだと）言えよ、ディアズ」
軍曹	「どうなんだディアズ！（嫌なのか）」
ディアズ	「とんでもありません！（嫌ではありません）」
軍曹	「それみろ、やっぱり（エリクソンは）ホモだな。エリクソンはおかまちゃんだよ。 お前を信用できねえ。ベトコン（娘）のみかたなんかしやがって、そんなやつを 殺すのはかんたんなんだぜ。銃の暴発で不慮の事故死だ。 お前の家族が悲しむだろうな。最初に（レイプを）やらせてやるからどうだ」
エリクソン	「いやだ」
軍曹	「俺があのベトコンの捕虜とやったあと、（ホモの）お前の相手をしてやる。 軍隊では銃を武器という、だけど本当の武器はこれ（ペニス）さ、 銃なんておもちゃだよ。本物はこれ（ペニス）だ」

◇ ——————— ◇ ——————— ◇ ——————— ◇

　—レイプ後、証拠を残さないために娘は殺害されてしまいます。エリクソンはこの事件を仲間から命をねらわれながらも告発して、レイプをした４人は軍事裁判にかけられます。次のセリフは、その裁判でのディアズの証言です—

ディアズ	「偵察に出たときには、一人だけいい子ではいられないんです。 そんなことをしたら誰も助けてくれなくなる。隊の仲間からつまはじきになります。 あのときやったことは深く後悔しています。だけどここでしゃべったことも 後悔すると思います。彼らは僕の仲間なんですから」

COMMENT

＊戦争中の性の問題をやったが、上官に脅されて女性へのレイプを強要されるの
は究極の選択という感じで、自分の生命がかかった状態で、通常の倫理観や自
分の信念を貫き通すのは無理だろうと思う。

戦争という極限状態でなくても、職場の上司や男の集団のなかで権力的に上
の人から自分の信念と異なることを強要された場合、いくらセクハラと認めら
れる状況でも波風を立てたくないなどの問題があって、結局難しい選択だと思
う。自分が下の立場のときはさておき、上の立場にたったときは絶対にしない、
してはならないと思う。

このコメントのように、ホモソーシャル的な集団で本当は嫌なことへの強要を受けたら
断りきることは難しいでしょう。それが職場や学校ではなく戦場で銃を向けられ「殺すぞ」
と脅迫されたらどうでしょう。選択の余地は限りなく狭くなるでしょう。この映画でも誘
拐・レイプ・殺害された女性はもちろん直接最大の被害者ですが、その後、告発して仲間
からいのちを狙われたエリクソンも被害者でしょう。さらに大きくみれば断り切れなかっ
たディアズもこころの傷が残るはずです。

このように戦場・戦争時において性の豊かな交流や対等な自己決定・選択などは望むべ
くもありません。自国・自地域の女性さえ産み育てる機械としてモノ化して、男性をも戦
うマシンとして敵地女性へのレイプも当然視するまでにモノ化され、性は最貧困化されま
す。それは軍曹が「本当の武器はペニス」と言った言葉に象徴されます。本来ならもっと
も親密なコミュニケーションであるセックスのための器官であるべきペニスを武器とし
て、敵の女性を犯し、それをもって敵地侵略支配の象徴とするということです。

この戦争とレイプの関係ですが切っても切れないほど深いつながりがあると言われま
す。実際に「敵地を侵略し、占領した兵士が戦利品のように敵地の女性をレイプする」こ
とは、古今東西を問わず、多くの戦場で行われてきました。この戦場でのレイプは次のよ
うにも解釈されています。

【戦争と性の理解に役立つ動画紹介】
TBS NEWS「『ムクウェゲ医師の終わらない闘い』JNN ドキュメンタリー　ザ・フォーカス」
　https://www.youtube.com/watch?v=aal12clrd2E

戦場のレイプは、戦時暴力の一形態であり、「性的表現を用いた攻撃である。それは相手に精神的肉体的苦痛と死の恐怖を与えるために集団の面前で行われるのが普通であり、敵である男性に自分らの力を示すと同時に相手の無力を誇示する。男性は自分の娘・妻・母のレイプをやめさせることができず、その身体と名誉を守ることができなかったとして恥辱や虚無感を覚える。これはレイプ実行者が、敵の男たちに精神的・身体的ダメージを与えることで、彼らの優位性と支配を『敵』の瞳に焼き付け刻印する儀礼である」（若桑みどり『戦争とジェンダー』大月書店、2005 年）

　この論をみると映画で軍曹のいう「ペニスが武器」いうのもわかります。逆にみると、男性は自国の女性、自分の娘・妻・母をレイプ・陵辱から救うために戦場におもむき戦うともいえます。

　じつは日本でも明治以降の家父長制による「男性中心家族主義」もこの狙いがあったのです。自国を守るとは自国の女性を守ることであり、戸主男性の所有物としての家族である女性・子どもを守ることでした。国を守れなければ家族も守れないと教えられ、自国の女性・家族を守るために自らのいのちを賭して戦うという戦意高揚の源となったのです。前の大戦でもアジアの侵略地でレイプを実際に行ったり、行わなくてもそれを実際に見聞きしてきたりした兵士は、「逆に負けると自分の娘・妻・母がこのようにされる」と、こころに刻印され、「家族のために」と戦わされたのです。

現在も日本に残る戦争と性の問題

　現在日本において、戦争と性の問題として残り、解決を急がなければならない問題があります。

　その一つは前の大戦で戦時性奴隷とされたいわゆる元日本軍「従軍慰安婦」問題でしょう。「従軍慰安婦」は戦争中、朝鮮や日本、東南アジアなどから戦地にかり出され、「慰安所」で兵士のための性の処理役を強要された女性たちをさします。戦後も存在はあると言われてきましたが、1991 年韓国の元「慰安婦」金学順さんがその存在と実態を証言し、その後は日本軍が占領したアジアの各地から何人もの元「慰安婦」の証言が相次いだことで、大きく社会問題化しました。国連による「クマラスワミ報告」で 1996 年に「日本軍

性奴隷制に関する報告書」が出されたことで国際的に知られるようになりました。この報告書は、1993年国連総会で採択された「女性に対する暴力撤廃宣言」の定義に従って、①家庭における女性に対する暴力、②社会における女性に対する暴力、③国家による女性に対する暴力の3つの分類から、③の国家による女性に対する暴力の重要事例として調査報告されたものです。

　慰安所は1930年代にできて、その目的は日本兵のレイプ・略奪による占領地の反感を抑えるためと、兵士の性病対策だったといわれます。元「慰安婦」の証言では劣悪な条件で、ほとんど休みはなく外出もままならず、多い日には30人から40人の兵士の相手をさせられました。コンドームは一応義務づけられていたようですが性病にもかかることもあり、相手を拒否する自由はなく、月経時も不休でした。また戦争で気が荒れた兵士に暴力を振るわれることもあったといいます。

　国際的な関心事にまでなったこの「慰安婦」問題に対して、1993年8月4日に、「慰安婦」に関するそれまでの政府による調査結果から、当時の河野官房長官からの談話が出されました。次の文がその「河野談話」の全文です。

　　「いわゆる従軍慰安婦問題については、政府は、一昨年12月より、調査を進めて来たが、今般その結果がまとまったので発表することとした。今次調査の結果、長期に、かつ広範な地域にわたって慰安所が設置され、数多くの慰安婦が存在したことが認められた。慰安所は、当時の軍当局の要請により設営されたものであり、慰安所の設置、管理及び慰安婦の移送については、旧日本軍が直接あるいは間接にこれに関与した。慰安婦の募集については、軍の要請を受けた業者が主としてこれに当たったが、その場合も、甘言、強圧による等、本人たちの意思に反して集められた事例が数多くあり、更に、官憲等が直接これに加担したこともあったことが明らかになった。また、慰安所における生活は、強制的な状況の下での痛ましいものであった。

　　なお、戦地に移送された慰安婦の出身地については、日本を別とすれば、朝鮮半島が大きな比重を占めていたが、当時の朝鮮半島は我が国の統治下にあり、その募集、移送、管理等も、甘言、強圧による等、総じて本人たちの意思に反して行われた。

　　いずれにしても、本件は、当時の軍の関与の下に、多数の女性の名誉と尊厳を深く傷つけた問題である。政府は、この機会に、改めて、その出身地のいかんを問わず、いわゆる従軍慰安婦として数多の苦痛を経験され、心身にわたり癒しがたい傷を負われたすべての

方々に対し心からお詫びと反省の気持ちを申し上げる。また、そのような気持ちを我が国としてどのように表すかということについては、有識者のご意見なども徴しつつ、今後とも真剣に検討すべきものと考える。

　われわれはこのような歴史の真実を回避することなく、むしろこれを歴史の教訓として直視していきたい。われわれは、歴史研究、歴史教育を通じて、このような問題を永く記憶にとどめ、同じ過ちを決して繰り返さないという固い決意を改めて表明する。なお、本問題については、本邦において訴訟が提起されており、また、国際的にも関心が寄せられており、政府としても、今後とも、民間の研究を含め、十分に関心を払って参りたい」

　この「談話」ですが、政府が国の責任を明確に認めて、公式謝罪を行ったわけではなく、補償も国家としては賠償をしていないため、元「慰安婦」や国際社会からは公式謝罪と国家補償を求める動きが後を絶ちません。しかし、それ以降日本国内では事実上「河野談話」さえ否定しようという動きも活発化し、2006年度から学校教科書からは「慰安婦」の語が消されるような事態になっています。

　この日本の動向に対して国際的な非難も集中し、2007年からアメリカ下院、オランダ下院、カナダ下院、ＥＵ（欧州連合）の欧州議会、韓国国会、台湾立法院などで「公式謝罪」等の要求決議がされました。国連でも1994年以降、国連人権条約の履行状況を審査する自由権規約委員会などの諸機関で元「慰安婦」の人権擁護と救済の勧告がたびたび行われています。

　2015年12月にはソウルで行われた日韓外相会談において「慰安婦」問題を最終的に解決する合意に至ったと発表されました。この「合意」では当時の安倍総理大臣による「心からのおわびと反省の気持ちの表明」によって、日本軍により「慰安婦」にされた女性たちに対して、日本政府は「責任を痛感している」と、国家の責任を明確に認めています。他には、韓国政府による財団への日本政府からの10億円の拠出、日本大使館前の「少女像」の撤去、などの条件があります。ただ当事者の元「慰安婦」不在の合意で、日韓の多くの支援団体も反対しています。真の解決に向けて日本と韓国の努力が要る状況です。さらに韓国以外の「慰安婦」被害の問題は何ら解決していません。

　日本政府が過去の戦時性暴力と真摯に向き合い、人権保障の観点で解決できるかどうかは、現在から未来の性暴力全般を根絶するための、ひいては戦時性暴力をもたらす戦争そのものを地球上から根絶するという憲法9条の精神にもそった誓いともなるものです。

「過去に目を閉ざす者は、現在に対しても目を閉ざすことになる」という旧西ドイツ大統領フォン・ヴァイツゼッカー氏が、ドイツ敗戦 40 周年の 1985 年の演説で語った言葉は、そのままこの問題における日本政府の姿勢にあてはまります。それはさらに過去と現在だけでなく、未来にも目をとざすことにもなるのではないでしょうか。

基地と性暴力

もう一つの国内で解決すべき戦争と性の問題は、軍事基地の兵士による性暴力です。

2016 年 4 月に沖縄県うるま市で、ジョギングに出かけた 20 歳女性を強姦目的で殺害する凶悪事件が起きました。犯人は沖縄の米軍元海兵隊員で事件時も基地内で働いていました。米軍関係者であったことから、「基地がある限り被害はなくならない」と抗議の運動が燃え上がり、同年 6 月 19 日には那覇市の奥武山公園陸上競技場において、辺野古新基地を造らせないオール沖縄会議の主催による「元海兵隊員による残虐な蛮行を糾弾！被害者を追悼し、沖縄から海兵隊の撤退を求める県民大会」が開催されました。主催者発表による参加者は 6 万 5000 人でした。大会で採択された決議は次の通りです。

元海兵隊員の凶悪な犯罪により、20 歳の未来ある女性のいのちが奪われた。

これは米軍基地あるが故の事件であり、断じて許されるものではない。

繰り返される米軍人・軍属による事件や事故に対し、県民の怒りと悲しみは限界を超えた。

私たちは遺族とともに、被害者を追悼し、2 度と繰り返させないために、この県民大会に結集した。

日米両政府は、事件・事故が起きるたびに、「綱紀粛正」、「再発防止」を徹底すると釈明してきたが実行されたためしはない。

このような犯罪などを防止するには、もはや「基地をなくすべきだ」との県民の怒りの声はおさまらない。

戦後 71 年にわたって米軍が存在している結果、復帰後だけでも、米軍の犯罪事件が 5910 件発生し、そのうち凶悪事件は 575 件にのぼる異常事態である。

県民の人権といのちを守るためには、米軍基地の大幅な整理、縮小、なかでも海兵隊の撤退は急務である。

私たちは、今県民大会において、以下決議し、日米両政府に対し、強く要求する。

記

1　日米両政府は、遺族及び県民に対して改めて謝罪し完全な補償を行うこと。

2　在沖米海兵隊の撤退及び米軍基地の大幅な整理・縮小、県内移設によらない普天間飛行場の閉鎖・撤去を行うこと。

3　日米地位協定の抜本的改定を行うこと。

宛先　内閣総理大臣　外務大臣　防衛大臣　沖縄及び北方対策担当大臣　米国大統領　駐日米国大使

大会決議で「繰り返される」と言われるとおり、沖縄では過去にもこのような強姦事件は相次いでいました。

　幼い子が狙われて大きな社会問題になったものだけでも次のような事件があります。

　1955年の嘉手納幼女強姦殺人事件。嘉手納村（現在の嘉手納町）、6歳の幼稚園児が米兵によって強姦殺害されました。遺体は強姦されて、下腹部から肛門にかけては刃物によって切り裂かれていたといいます。

　1995年沖縄米兵少女暴行事件。キャンプ・ハンセンに駐留する20〜22歳の若いアメリカ兵3人によって12歳の女子小学生が車で連れ去られ強姦されました。しかし、起訴以前は「アメリカ兵の身柄を日本側に引き渡すことができない」という不平等な日米安保条約下の「日米地位協定の取り決め」によって、アメリカ兵は日本の警察に引き渡されませんでした。この一連の出来事で沖縄県だけでなく、全国の怒りが爆発し、アメリカ軍基地の縮小・撤廃要求運動にまで発展しました。

　犯罪全体をみても、警察庁がまとめた米軍人による刑法犯検挙数は、89年から2010年までで2240件。うち沖縄県が1035、横須賀基地や厚木基地のある神奈川県が444、佐世保基地のある長崎県が283、岩国基地のある山口県が212となり、米軍基地の集中する沖縄に米軍人の犯罪もかたよっていることがわかります。

　米軍基地だけでなく、日本の自衛隊の中でも性暴力が多発していることを示すデータがあります。1998年当時の防衛庁が男性1000人、女性1000人の隊員を対象に行った初のアンケート調査で、女性隊員のうち18.7％が「性的関係の強要を受けた」と回答し、凶悪犯罪となる「強姦・暴行（未遂）」は7.4％にもなっています。女性自衛隊員は1万人あまりで、単純計算では700人以上が「強姦・暴行（未遂）」事件の被害者となっています。

　「わざとさわる」という被害に遭った女性は59.8％、「後をつける・私生活の侵害」というストーカー行為に近い被害は18.2％。男性隊員も1.4％が「性的関係の強要」を受けて、「レイプ・暴行（未遂）」も0.7％が経験しています。加害者はほとんど男性の上司や同僚です。

　さらに自衛隊員の自殺率の高さも異常で、一般国家公務員の2倍以上の自殺率で10万人中38.6人（一般公務員は17.1人、2005年）イラク戦争以降、軍人の自殺が問題になっている米軍でさえ17.3人ということですから深刻です。この自殺の原因には「いじめ」や「暴力制裁」が含まれています（三宅勝久『自衛隊員が死んでいく"自殺事故"多発地帯からの報告』花伝社、2008年）。

　自衛隊という軍隊の中でレイプ・セクハラや弱者いじめという暴力が横行している事実

は、米軍だけでなく軍隊と性と生の関係がいかに歪んでいるかということでしょう。

　自分自身の対等平等な権利が保障されない絶対的上意下達の階級社会の軍隊で、暴力的身体へ加工される兵士が、女性（相手）と対等で穏やかで安心できる性と生の関係をつくることは、よほどの個人的な資質や努力がなければ難しくなるのではないでしょうか。性暴力自体はいかなる場合も絶対に許せないことで免罪されることはありません。その前提の上に、さらに大きな目でみればアメリカ映画でもみたように、兵士も軍隊によって人間性を削られる犠牲者ともいえます。

　基地あるがゆえの性暴力をなくすためには、まず米軍基地の縮小や日本国内での治外法権的な特権はなくすべきなのは当然ですが、将来には暴力装置としての軍のあり方そのものを変えていく必要がある問題です。

性と平和

　2度の世界大戦やその後も続く世界各地の戦争の実相から暴力で平和はつくれないことが明らかになりつつあるいま、戦争という暴力で性的にも平和で心地よい関係はつくれないことは自明の理となっています。

　世界的に著名な平和学の研究家である、ヨハン・ガルトゥング博士が提唱した「積極的平和」とは、戦争は起きていないが、貧困や抑圧、環境破壊などの「構造的暴力」が存在する状態を、「消極的平和」であるとし、これに対し戦争がなく、かつ「構造的暴力」も排された真に人々が平和である状態を「積極的平和」であると定義しています。「構造的暴力」には当然ですが性差別や性暴力も含まれます。

　ということは本来の平和な生活とは、一人ひとりの経済的・時間的貧困からの解放や衣食住の安定保障があることが基盤となり、その上に国と国の関係だけではなく、男女、男性同士、女性同士、などの最小交流単位としてのあらゆる二人の人間関係からはじまって、すべての人間集団おいて、対等平等で抑圧や暴力のない安心・安全と信頼の関係が保障されることによってなりたっていくものではないでしょうか。

　そうみると平和な環境は、まさに豊かで幸福なセクシュアリティの最大の基盤でもあることがわかります。

　この平和と性の関係で次のコメントは、よくそれを表しています。

　①私は、日本は戦争がなく平和だと思っていたけど、先生がいうとおりで、沖縄の問題、福島の原発事故避難者、最近の格差貧困の拡大で結婚できず少子化が進む、など本当の意味で平和な国とは違うように思えます。それに戦争を容認していくようなこの頃の政治情勢は気になります。

②映画の強姦場面を見てすごく腹が立ちました。女性の人権なんて眼中にない、軽蔑していると思って気分が悪かったです。そのような状況を余儀なくする戦争について学ぶことの大切さがわかった気がします。女性が性奴隷として扱われることが当たり前になっていた集団の動き、情勢が本当に怖いと思いました。慰安婦でもそれを認めようとしない日本の姿勢に疑問を感じます。またそのことに気づいていないことも危険だと思います。もっとアンテナを張って女性の、人間の、権利を護っていくために自分の置かれている状況を意識しないといけないと最近とくに思います。教科書の「自分の安全が保障されてはじめて、性の自由があるのだ」という言葉がしっくりきています。

③アウシュビッツ強制収容所は知っておきたい、見ておきたいと思っています。授業で女性が囚人相手の強制性奴隷をさせられていた話を聞き、戦争はとことん弱い者を傷つけることがわかり非常に憤りを覚えました。また収容所で女性の生理用品が配られなかった話を聞き、ホームレス女性を思い浮かべました。寝るところ、食べ物は確保できても、ナプキンやシャワーがなくって清潔にできず困るらしいです。震災の避難所でも同じように困る女性がいました。日本のこのような状況で平和とは言えないと思います。

④僕の友人は自衛隊に入隊しています。「安定した公務員」と選んだ進路です。彼は母子家庭で大学に行く資金がなく仕方なしに自衛隊に行きました。こういった理由で自衛隊を選ぶ人は増えていると思います。「戦前も貧困で兵隊に志願する人が多かった」と授業で聞き、本当にそうだと思いました。彼の無事のためにも戦争は絶対してほしくない。

⑤実際にあった戦争中のレイプの話だが、自分もあの立場になった場合、レイプを断れる自信がないと思います。悪いことだと思っても、戦争という異様な状況であり、仲間意識もあるからという理由です。性の安心や安全というのは身近な関係の平和からという大前提の上に成り立っていることがわかった。

最終章
"性と生"もっと"幸せ"に

　ここまで性を学んできて、みなさんは性をどのようにみるようになったでしょう。最後に性をみる視点として科学・人権・自立・共生の4点を紹介しておきます。

 **性と生のポイント**

・科学とは、事実・真実で性をみていくことです。
・人権とは「性の肯定」につながる観点で、あらゆる人に性的に豊かに生きる権利があり、それは個々の多様な幸福追求権につながることです。
・自立とは、科学的知識と人権にそった性的自己決定ができることです。
・共生とは、性的に自立した個人が、依存や支配なしに対等平等に性的な関係を築けることです。

　この4点の関係でいうと、性において科学的知識と人権感覚にそった「自立」ができていない場合は「共生」ではなく「依存・支配」となり、科学的知識と人権感覚にそった対等平等な「共生」関係から排除された場合は「自立」ではなく「孤立」となる、というとわかりやすいでしょう。

　この科学・人権・自立・共生に裏付けられた性の多様な幸福は、個人の努力や責任だけで実現しません。それを保障する社会の責任があるということです。

　みなさんは性においてもっともっと幸せになる権利を持っています。そしてみなさんを取り巻く社会はそれを保障する義務を負っています。そして、その幸せの形は一人ひとり違っていていいのです。

　でも、日本の性をとりまく社会環境がいますぐ劇的に改善することは難しいでしょう。だからこそ性においては個人の努力がまだまだ大きく要求されるのです。

　では性において幸福な関係はどのようにつくっていけばいいのでしょうか。それは逆説

的ですが、別れのときに向かって安心と安全と信頼の関係を日々築いていく努力に大きく関わっているといっていいでしょう。

　親子・友人・カップル・結婚した夫婦、どのような人間関係も出会ったその瞬間から最終的には別れに向かっています。その人と人との関係の価値は、出会ったときのときめきや一時の交流の楽しさよりも別れのときに決まると言ってもいいでしょう。

　性的な関係もその例外ではありません。こころはずむ思いで行ったデートでもその別れのときに「こんなはずじゃなかった…」と不安と不信がつのり涙と後悔の別れになるのか、互いに「楽しかった、ありがとう。またね」と安心と信頼が深まり笑顔と感謝の別れになるのかは決定的な違いがありますね。

　それはデートのような一時的な別れだけでなく二人の関係解消のときも同じです。「別れよう」というときは、どちらも寂しいし悔しいかもしれない、しかし話し合って結論がでれば受け入れなければならないのです。「別れ」は例え結婚して「添いとげても」どちらかの死の瞬間におとずれるのですから……。

　第10章の「多様な性」で紹介した保健師の大工原秀子さんは、高齢者の性的コミュニケーションの健康への効能を説き、死を迎える終末医療の時にも「最後のセックスのすすめ」として互いのからだや性器へのケアを提案しています。それは若い頃のセックスのイメージではなく、ゆっくり語り合い、そして長い間に慣れ親しんだ互いのからだや性器をいたわるように愛撫しあうものです。その行為により安心と信頼の絆を確認しあって、穏やかに死を迎える勇気と見送る決意ができるというものです。何よりの互いへの労りでありいとおしい行為だと思いませんか。

　これもそのときまでに二人のよい関係を維持しておく努力のたまものでしょう。死という別れも恐れずにすむのではないでしょうか。

　「別れ」という瞬間まで互いに大切にし、大切にされ、心身ともに満たされた交流があれば、安心と信頼で「あなたとともに"幸せ"だった」といえる満足でつつまれた穏やかな別れがあるのではないでしょうか。それは出会った瞬間からスタートしている道のりです。

　その道のりを感じさせるコメントをみてみましょう。

COMMENT

①人間は性について悩む生物であり、またそれにおいて幸せにもなれる生物ですね。

②僕は性に対して恥とか隠すとかマイナスイメージをかなりもっていた。性に向き合うことも避けてきた。何より自分の性に自信がなかった。授業で多様な考え方、ポジティブな見方を知り、明るい光が差したような気がする。悩み恥じることで起きる弊害は多い。それだけに性教育の果たす役割は大きい。自分も多くの子どもや人に伝えて、大切にしていきたい。

③僕の彼女は、以前に元カレから一方的な性行為を強要されていて、その相談にのったのが付き合うきっかけでした。そのとき「そんなのは愛情じゃない、性的対象としか見ていない、もっと自分を大切にしてほしい」と５時間以上も電話で話しました。それで付き合うようになって２か月ほどして「あなたとならセックスしたい」と彼女が言ったのです。そんなことを考えてもいなかった僕は悩みました。「このましては、今までの男と同じじゃないか」とか「一度セックスをすると彼女を性的対象としてしか見られないんじゃないか」と考えました。

自分の思いを彼女にすべて伝えました。話の途中から彼女も僕も泣いてしまいました。「まさか自分のことでこんなにも悩んでくれているなんて、泣いてくれるなんて信じられない」、「でもそんなあなただからセックスもしてほしい」と言ってくれました。

授業でデートDVや性暴力の話を聞いていると、そんなふうにしか相手を扱えない、それでも相手にイヤといえない人もいると思うと、とても悲しい気持ちになります。悲しい関係ではなく、ステキなみんなに自慢できるようなカップルが世の中にもっともっと増えてほしい。

④僕は彼女といっしょに授業を受けていました。そのお陰で彼女と性について真剣に話し合うことがとても増えました。お互いに何を求めているのか、求めていないのか、性やキスやハグ一つにしても深く考えることが増えました。本当の意味で彼女と向き合えた気がします。これまでうわさやマンガでしか得ることができなかった情報が、どれが正しく、正しくないのか、はっきりわかるようになりました。

僕は以前よりも彼女のことを思いやる時間が増え、内容も深くなりました。このように向き合えるようになって、これまでどこか遠慮がちだった部分が解消され、本当の意味でパートナーになれた気がします。

じつはこの④の男性は、この本の最初にあるメッセージの女性（４ページ）と共に学んで話し合ったパートナーです。

①私の恋人は以前この授業を受けていたことがあり、今、私のことをとても大切にしてくれます。つきあいたてのころ、よく、「挿入だけがセックスじゃないから」というようなことを言ってくれていました。当時、彼のいうことがわからないでいましたが、今、体調が悪くてセックス（性器間）のできない状態の私には、この言葉がとても助けになります。男性のみなさんに言いたいことがあります。女性はセックスがしたいけど、からだがついていかない、怖い、ということがあります。そういうときは彼女のことをゆっくり優しく見守ってあげてください。そして、もし「ピルを飲みたい」と言われても「自分のことを信用していない」と思わないでください。ピルは避妊のためだけではないことも伝えたいです。二人で婦人科にいくことも大切だと思います。

COMMENT

②今、つきあっている彼のことが好きです。しかし、大事にしてくれているという実感が全くありません。セックスの最中でも電話で友だちに呼び出されて、帰ってしまったり、私を帰したりします。避妊もしてくれません。お願いしても「嫌だ」と言われ続けました。彼を信じていたのですが、授業を毎回受けるうちに「こんなのはおかしい」と思い始めました。まだ彼のことは、ただの子どもで悪い人じゃないと思いたい、信じたいという部分がありますが、大事にされていない自分を、私自身大事にすることができません。過剰に食べたり、極端に食事を摂らなくなってしまったりしました。または水を異常なほど飲んだり、睡眠もとらなくなったり、とりあえず彼へのつらさを他のものに転嫁しようとしていました。

　でも授業での「我慢だけではよい方向にはいかない」という言葉に、ハッとしました。

　私は彼とつきあってから我慢の日々でした。自分を殺し、言いたいことを我慢し、彼の顔色をうかがいなら受動的に行動していました。恋愛して楽しく気楽にしていたいのに、このままでは自分が惨めになるだけだし、遅かれ早かれ別れることになるだろうと思い、自分から距離を置くことを決めました。今日会って話をしてきます。いつか彼に本当に好きな人ができて、彼がその人のことを大事にしてくれたらいいなと思っています。私も自分を大切にしてくれる人とつきあい、その人を大事にして優しく接することができたらいいなと思っています。ありがとうございました。

　ラストのコメントの「大事にされた実感のない」女性へ、よく別れを決断できましたね。別れも幸せになるための自立への旅立ちです。彼も気づき変わるかもしれません。では、

最後に性の幸せの輪を広げるコメントを紹介します。

COMMENT

＊私は感情を押し殺して相手のいいなりになって笑顔で許してあげることが多くあります。恋愛になればとくにそうで、辛くないふりをして相手を受け止めているつもりになってきました。でも授業でちゃんと自分を大切にしていこうと思えるようになりました。その勇気をもらいました。辛くて苦しいことは相手に伝えていこうと思います。それに辛い思いをしている人には支えになってあげたい。大事にされ大事にする関係は人生を豊かにします。私に勇気をくれたこの学びの輪をもっともっと広げたい。だから教師になれたら性を恥ずかしいとか汚いものではなく、大切にして辛い子どもがいたら力になれる教育をしようと思います。性への価値観も変わり前向きに捉えられるようになりました。本当にありがとうございました。

このように、この本で学んだみなさんがさらに学びの輪を広げてくれるなら、これ以上の幸せはありません。その結果、セクシュアリティに安心と安全と信頼の関係を築いていただければ最上の喜びです。こちらから「ありがとうございました。どこかで会えることを楽しみにしています」とみなさんに伝えて結び（お別れ）にします。

　では、あなたのそしてあなたに関わる全ての人の、さらに世界中の人の"性"がもっともっと"幸せ"でありますように…。

【著者紹介】

関口久志　せきぐち ひさし

◉兵庫県篠山市在住。元京都教育大学教授。

　京都の府立高校で25年間の勤務中、「性」をテーマに生徒の交流を重視した数多くの教育実践を行う。03年に自主退職し、同年4月より千葉大学、都留文科大学、横浜国立大学などの講師として「性・ジェンダー」の講義を受け持つ。2010年10月より京都教育大学に勤務。2021年3月定年退職。

　「性の伝道師」として、全国の学校・自治体などで性・ジェンダーに関わる講演を多数行う。現在、"人間と性"教育研究協議会幹事、性の総合情報誌『季刊SEXUALITY』（エイデル研究所）編集委員。著書に『性教育の壁　突破法』、『性教育の輪　連携法』（共に十月舎）、共同執筆に『ハタチまでに知っておきたい性のこと』編集代表（大月書店）『人間と性の教育　性と生の主体者としての学習』編集代表（大月書店）ほか共著多数。

◉イラスト：勝部真規子

［改訂］
性の"幸せ"ガイド―若者たちのリアルストーリー

2021 年 4 月 25 日　初版　初刷　　発行
2024 年 9 月 25 日　初版　第 2 刷　発行

著　者　関口久志
発行者　大塚孝喜
発行所　株式会社エイデル研究所
〒 102-0073　東京都千代田区九段北 4-1-9
TEL.03-3234-4641
FAX.03-3234-4644
装丁・本文 DTP　大倉充博
印刷・製本　中央精版印刷株式会社